财务管理与经济学原理探究

迟晓明　郝　帅　杨　桦　著

中国商业出版社

图书在版编目（CIP）数据

财务管理与经济学原理探究 / 迟晓明，郝帅，杨桦著. -- 北京：中国商业出版社，2023.12
ISBN 978-7-5208-2758-4

Ⅰ. ①财… Ⅱ. ①迟… ②郝… ③杨… Ⅲ. ①财务管理—研究②经济学—研究 Ⅳ. ① F275 ② F0

中国国家版本馆 CIP 数据核字 (2023) 第 235596 号

责任编辑：葛　伟

中国商业出版社出版发行
（www.zgsycb.com　100053　北京广安门内报国寺 1 号）
总编室：010-63180647　编辑室：010-83128926
发行部：010-83120835/8286
新华书店经销
天津和萱印刷有限公司印刷
*
710 毫米 ×1000 毫米　16 开　16.25 印张　247 千字
2023 年 12 月第 1 版　2023 年 12 月第 1 次印刷
定价：78.00 元
****
（如有印装质量问题可更换）

本书编委会

前　言

在我国加快实施创新驱动发展战略的背景下，财务管理与会计工作也应当紧跟时代，与时俱进地不断推陈出新。人们所处的经济社会以及经济环境每天都在发生改变，市场因素、政治因素、人为因素以及一些突发事件，都能够对相关的经济体产生一定的冲击或者影响。如何做好企业的财务管理和会计核算工作，如何对陈旧的财务管理和会计工作模式进行创新，是企业中每一位经营管理者必须着重思考的问题。新形势下，更新财务管理的理念、方法和技术，制定一套规范性的国际会计准则，以此来协调企业财务会计实务，将成为越来越多企业关注的焦点。由此可见，对企业财务管理与会计实践工作创新性发展的研究具有十分重要的理论价值和现实意义。

全书共分为九章。第一章从经济学的基础知识入手，介绍了经济学的概念、经济学的基本原理以及需求、供给与均衡等内容。第二章至第五章以投资、筹资、经营和分配等财务活动为主线，介绍了企业财务管理的基础理论、财务预测、筹资管理、项目投资管理、营运资金管理、利润分配管理、预算管理等财务管理的基本理论和实践经验。第六章介绍了市场失灵与微观经济政策、宏观经济政策等内容。第七章至第九章介绍了财务会计业务知识，详细探讨了企业财务管理信息化的应用，对财务管理信息化制度的建设提出了一些建议。本书构思新颖、逻辑严谨，将理论与实践紧密结合，对财务管理与经济学原理的研究创新有一定的借鉴意义。

由于作者学术水平和种种客观条件的限制，加之时间方面有些仓促，本书所涉及内容难免有疏漏与不够严谨之处，希望各位读者和专家能够提出宝贵意见，以待进一步修改，使之更加完善。

目 录

第一章　经济学

第一节　经济学概述

一、经济学的研究对象

(一) 经济学的基本含义

“经济”一词的含义，在西方国家和我国有着不同的演绎过程。大体上说，西方国家的“经济”是由家庭理财转向社会层面的经济研究，而我国“经济”的含义则是由“经邦治国”缩窄到社会经济研究范畴。

对于“经济学”的基本含义，不同学者有不同的理解与界定。经济学家认为，经济学是为了解决人类活动中经常面临的欲望的无限性与资源的稀缺性之间的矛盾而产生的。

1. 欲望的无限性

人类生存和发展的过程是不断地用物质产品来满足自身需求的过程，而这种需求随着人口的增长以及人们期望水平的提高而日益增长。这种需求源自欲望，而欲望是一种缺乏感受与求得满足的愿望，是一种与生俱来的天性。

人类的欲望是无限的，这种无限性表现在以下方面：一是人的欲望是无穷无尽的，当某一欲望得到满足后，又会产生新的欲望，永无止境；二是人的欲望是多种多样的，按其消费对象的重要程度来分，可分为必需品、舒适品和奢侈品。此外，人们的消费欲望具有随着产品和劳务的发展而不断发展的趋势。正是这种需要的无限性构成了人类经济活动不断进步的恒久动力。

而对这种不断变化、不断更替和无限发展的人的欲望，资源的稀缺就成为人类社会一种客观的必然现象。

2. 资源的稀缺性

所谓资源，就是用来生产能满足需要的物品和服务。资源可分为经济资源（或称“经济物品”）和自由取用资源（或称“自由物品”），前者是稀缺的，要使用它就必须付出一定的代价，如面包，人们要获得它，必须付出金钱；后者如空气、阳光，其数量如此丰富以至于人们不付分文便可以得到。判断一种资源是经济资源还是自由取用资源的标准是价格，经济资源有价，而自由取用资源无价。

相对人类社会的无穷欲望而言，经济物品或者说生产这些物品所需要的资源总是有限的。这种资源的相对有限性就是稀缺性。这里所说的稀缺性不是指资源绝对数量的多少，而是指相对于无限的欲望而言，再多的资源都是稀缺的。所以，稀缺是相对的。但稀缺性又是绝对的，稀缺性存在于人类社会的任何时期和一切社会。从现实来看，无论是贫穷的国家，还是富裕的国家，资源都是不足的。

（二）经济学研究的两个基本问题

资源配置和资源利用是经济学的研究对象。而如何进行资源的优化配置和充分利用，是经济学研究的两个基本问题。

1. 资源的优化配置

经济学主要研究稀缺的资源在无限而又有竞争性的用途中的配置问题，以及人类社会寻求满足自身的物质需求与欲望的方法。由于人类对物质的追求欲望是在不断增长的，而社会的经济物品或者说生产这类物品所需要的资源又总是不足的，因此，如何利用现有的有限资源去生产经济物品，以便更好地满足人类不断增长的物质追求，就是资源配置的目标。

从现实社会来看，厂商需要选择有限的且有多种用途的资源，考虑生产什么、生产多少，以获得最大利润；家庭和个人需要选择将有限的收入用于购买何种商品、购买多少，以获得最大效用；政府和涉外部门需要选择资源合理配置的最优方案，以促进经济增长，实现社会福利最大化。

2. 资源的充分利用

在现实生活中，人类社会往往面临这样一种矛盾：一方面资源是稀缺的，另一方面稀缺的资源往往得不到充分利用。也就是说，产量没有达到生产可能性曲线，稀缺的资源被浪费了。同时人类社会为了发展，不满足于达到生产可能性曲线中的生产组合，还希望能够达到更大的生产产量组合点。在经济中经常出现劳动者失业和生产设备、自然资源闲置的情况，这就引出了资源利用的问题。资源利用包括以下三个相关的问题。

(1) 资源为什么没有得到充分利用。即 X 商品、Y 商品的产量为什么没能达到生产可能性曲线上的各点。换言之，就是如何能使稀缺的资源得到充分利用，从而使经济生活中既不存在资源的闲置，也无资源的浪费，并且使产量达到最大。这就是“充分就业”的问题(劳动力资源是否得到充分利用)。

(2) 在资源既定的情况下，为什么产出不稳定。尽管资源条件没有变，但两种产品的产量为什么不能始终在生产可能性曲线上，而是有时在线外，有时在线上，有时在线内。也就是说，为什么存在经济周期性的波动。在资源既定的条件下，一国的经济总会有周期性的波动，与此相关的是，如何利用既定的资源实现经济的持续增长。这就是“经济波动与经济增长”问题(现有资源产出的经济成果是否稳定)。

(3) 货币的购买力是否影响了资源的利用。现代社会是以货币为交换媒介的商品经济社会，货币购买力的变动对解决资源配置与资源利用等各种问题影响深远。所以解决此阶段的问题必然涉及货币购买力的变动问题，也就是“通货膨胀”与“通货紧缩”问题。不管是出现了严重的通货膨胀，还是出现了严重的通货紧缩，都会造成价格信号的紊乱和资源的浪费。

3. 资源配置的方式

尽管各个社会都存在稀缺性，但解决稀缺性的方法并不相同。人类社会中的各种经济活动都是在一定的经济体制下运行的。在不同的经济体制下，资源配置与资源利用问题的解决方法有所不同。经济体制就是一个社会作出选择的方式，或者说解决资源配置与资源利用的方式。

当前世界上经济体制基本有两种：一种是市场经济体制，即通过市场上价格的调节来决定生产什么、如何生产与为谁生产；另一种是计划经济体制，即通过中央计划来决定生产什么、如何生产和为谁生产。

经济学家从经济效率、经济增长和收入分配来比较这两种经济体制。从 20 世纪宏观经济运行状况来看，市场经济优于计划经济。可以说，经济上发达的国家都建立了市场经济体制。

市场经济作为一种好的经济活动组织方式成为绝大多数人的共识，但市场经济并非完美无缺。因此，这只“看不见的手”还需要政府这只“看得见的手”通过各种干预手段来弥补其不足。经济学家把这种以市场调节为基础，又有政府适当干预的经济体制称为“混合经济”，又叫“现代市场经济”。

经济学主要源于市场经济体制的西方国家，西方经济学就是市场经济的经济学。我国的经济体制改革以建立社会主义市场经济体制为目标，从这方面来讲，学习西方经济学对我国经济建设与改革同样具有重要的意义。

二、经济学的主要内容

西方经济学的主要内容包括研究资源配置的微观经济学与研究资源利用的宏观经济学。

(一) 微观经济学

1. 微观经济学的含义

“微观”的英文为“Micro”，源于希腊文“micros”，原意是“小的”。这是因为微观经济学研究的是微观或小型经济单位的经济行为。微观经济学以单个经济单位为研究对象，通过研究单个经济单位的经济行为和相应的经济变量的单项数值如何决定，来说明价格机制如何解决社会的资源配置问题。具体包括以下几个方面的内容。

(1) 研究对象是单个经济单位

单个经济单位是指经济活动中最基本的单位，包括单个消费者、单个生产者、单个市场等。消费者又称“居民户”或“家庭”，生产者又称“厂商”或“企业”。在微观经济学的研究中，假设家庭与厂商经济行为的目标是实现最大化，即家庭要实现满足程度 (效用) 最大化，厂商要实现利润最大化。微观经济学研究家庭与厂商的经济行为就是研究家庭如何分配有限的收入用于各种物品的消费，以实现满足程度最大化，以及厂商如何把有限的资源用于各种物品的生产，以实现利润最大化。

(2) 解决的问题是资源配置问题

解决资源配置问题就是要使资源配置达到最优化，即在这种资源配置下社会实现最大的经济福利。微观经济学从研究单个经济单位的最大化行为入手，解决社会资源的最优配置问题。因为如果每个经济单位都实现了最大化，那么整个社会的资源配置也就实现了最优化。

(3) 中心理论是价格理论

在市场经济中，居民户和厂商的行为要受价格的支配，生产什么、如何生产和为谁生产都由价格决定。价格像一只“看不见的手”调节着整个社会的经济活动，实现社会资源配置最优化。微观经济学正是要说明价格如何使资源配置达到最优化。价格理论是微观经济学的中心，其他内容都是围绕这一中心问题而展开的。因此，微观经济学也被称为“价格理论”。

(4) 研究方法是个量分析

个量分析是研究经济变量的单项数值如何决定，即以单个经济主体（单个消费者、单个生产者、单个市场）的经济行为作为考察对象的经济分析方法。例如，某一种商品的价格就是价格这种经济变量的单项数值。微观经济学分析个量的决定、变动及其相互之间的关系。

2. 微观经济学的基本假设

经济学的研究是以一定的假设条件为前提的。就微观经济学而言，有三个基本假设条件。

(1) 市场出清

市场出清即认为在价格可以自由调节市场的情况下，市场供求平衡，即没有过剩也没有短缺的市场状态。对于一个市场来讲，如果供不应求，价格就会上涨，社会资源就会进入，从而使生产扩大，供给增加，最终与需求趋于平衡；供过于求时，价格下跌，企业收益减少，资源就会退出，从而减少供给，最终趋于平衡。

(2) 完全理性

完全理性即消费者和生产者都是理性经济人，即人的天性都是追求私利的，力求以最小的投入追求利益的最大化。在这一假设下，价格调节实现资源配置最优化才是可能的，社会也正是在这一过程中不断向前发展。

(3) 完全信息

完全信息是指消费者和生产者在完全竞争的市场中，可以免费而迅速地获得各种市场信息。消费者和生产者只有具备完备而迅速的市场信息，才能及时对价格信号作出反应，以实现其行为的最优化。

3. 微观经济学的基本内容

微观经济学的基本内容包括以下几个方面。

(1) 均衡价格理论

它也称“价格理论”。它研究商品的价格如何决定以及价格如何调节整个经济的运行，它是微观经济学的中心。

(2) 消费者行为理论

它研究消费者如何把有限的收入分配于各种物品的消费上，以实现效用最大化。

(3) 生产者行为理论

即生产理论。它研究生产者如何把有限的资源用于各种物品的生产上而实现利润的最大化。这一部分包括研究生产要素与产量之间关系的生产理论，研究成本与收益的成本和收益理论，以及研究不同市场条件下厂商行为的厂商理论。

(4) 分配理论

研究产品按什么原则分配给社会各集团与个人，即工资、利息、地租和利润如何决定。这一部分是运用价格理论来说明为谁生产的问题。

(5) 一般均衡理论与福利经济学

它研究全社会的所有市场如何实现均衡，经济资源怎样实现最优配置，社会经济福利怎样实现最大化。

(6) 微观经济政策

它研究政府有关价格管理、消费与生产调节以及实现收入分配平等化等的政策。这些政策属于国家对价格调节经济作用的干预，是以微观经济理论为基础的。

现代微观经济学还包括更为广泛的内容，如产权经济学、博弈论、人力资本理论等，这些都是在微观经济学基本理论的基础上发展起来的。微观经济学提供了各种层次的经济运行的基础知识和基本研究方法，是众多经济学课程中最为基本和极为重要的一门课程。

（二）宏观经济学

1. 什么是宏观经济学

“宏观”的英文为“Macro”，它源于希腊文“macros”，原意是“大的”。宏观经济学以整个国民经济为研究对象，通过研究经济中有关总量的决定及其变化，来说明资源如何才能得到充分利用，具体包括以下几个方面的内容。

（1）研究的对象是整个经济

这就是说，宏观经济学所研究的不是经济中的各个单位，而是由这些单位组成的整体，形象地说，微观经济学研究的是树木，宏观经济学研究的是由这些树木组成的森林。国民经济活动中的主要变量有国内生产总值、国民收入、投资总量、储蓄总量、总消费支出、一般物价水平等。宏观经济学正是通过对这些经济总量相互关系的分析和研究，阐明社会经济问题产生的原因，提出各类宏观经济政策主张，以期解决社会经济问题。

（2）解决的问题是资源利用

宏观经济学把资源配置作为既定前提，研究现有资源未能得到充分利用的原因、达到充分利用的途径以及如何增长等问题。

（3）中心理论是国民收入决定理论

宏观经济学把国民收入作为最基本的总量，以国民收入决定为中心来研究资源利用问题，分析整个国民经济的运行。其他理论都围绕这一理论展开。

（4）研究方法是总量分析

总量是指能反映整个经济运行情况的经济变量。这种总量有两类：一类是个量的总和，如国民收入是组成整个经济的各个单位的收入的总和，总投资是各个厂商的投资之和，总消费是各个居民用户消费的总和；另一类是平均量，如价格水平是各种商品和劳务的平均价格。总量分析就是研究这些总量的决定、变动及其相互关系，从而说明整体经济的状况。因此，宏观经济学也被称为“总量经济学”。

2. 宏观经济学的基本假设

宏观经济学产生于20世纪30年代，它的基本内容基于两个假设。

(1) 市场机制是不完善的(市场失灵)

市场机制是建立在前述微观经济学三个基本假设的基础之上的。然而,市场主体的不完全理性、信息的不完全性及商品的短缺或过剩,使市场经济运行的效率大打折扣。自市场经济产生以来,市场经济国家的经济就是在繁荣与萧条的交替中发展的,若干年一次的经济危机被称为市场经济的“必然产物”。经济学家逐渐认识到,如果只靠市场机制的自发调节,经济就无法克服危机与失业,就会在资源稀缺的同时,又产生资源的浪费。资源的稀缺性不仅要求使资源得到恰当的配置,而且要使资源得到充分利用。要做到这一点,仅仅依靠市场机制是不够的。

(2) 政府有能力调节经济,纠正市场机制的缺点

人类不仅可以顺从市场机制,还能在遵从基本经济规律的前提下,对经济进行调节,实现这种调节功能的就是政府。政府可以通过观察与研究认识经济运行的规律,并采取适当的手段进行调节。整个宏观经济学正是建立在对政府调节经济能力信任的基础之上的。

3. 宏观经济学的基本内容

宏观经济学的基本内容包括以下几个方面。

(1) 国民收入决定理论

国民收入是衡量一国经济资源利用情况和整个国民经济状况的基本指标。国民收入决定理论就是要从总需求和总供给的角度出发,分析国民收入决定及其变动的规律,它是宏观经济学的中心。

(2) 失业与通货膨胀理论

失业与通货膨胀是各国经济中最主要的问题。宏观经济学把失业与通货膨胀和国民收入联系起来,分析其原因及其相互关系,以找出解决这两个问题的途径。

(3) 经济周期与经济增长理论

经济周期指国民收入的短期波动,经济增长指国民收入的长期上升趋势。这一理论分析国民收入短期波动的原因、长期增长的源泉等问题,以期实现经济长期稳定的发展。

(4) 开放经济理论

现实的经济都是开放型的经济。开放经济理论分析一国国民收入的决

定与变动如何影响别国以及如何受别国的影响；同时也分析开放经济下，一国经济的调节问题。

(5) 宏观经济政策

宏观经济学为国家干预经济服务并为它提供理论依据，而宏观经济政策则是要为这种干预提供具体的措施，包括政策目标、政策工具以及政策效应。

经济学界对经济运行的认识与分析不同，提出的政策主张和建议就有所不同，从而形成不同的经济学流派，如货币学派、供给学派和理性预期学派等。

三、经济学的研究方法和分析工具

(一) 实证分析与规范分析

实证分析是指摆脱价值判断，对经济本身的内在运行规律进行研究，并根据这些规律，分析和预测经济主体经济行为后果的研究方法。通常也将运用实证分析方法对经济行为进行描述、解释、预测的经济学理论称为“实证经济学”。实证分析方法独立于任何特殊的伦理观念，不涉及价值判断，旨在回答“是什么”“能不能做到”“有哪些可供选择的方案，后果如何”之类的实证问题。如今年的通货膨胀率有多高？失业率是多少？在探讨这些问题时，只是就事论事，不作价值判断，不研究“好不好、应不应该”的问题。实证分析具有客观性，可以检验。

规范分析则是在分析经济现象时以一定的伦理和价值判断为基础，对经济问题提出评判意见的研究方法。通常也将运用规范分析方法进行经济研究的经济学理论称为“规范经济学”。规范分析方法是建立在实证分析方法的基础上的，在运用实证分析方法剖析事物的本质规律之后，再回答“应该怎样”“好不好”“该不该”的问题。比如，通货膨胀率是不是太高了？失业者应不应该给予救济？

实证分析是对客观现象的分析，它可能是真实的，也可能是虚假的。这种分析是真是假，客观事实可以检验出来。规范分析是个人从自己的价值观出发，对事物作出评价，因此，不同的人有不同的看法。由于没有统一的标准，规范分析所得出的结论无法进行检验。

规范分析离不开实证分析，人们赞同或反对某一经济政策，其论据是对该政策的实证分析。每个人生活在一定的社会环境中，不同的经济地位和价值观念会影响其价值判断，从而对实证分析产生影响。因此，规范分析和实证分析是分不开的。

(二) 均衡分析与非均衡分析

均衡分析是从物理学里引进的概念。在物理学中，均衡是指同一物体同时受到方向相反而力量相等的两个外力作用时所处的静止状态。在经济学中，均衡是指经济中各种对立的、变动的经济变量由于力量相当而处于相对静止、不再变动的状态。均衡分析是分析各种经济变量之间的关系，说明均衡的实现条件及其变动。均衡分析分为局部均衡分析与一般均衡分析。局部均衡分析考察在其他条件不变时单个市场均衡的建立与变动。一般均衡分析考察各个市场之间均衡的建立与变动，它是在各个市场的相互关系中来考察一个市场的均衡问题。均衡分析偏重于数量分析，而对于影响经济变化的历史的、制度的和社会的因素基本不予考虑，因为它们很难量化，难以进行量上的均衡分析。

非均衡分析则认为经济现象及其变化的原因是多方面的、复杂的，不能单纯用有关变量之间的均衡与不均衡来加以解释，而主张以历史的、制度的、社会的因素作为分析的基本方法。即使是量的分析，非均衡也不是强调各种力量相等时的均衡状态，而是强调各种力量不相等时的非均衡状态。

西方经济学中运用的主要分析工具是均衡分析。

(三) 经济模型

建立经济模型是进行实证分析所必需的具体方法。在进行实证分析时要提出用于解释经济现象的理论与假设，建立相应的经济模型以检验假设的准确性，并根据模型结论作出预测。经济模型建立的过程也是经济理论形成的过程。

1. 所研究问题与使用变量的定义

进行理论研究首先要清晰界定所要研究的问题，并对分析将使用的变量进行界定。通常将变量分为内生变量与外生变量、存量与流量。内生变量是一种在理论内所要解释的变量；外生变量是一种在理论内影响其他变量而其本身则由理论外的因素来决定的变量；存量是指通常在一定时点上才能有效测定的变量，如失业人数；流量是指通常在一定时期内才能有效测定的变量，如国内生产总值。

2. 提出模型建立的假设条件

任何理论模型都是建立在一定的假设条件基础上的，经济模型的建立也不例外，假设条件也是理论形成的前提条件。假设有时并不现实，但没有一定的假设条件就难以得出有效的结论。在一定的假设下得出结论是自然科学与社会科学共同的研究方法，在经济学的研究中有着更加广泛的运用。关注理论的假设条件是理解理论的关键所在。

3. 提出假说，并进行证明，形成理论

假说是在一定的假设条件下对经济模型可能会得出的结论的阐述，是模型需要证明的理论。假说的形成不是凭空产生的，而是基于对变量间关系的一种有依据的判断或是经验性的总结与概括。假说需要通过证明成立之后，才能形成理论。

4. 利用模型形成的理论进行预测

通常，通过推理得出结论并不是建立模型的最终目的，其最终目的是利用所得出的结论对未来进行预测，预测是检验假说或模型结论正确与否的重要途径。例如，提出通货膨胀率与失业率之间成反比，如果降低通货膨胀率就可能导致失业率提高，并给出具体的模型参数。在利用该模型进行预测的过程中就可以将相应的数据代入进行预测，并用未来实际的数据加以验证。

（四）边际分析

西方经济学中边际的含义是指自变量增加所引起的因变量的增加量。

所谓边际分析就是增量分析。新古典经济学的集大成者马歇尔运用他的数学知识，系统运用和发展了边际分析方法，使之成为微观经济学的基本方法。边际分析方法就是通过对增量变化的分析，来确定资源配置的合理边界或当事人行为的合理边界，确立实现均衡所要求的数量条件。

边际分析有利于反映经济活动的变动情况。无论是投入变动还是产出变动或两者同时变动并相互影响，都意味着出现了变动量，这种变动量就是增量。边际分析可准确反映这种增量变动，并考察这种变动带来的后果。

边际分析有助于明确资源配置的合理边界或当事人行为的合理边界。例如，生产者行为合理性的一个重要方面就是合理搭配各种生产要素，形成合理的要素组合比例，这需要确定每一种生产要素的合理投入量。当需要调整各要素的投入量以求达到合理比例时，必然会导致对各种要素的增减，增要增加多少，减要减少多少，这就要求必须进行增量分析，即边际分析。通过边际分析确定各种要素投入量的合理边界，也就确定了要素组合的合理比例。

四、静态分析与动态分析

静态分析就是分析经济现象的均衡状态以及有关经济变量达到均衡状态所必须具备的条件，完全抽掉了时间因素和具体变化的过程。动态分析是对经济事物变化过程的分析，引入了时间因素，分析考察各种变量在不同时期的变动情况。

把均衡分析与静态分析和动态分析相结合就产生了三种分析工具：静态均衡分析、比较静态均衡分析与动态均衡分析。静态均衡分析要说明各种经济变量达到均衡状态的条件；比较静态均衡分析要说明各种经济变量之间由一种均衡状态变动到另一种均衡状态的过程，即原有的均衡实现条件一旦发生变化时，均衡状态会发生什么变化，新旧均衡状态有什么不同；动态均衡分析要在引入时间序列因素的基础上，说明均衡的变化过程，即它要说明在某一时点上经济变量的变动会如何影响下一时点上该变量的变动，以及这种变动对整个均衡状态变动的影响。

第二节　经济学基本原理

一、机会成本

由于稀缺性，家庭、厂商、政府和其他组织的无限欲望就无法在同一时间或同一地点得到满足，因此在有限的时空范围内，人们始终都面临着选择问题。

当经济主体需要选择具有多种用途的稀缺资源时，选择会带来成本，选择的成本称为“机会成本”。也就是说，大部分经济资源一般是可以有多种用途的，但是一定的资源用来生产某种产品后，就不可能再用来生产其他产品。这就意味着一定数量的资源用来生产某种产品时，就必须放弃别种产品的生产。一定的资源用来生产某种产品时所放弃的别种产品的最大产量(产值)，就是这种产品的机会成本。例如，一亩田用来种大豆可产 200 千克，用来种玉米可产 500 千克，则这亩地用来生产大豆的机会成本就是 500 千克玉米，而生产 500 千克玉米的机会成本就是 200 千克大豆。

另外，机会成本还可以表述为一种资源用来获得某种收入时所放弃的另一种收入。例如，大学毕业后，你面临多种选择，可以选择去银行工作，年薪 4 万元；去公司工作，年薪 2.8 万元；继续读研，收入为 0 元。那么，如果去公司工作，机会成本就是去银行工作可能获得的收入 4 万元；如果继续读研，三年研究生学习的机会成本就是去银行工作可能获得的收入 12 万元。

正是资源的稀缺性构成了经济学需要关注并进行研究的经济问题，即怎样使用有限的、相对稀缺的资源来满足多样化需要的问题。显而易见，经济学研究的核心就是选择，稀缺资源的配置与利用就是经济学的研究对象，经济学是一门研究在一定的市场体制下如何配置和利用资源的学问。

二、边际

一般人会理所当然地认为，选择就是非此即彼的选择。而经济学的思维认为，人类的选择更多的是此多彼少或此少彼多的选择，而不是非此即彼的选择。

经济学家用边际变动来描述对现有行动计划的微小增量调整，人类的理性选择是通过考虑边际量实现的。成本收益分析法是经济学最重要的分析方法，其中的成本和收益都是边际概念，经济思维是一种边际思维。

边际思维贯穿我们日常行为的全过程。开快车、横穿马路、谈恋爱、犯罪和学生备考期间的时间分配等行为都是基于边际成本和边际收益的权衡。

而中国古代的中庸和过犹不及文化的合理性，也可以在边际的角度重新得到解释。

下面我们讨论在开车时开多快的问题。对于开车的速度，可以用边际原则来确定。开快车的收益是时间成本的节约，但开快车时交通事故的发生率以及司机的死亡率也会上升。理性的司机会权衡再开快一点的成本和收益。当再开快一点的收益，即时间节约的收益大于交通事故发生率上升带来损失时，司机会加快速度；反之，则会降低速度。最优的速度是速度边际增加的成本等于收益这一个点。

边际思维有助于企业作出决策。例如，一家航空公司现在需要决定以多高的价格将机票卖给等待退票机会的乘客。假设一架200座位的飞机从西安到杭州飞行一次，航空公司的成本是10万元，此时，每个座位的平均成本是500元，因此，有人就会认为航空公司的票价不应该少于500元。

但航空公司是通过考虑边际量来增加利润的。假设一架即将起飞的飞机上仍然有10个座位。在登机口等退票的乘客愿意支付300元去买一张票，航空公司应该卖票给他吗？当然应该。如果飞机上有空位，多增加一位乘客的成本微乎其微。虽然增加一位乘客的平均成本是500元，但边际成本是这位额外乘客将要消费的航空餐和饮料，卖给他飞机票是有利可图的。

因此，个人和企业通过考虑边际量，将会作出更好的决策。而且，只有一种行动的边际收益大于边际成本，一个理性的决策者才会采取这项行动。

边际决策还有助于解释另外一些令人困惑的现象。这里有一个经典问题：为什么水这么便宜，而钻石却如此昂贵？人需要水来维持生存，而钻石并不是不可或缺的，但人们愿意为钻石支付的钱要远远高于水。原因是一个人对任何一种物品的支付意愿都基于其边际收益，即物品产生的额外利益。反过来，边际利益又取决于一个人拥有多少这种物品。水是不可缺少的，但因为水数量比较多，足够充裕，增加一杯水的边际收益微不足道。与此相反，并没有一个人需要用钻石来维持生存，但由于钻石太稀少，人们认为增加一单位钻石的边际收益是很大的。

三、激励与反应

“上有政策，下有对策”这句常见的话说明了人们会对刺激作出反应。

激励是重要的。苹果的价格高了，大家就会少吃苹果；对闯红灯的处罚加重，就会减少闯红灯的数量；离婚难度增加，在减少离婚率的同时也会降低结婚率；保险在保护着人们不蒙受灾难所带来损失的同时却导致更多灾难的发生；政府管制开发商卖房子的价格会造成房屋建造质量的下降；等等。这种种现象说明，随着刺激即约束条件发生变化，人们所面临的各种选择之间的边际成本和收益也会改变，行为方式（最优选择）也会随之变化。

决策者不能忽视这条经济学原理，因为人们会对刺激作出反应，一些设想很好的政策并不一定就会有好的实施效果，甚至会造成灾难性的后果。从现实来看，政府决策的错误如最低工资、房租管制等，往往来自对该原理有意或无意的忽视。曾长期在世界银行工作的美国著名经济学家威廉－伊斯特利认为，世界银行促进发展中国家经济增长的一系列政策因为忽视“人会面对刺激作出反应”而变得无效，甚至还出现负面效果。

当我们考虑到人会对激励作出反应时，前文所讲的航空公司案例中航空公司的选择也许会发生变化。当航空公司将票以 300 元 / 座的价格卖给在等待退票的旅客之后，其他旅客看在眼里，想在心里，也许在未来某次不是很急的旅行中他们同样不提前买票，在机场等待航空公司的退票。在飞机旅行的淡季尤其如此。为此，理性的航空公司在考虑要不要将票卖给在等待退票的旅客时，也需要考虑这种可能性，再决定要不要将票卖给在等待退票的旅客。

人会面对刺激作出反应意味着在制度设计时一定要考虑人的可能反应。如在英国殖民扩张时期，英国大规模运送囚犯和黑人到殖民地，当按照上船人数给船队支付报酬时，在运输途中大量出现囚犯和黑人死亡的事件，而在按照下船人数给船队支付报酬时，囚犯和黑人的死亡率则急剧下降。

四、分工和贸易

（一）自愿交易能使每个人过得更好

贸易（交易）是指两人或多人之间交换有价值的商品或服务。贸易使每一个人都可以从事自己最擅长的事情，即专业化分工。这种擅长可能来自特异禀赋，也可能来自学习和经验。通过专业化分工，人们可以在一个非常精细的专业领域内变得富有生产力，并用自己生产的专业化产品与其他人的专业化产品进行交换，从而极大地增加消费品的种类和数量，提高每个人的生活水平。

从人们为什么会发生交易这个角度我们也能得出相似的结论。请给我我所要的东西吧，同时，你也可以获得你所要的东西。这句话就是交易的通义。现在假设我和你要进行一笔交易，用我的钢笔去换你的签字笔。我为什么要拿我这支钢笔换你这支签字笔呢？因为在我的评价体系中，我手上这支钢笔的价值要低于你所拥有的这支签字笔的价值，因此，我会愿意和你交换。如果你也愿意和我交换，则说明在你的评价体系中，我这支钢笔的价值要高于你这支签字笔的价值。通过交换，你我都增加了价值，大家的福利都上升了。由此可见，贸易可使每个人的福利变好。

自愿的交易是等价交换吗？其实从前面的例子中就可以看出，自愿的交易不是等价交换，如果是等价的话，交易就不会发生。

从经济学的角度看，财富就是人们认为有价值的任何东西。与成本一样，价值也是主观的，是选择者眼中的价值，并不存在什么客观的价值。交换都是不等价的，因为双方对商品的价值判断并不相同。只要交易达成，任何一方都认为是自己用价值低的东西换取了对方价值高的东西。财富是在资产从较低价值的使用转移到较高价值的使用过程中创造出来的，自愿的交易创造财富，因此自愿的交易也具有生产性。

交易还能促使资源得到最有效率的利用。假设 A 有一台计算机，B 和 C 也想拥有一台计算机，三者就对这台计算机的使用展开了竞争。这台计算机最后会到谁的手上呢？经济学认为谁对这台计算机的价值评价最高，计算机最终就会在谁那里。如果 A 想拥有一台计算机是玩游戏，对计算机的价值评价是 4000 元; B 想拥有一台计算机写论文，对计算机的评价是 5000 元; C 想拥有一台计算机去挣钱，对计算机的价值评价是 6000 元。如果允许 A、B 和 C 自由交易，其结果是 C 以 5000 ~ 6000 元的价格买到计算机，资源配置也在交易中得到优化。

由此可见，贸易通过“以所有易其所无”“以所多易其所鲜”“以所工易其所拙”，提升了人们福利，优化了资源配置。

(二) 机会成本与贸易

英国经济学家大卫·李嘉图提出的比较优势理论认为：在自由贸易的条件下，当各国集中在自己具有比较优势的领域进行专业化生产和贸易时，每个国家的情况都会变得比原来更好。与没有贸易时相比，当各国的劳工专门生产自己具有比较优势的产品，并用以交换比较劣势的商品时，他们工作同样的时间就能获得更多消费品。

经济学大师、诺贝尔经济学奖获得者萨缪尔森认为经济学中既正确又重要的原理是比较优势理论。因为有许多的智者从来未能自己发现这个道理，而且在向他们解释这个原理之前，他们从来也不相信这个原理是正确的。

任何一个国家的资源都是稀缺的，为生产一单位某种产品不得不放弃若干其他产品的生产，所放弃的其他产品的价值就是生产一单位该产品的机会成本。如果一国生产某种产品的机会成本低于另外一个国家，那么这个国家在生产这种产品时就有比较优势。任何一个国家都会在某些产品的生产上具有比较优势，因此，国际贸易能给各国都带来一定好处。

比较优势理论可以用来说明一国国内和国际的生产专业化，也可以用来解释为什么商品并非都由最好的生产者生产。例如，速度最快的打字员不是打字小姐而是律师，最好的结账员不是会计师而是熟练的程序设计师，等等。

因此，在作出一个选择时，如果能充分认识到自己作出这个选择的机会成本相对于别人作出同样选择的机会成本而言是比较低的话，那么这个选择就具有比较优势，也能在与别人的交易中获利。自然，每个人都有自己的比较优势，即使是万事不如人的人也同样如此。“天生我材必有用”，李白的这句名言并不是诳语，里面还蕴含着深刻的经济学道理。

五、市场与政府

(一) 市场通常是组织经济活动的一种好方法

在计划经济时代，政府计划者决定着生产什么物品和服务、生产多少以及如何生产和分配这些物品。支撑计划经济的理论基础是，只有政府才能以促进整个社会经济福利的方式组织经济活动和配置稀缺资源。

在市场经济时代，企业决定雇用谁和生产什么，家庭（个人）决定为哪家企业工作，以及用自己的收入购买什么……这些决定如何作出？企业和家庭（个人）在市场上相互交易，价格和利己引导着他们的决策，进而配置稀缺资源。

市场经济的成功是一个谜。市场包括大量物品和劳务的许多买者和卖者，几乎所有人都会关心自己的福利。尽管在市场中存在的是分散的决策和千百万利己的决策者，但事实已经证明，市场经济在以一种促进总体福利的方式组织经济活动方面是非常成功的。其中的原因就在于，在市场经济中存在价格这个工具引导个人和社会利益趋于一致。利用价格机制，市场就能协调无数人的选择。在任何一个市场上，当买者决定需求多少时，他们盯着价格；当卖者决定供给多少时，他们也盯着价格。作为买者和卖者共同决策的结果，市场价格既反映了一种物品的社会价值，也反映了生产该物品的社会成本。此时，价格就会自发调整，指引这些买者和卖者，在大多数情况下实现整个社会福利的最大化。

当政府阻止价格根据供求状况自发作出调整时，它就限制了“看不见的手”对组成经济的千万家庭和企业决策进行协调的能力。

在计划经济国家，价格并不是由市场决定的，而是由政府计划者规定的。这些政府计划者常常缺乏关于消费者偏好和生产者成本的必要信息，这些信息涉及生产和需求的方方面面，而其又是政府计划者决定价格所必需的。在市场经济国家，由市场决定价格，价格这个信号整合了生产和消费方面的海量信息，这使个人和组织等分散的决策者在作出决策时只需关注价格，因此，相对于计划经济，市场经济的运行非常节约信息。由此可知，计划经济之所以失败的第一个原因是在管理经济时把市场这只“看不见的手”绑起来了，缺乏价格信号，使政府计划者不得不面临处理海量信息的困境。

市场机制不仅是一种低成本收集信息的机制，也是一种激励机制和奖惩机制，而计划经济却无法实现激励和奖惩的目标，这是计划经济之所以失败的第二个原因。

计划经济之所以失败的第三个原因在于，市场经济的决策是分散的决策，每个决策者均按照自己所掌握的信息和知识进行决策。因决策者数量居多，并且每个决策者所具有的信息和知识是不一样的，对未来的判断也不一致，因此决策者的决策是多样的，这意味着在各种可能的方向都有行为人在进行探索。所有的决策都是面临未来的决策，而未来是具有不确定性的，每个决策都有可能对，也有可能错，但因为行为人在进行多样性的探索，这意味着从整个社会的角度看，在这么多分散的决策中，总有一些决策是对的，作出这些正确决策的决策者就是未来市场竞争的成功者。因此，市场和价格机制总能保证有一些决策者的决策是对的，而决策错误者因竞争失败所释放出来的资源也会被决策成功者吸收。而在计划经济下，决策对就对了，决策错就错了。即使政府计划者掌握的信息较多，也无法保证其面向未来的所有决策都是准确的。又因决策者为政府计划者，如果决策错误，其损失的资源就会是社会福利的净损失。

因此，问题不在于找一个更懂行的人来为经济增长和社会总体福利出谋划策，而是形成更有效的制度和游戏规则来鼓励人们在市场竞争中发现自己的比较优势，使他们掌握的有限知识、信息和资源得到最有效的利用，即实现资源配置的优化。因此，政府计划者以促进整个社会福利的名义控制或调节所有的经济活动看上去是一种更合理的方式，在实践中却缺乏效率。

（二）政府有时可以改善市场结果

如果市场这只“看不见的手”如此伟大，为什么我们还需要政府呢？

原因之一是只有政府实施规则并维持对市场经济至关重要的制度时，“看不见的手”才能施展其魔力。最重要的是，市场经济需要实施产权的制度，以便个人可以占有和控制稀缺资源。如果一个农民预见他的谷物会被偷走，他就不会种庄稼；除非确保买商品的人在购买商品后会付费，否则商店就不会开门。我们都依靠政府提供的警察和法院来保护我们自己生产出来的东西。

原因之二是“看不见的手”是强有力的，但并不是无所不能的。政府干预经济的原因主要有两类：促进效率和促进公平。也就是说，大多数政策的目标或是把经济蛋糕做大或是改变这个蛋糕的分割方式。

先来考虑效率目标。尽管“看不见的手”通常会使市场有效地配置资源，以使经济效率最优化，但情况并非总如此。经济学家用市场失灵这个术语来表达市场本身不能有效配置资源的情况。

市场失灵的第一个可能原因是外部性。外部性是指一个人的行为会对旁观者的福利产生影响。外部性包括正的外部性和负的外部性。例如，俞老师的婚恋经济课程使某校本科生的为情自杀率降低了10%，但被俞老师挽救的那些人并没有因此额外付费给俞老师，这就是正的外部性。又如，某企业生产产品时会产生环境污染，但该企业并没有为此污染付费，这就是负的外部性。无论是正的外部性还是负的外部性，其均会使行为者实施某行为的社会边际成本和社会边际收益不相等，从而使经济在非效率的状态下运行。具体而言，在存在正的外部性的情况下，该产品或服务就会提供不足；在存在负的外部性的情况下，该产品或服务就会提供过度。

市场失灵的第二个可能原因是市场势力。市场势力是指单个人或一小群人不适当地影响市场价格的能力。"看不见的手"定理成立的前提条件是以竞争约束人的利己行为，从而使人的自利行为与社会福利相一致，但市场势力的存在使竞争约束失效。

市场失灵的第三个可能原因是信息不对称。"买的没有卖的精"，交易双方存在信息不对称是非常普遍的现象，尽管市场自己就能解决非常多的信息不对称，但在一些时候，由政府强制信息多的一方披露信息，如强制上市公司披露会计报表和重大事项，可以提升市场运行的效率。

在存在严重外部性、市场势力或信息不对称的情况下，良好的公共政策可以提高经济效率。

现在考虑公平目标。即使"看不见的手"带来了有效率的产出，它也不能消除经济福利上巨大的不对称。市场经济根据人们生产其他人愿意购买的商品和服务的能力给予其报酬。世界上最优秀的篮球运动员赚的钱比世界上最优秀的象棋手多，只是因为人们愿意为看篮球比赛付出比看象棋比赛更多的钱。"看不见的手"并没有保证每个人都有充足的食物、体面的衣服和充分的医疗。根据某些政治哲学思想，这种不平等要求政府进行干预。实际上，许多公共政策如所得税和福利制度，其目标就是要实现更平等的经济福利分配。

（三）政府还是市场

尽管政府有时可以改善市场结果，但并不意味着它总能如此，因为政府也会面临失灵问题。政府失灵的原因在于，公共政策并不是由天使制定的；而是同样由自利的经济人制定的；制定公共政策的政治程序有时也极不完善；有时政府所设计的公共政策可能只是为了某些利益团体；有时候政策可能是由动机良好但信息不充分的领导人制定的。因此，当市场出现失灵时，是不是需要政府介入经济活动之中，需要将政府失灵这个因素考虑在内。

经济学家们在对市场失灵和政府失灵严重性的判断方面存在一定差别，在对市场机制和政府作用的强调上也存在差别。一些经济学家认为，尽管政府有时会失灵，但政府可以纠正市场失灵对效率和公平的损害，政府应该积极介入经济之中；另一些经济学家认为，尽管市场会失灵，但政府失灵造成的伤害更大，他们信奉自由放任经济学，主张管得最少的政府就是最好的政府，政府应该起到的作用仅仅是“守夜人”的角色。

经济学家对于政府与市场各自的边界到底应该定在哪里存在争论，但仍可以得出以下几点。

第一，在没有市场失灵的地方，应该让市场发挥主导作用，政府不应该干预市场的运作。

第二，存在市场失灵时，政府要不要介入，需要在市场失灵和政府失灵之间权衡取舍，从中选择损失最小的方法。其实在现实世界上存在数量庞大的外部性、市场势力和信息不对称等所谓“市场失灵”现象，许多市场失灵现象对市场效率的伤害非常小，如果对这些微小的市场失灵政府都进行干预的话，会造成巨大的政府失灵。因此，政府需要干预的仅仅是一些对社会影响非常大的市场失灵现象。

第三，即使市场失灵对社会的影响非常大，政府在处理市场失灵时，也需要考虑政府介入的程度。按照边际法则，最优的介入程度就是政府干预的边际收益（市场失灵边际减少的收益）等于边际成本（政府失灵边际增加的成本）的程度。

尽管在各个市场经济国家，市场和政府在经济中所起的作用并不相同，但均是政府和市场各归其位的混合经济体系。经济体系中大部分决策是经由市场机制而形成的。不过政府在监督市场运行方面仍扮演着重要的角色：政府制定法律来监管经济生活，提供教育和治安等服务，并管制污染。

第三节 需求、供给与均衡

一、需求

(一) 需求曲线和需求定理

需求量是指消费者愿意并能够购买的一种商品或服务的数量。“愿意”表示主观上有这个需要，“能够”表示具有购买能力。因此，需求是购买欲望和购买能力的统一。

对一种物品的需求由多种因素决定，如价格、偏好、其他商品的价格、收入等。在所有这些因素中，价格在其中起着最重要的作用。经济学将价格与需求量之间的关系归纳为价升量跌的需求定理，即在其他条件不变时，一种物品的价格上升，对该物品的需求量减少；一种物品的价格下降，对该物品的需求量就会增加。

需求曲线是指一种商品的价格与需求量之间关系的曲线，是需求量与价格关系的形象反映。

(二) 需求曲线及其移动

价格的变化会引起需求量的变动，但是价格的变动并不会影响需求，要使需求发生变动，一定是价格以外的其他因素发生变动。

具体而言，需求曲线假设除价格以外其他条件不变。如果除价格外某种其他因素碰巧改变了任何一种既定价格下的需求量，需求曲线就会发生移动。

当价格之外的因素变化引起购买数量发生变化时，我们称这种变化为“需求变动”。当所要购买的数量在每一价格水平上都增加时，需求曲线向右移动，我们称为“需求增加”。当所要购买的数量在每一价格水平上都减少时，需求曲线向左移动，我们称为“需求减少”。

造成需求曲线移动的因素很多，下面列举一些经济学中关注度比较高的因素。

1. 收入

我们可以将商品分为三类：奢侈品、正常品、低档品。对于奢侈品和正常品，收入增加，需求也会增加。例如，20 世纪 90 年代高校附近很少有咖啡馆，但是现在咖啡馆越来越多，一些老师也开始和学生在咖啡馆里讨论学术问题。其原因是去咖啡馆喝的咖啡是一种正常商品，随着收入的增加，对去咖啡馆喝咖啡的需求也随之增加。对于低档品，收入增加，需求反而会减少。低档品的一个例子是公共汽车，随着收入的增加，你会选择乘坐出租车或开私家车去上班，而不是乘公交车。

同样值得强调的是：经济学认为价值是选择者眼中的价值，是主观的。对某个消费者来说是低档品的东西，可能在另一个消费者眼中是正常品甚至是奢侈品。

2. 相关物品的价格

我们可以将其他相关商品和服务分为替代品和互补品。替代品是指一种物品的价格上升引起另一种物品需求量增加的两种物品，如五粮液和茅台酒、茶叶和咖啡。互补品则是指一种物品的价格上升引起另一种物品需求量减少的两种物品，如咖啡和咖啡伴侣、汽油和汽车、计算机的硬件和软件等。

对于企业而言，为促进消费者对某种商品的需求，应该对替代品收取高价，而对互补品收取低价。如在酒吧，就往往给顾客免费提供花生米，但对矿泉水却收取高价。

3. 偏好和广告

偏好是决定需求的最重要因素之一。如果你喜欢某样物品，就会多买一点。经济学通常并不能解释为什么会有这种偏好，因为决定偏好的是历史和心理因素，但经济学可以解释当偏好发生变动时，需求会发生什么样的变化。如受到健康饮食理念的影响，消费者对碳水化合物的偏好会降低，则会减少对碳水化合物的需求，从而促使需求曲线向左下方移动。

广告可以分为劝说性广告和告知性广告，无论是哪种广告，均可以在一定程度上影响消费者的偏好，进而影响消费者的需求，使需求曲线向右上方移动，这也是许多厂商在各大媒体进行广告轰炸的原因所在。

4. 预期

你对未来的预期也会影响你现在的消费行为。假如现在你已经大四了，半年后将会去一家效益非常好的公司工作，经济学就能预测你会比没有找到工作之前购买更多的正常品甚至是奢侈品。如果你预期下个月数码相机将会有大的降价，你就有可能将数码相机的购置计划从本月推迟到下一个月。

5. 网络效应

对于某些商品如电话、微信等，需求会随着消费者数目的增加而增加。对于这些商品，现有的市场规模越大，对这种商品的需求也会越大。对于厂商而言，降低价格有两个方面的效果：第一，按照需求定理，价跌量升；第二，按照网络效应，价格下降，更多人会购买这种商品，对这种商品的需求会进一步增加。当一个新的消费者购买这种产品时，对其他的使用者来说就有一种新的外部效应，因为这种产品又多了一个使用者，对其他的现在和潜在使用者来说，这种产品变得更有吸引力了。

（三）需求变动与需求量的变动

价格变化对需求量变动的影响称为“需求量的变动”，除价格外其他因素的变化对需求量变动的影响称为“需求的变动”。这意味着需求是两个变量之间的关系：价格和人们想买并且能够购买的数量。对任何商品，你都不能说“需求”为某个数量。需求总是一种函数关系，把不同的价格和人们在不同价格下愿意并且能够购买的数量联系起来。

我们可以从需求曲线的变化来说明需求量的变化和需求变化：需求量的变化表现为沿着需求曲线移动，需求的变化表现为整条需求曲线的移动。

为记住这个结论，我们需要记住以下法则：只有当除了用坐标轴表示的变量以外的其他相关变量变动时，曲线才会移动。由于价格用纵轴表示，所以，价格的变动表现为沿着需求曲线的移动。与此相反，收入、相关物品价格、偏好、预期等没有用任何一条坐标轴表示，因此其中任何一种变量的变动都将使需求曲线移动。

（四）市场需求

以上讨论了消费者的个人需求。为了分析市场如何运行，需要确定市场需求，市场需求是所有个人对某种特定物品或劳务需求的总和。

一个市场的需求量是所有买者在每一价格水平下需求量的总和。因此，可以通过把个人需求曲线水平相加得出市场需求曲线。市场需求曲线表示在其他因素不变时，一种物品的总需求量如何随该物品价格的变动而变动。

二、供给

（一）供给曲线和供给定理

供给量指厂商愿意并且能够出售的某种商品或服务的数量。供给量同样是“愿望”和“能力”的统一体。

供给定理是指其他条件不变时，一种物品价格上升，该物品供给量增加；价格下降，该物品供给量减少。

供给曲线：一种商品价格与供给量之间关系的曲线。商品的价格在纵轴，数量在横轴建立坐标系，可以画出供给曲线。由供给定理可知：供给曲线向右上方倾斜，即价格越高，供给量越多；价格越低，供给量越少。

（二）供给曲线及其移动

价格的变化会引起供给量的变动，但是价格的变动并不会影响供给，要使供给发生变动，一定要价格以外的其他因素发生变动。

具体而言，供给曲线假设其他条件不变，当这些因素中的一个及一个以上发生变动时，该曲线也将随之移动。使每一种价格水平下的供给量都增加的任何一种变动，都会使供给曲线向右移动，我们称为“供给增加”；使每一种价格水平下的供给量都减少的任何一种变动，都会使供给曲线向左移动，我们称为“供给减少”。

我们同样可以用供给曲线表示供给量变动和供给的变动。供给量变动是指价格变化时，厂商愿意生产和销售的数量沿供给曲线移动。供给变动则是指除价格外，任何一种决定供给的因素变动所引起的供给曲线的移动。以制笔技术的进步为例，在每一个价格水平上，笔的生产商（供给商）愿意提供更多的笔，供给曲线向右移动。

决定供给变动的因素主要有以下几点。

（1）投入品价格（成本）：一种物品的供给与生产这种物品所用投入品的价格呈负相关。如在其他条件不变的情况下，芯片价格的上升会引起数码相机的供应量减少。

（2）技术：技术进步促使企业在投入品数量不变的前提下增加产量，从而增加产品的供给。

（3）预期：企业现在的供给量还取决于对未来的预期。当厂商预期下个月数码相机要涨价，他们的理性反应就是将现在生产的一部分数码相机储存起来，通过减少现有供给的方式增加未来供给。

（三）供给变动与供给量的变动

价格变化对供给量变动的影响称为"供给量的变动"，除价格外其他因素的变化对供给量变动的影响称为"供给的变动"。我们可以从供给曲线的变化来说明供给量的变动和供给变动：前者表现为沿着供给曲线移动，后者表现为整条供给曲线的移动。

为记住这个结论，我们可以这样理解：只有当除了用坐标轴表示的变量以外的其他相关变量变动时，曲线才会移动。由于价格用纵轴表示，因此价格的变动表现为沿着供给曲线的变动。与此相反，投入品价格、技术、预期等不用任何一条坐标轴表示，因此其中任何一种变量的变动都将使供给曲线移动。

（四）市场供给与个人供给

正如市场需求是所有买者需求的总和一样，市场供给也是所有卖者供给的总和。市场供给量是在每种价格水平下所有卖者的供给量之和。因此，可以通过水平相加个人供给曲线得出市场供给曲线。市场供给曲线表示，在其他条件不变的情况下，该商品的总供给量如何随其价格的变动而变动。

三、价格、供给与需求

根据供给定理和需求定理可知，价格越高，需求就越少，而供给就越多。那么，是否存在这样一种可能性：只要价格足够高，人们就不仅会停止购买，而且会开始供应，即随着价格的提高，需求者会变成供给者呢？答案是肯定的。如随着利息的变化，人们会在资金的需求者和供给者之间转换。负供给就是需求，负需求就是供给。

上述的分析是针对个人而言，对于整个社会而言，在特定的价格下，总是有人是需求者，有人是供给者，尽管随着价格的上升，有部分需求者会转换为供给者。

四、均衡与供求定理

(一) 市场均衡

均衡价格是使供给量等于需求量的价格。均衡数量是当价格调整到供给与需求相等时的供给量与需求量。在均衡价格下，买者愿意而且能够购买的数量刚好与卖者愿意而且能够出售的数量相一致。由此可知，市场均衡是指价格等于均衡价格，且交易量等于均衡数量的一种情况。

那么市场为什么会处于均衡状态呢？经济学认为，在没有人为力量干预的情况下，市场力量能自发达到供给等于需求的均衡状态。当市场价格高于均衡价格时市场价格会下降，当市场价格低于均衡价格时市场价格会上升。

价格是在市场竞争中自发形成的。当某种商品的供给大于需求时，生产者为了将东西卖出去会竞相降价；当某种商品的供给小于需求时，消费者为得到东西会竞相提价；当供给和需求相等时，既不会提价也不会降价，这时的市场价格就是市场均衡价格。这里存在一个著名的经济学原理：卖方倾向于和其他卖方竞争，买方倾向于和其他买方竞争，而不是买方和卖方之间的竞争。

因此，许多买者和卖者的活动自发地使市场价格向均衡价格回归。一旦市场达到其均衡价格，所有的买者和卖者都得到满足，也就不存在价格上升或下降的压力。不同市场上达到均衡的速度是不同的，这取决于价格调整的速度。在自由市场上，由于价格最终要变动到其均衡水平，因此过剩和短缺都只是暂时的。实际上，这种现象非常普遍，因此被称为“供求定理”：任何一种物品价格的调整都会使该物品的供给和需求达到平衡。

值得强调的是，众多的卖者和买者之间的竞争使任何一笔交易都依赖双方达成一致的条款。尽管生产商可以给自己的产品或服务设定任何价格，但只有购买者愿意支付这个价格，交易才能达成，价格才能成为事实。价格是自利的消费者和生产者在市场竞争中产生的。高价并不等于贪婪，低价也不等于慷慨。

（二）均衡点的变动

到现在为止，我们已经明白了供给和需求如何共同决定市场均衡，市场均衡又决定了商品价格，以及买者所购买和卖者所出售的该商品数量。均衡价格和数量取决于供给曲线和需求曲线的位置。当某些事件使其中一条或两条曲线移动时，市场上的均衡就改变了，并产生新的均衡价格和均衡数量。

1. 需求的变化

供给是指供给的线的位置，而供给量是指供给者希望并且能够出售的商品数量。在这个例子中，供给没有改变，因为天气炎热并没有改变在任何一种既定价格水平上企业的销售愿望，而是改变了在任何一种既定价格下消费者的购买愿望，从而使需求曲线向右移动。需求增加引起均衡价格上升。当价格上升时，供给就增加了。这种供给量的增加表现为沿着供给曲线的变动。

总之，供给曲线的移动被称为“供给变动”，而需求曲线的移动被称为“需求变动”。沿着一条固定供给曲线的变动被称为“供给量的变动”，而沿着一条固定需求曲线的变动被称为“需求量的变动”。

2. 供给的变化

假设在某一个夏季，台风摧毁了部分甘蔗田，并使糖的价格上升。这一事件将如何影响冰激凌市场呢？

作为投入品之一，糖的价格上升影响了冰激凌供给曲线。它增加了企业的生产成本，减少了企业在任何一种既定价格水平下生产并销售的冰激凌数量。这引起供给曲线向左移动，即在任何一种价格水平下，企业愿意并能够出售的总量减少了。因投入品成本的增加并没有直接改变消费者希望购买的冰激凌数量，需求曲线不变。

3. 需求和供给都变动

现在假设天气炎热和台风发生在同一个夏季，这将如何影响冰激凌市场呢?

天气炎热影响需求曲线，因为它改变了消费者在任何一种既定价格水平下想要购买的冰激凌数量。同时，当台风使糖价上升时，它改变了冰激凌的供给曲线，因为它改变了企业在任何一种既定价格水平下想要出售的冰激凌数量。这引起需求曲线向右移动，而供给曲线向左移动。

4. 供求定理

综上所述可知，分析均衡变动可以分为以下三个步骤：① 确定该事件是使供给曲线还是需求曲线发生移动，或两者都移动；② 确定曲线移动的方向；③ 用供求图说明这种移动如何改变均衡价格和均衡数量。

经济学家在总结需求或（和）供给变动对均衡价格和数量的影响的基础上，得出供求定理。该定理表明，在其他条件不变时：① 需求增加（减少），均衡价格上升（下降），均衡数量增加（减少）；② 供给增加（减少），均衡价格下降（上升），均衡数量增加（减少）；③ 供给和需求都增加（减少）时，均衡数量增加（减少），但均衡价格可能上升、下降或不变，这取决于需求和供给变动的幅度；④ 供给增加（减少）和需求减少（增加）时，均衡价格下降（上升），但均衡数量可能上升、下降或不变，这取决于需求和供给变动的幅度。

五、套利

本部分从供求关系的角度来分析套利，套利可以分为跨时间套利和跨地区套利。

（一）跨时间套利

例如，某公司预期于下个月推出新款手机，这使市场普遍预期该公司某旧款手机下个月会降价。从需求的角度看，一些购买者会调整自己的购买计划，将自己的购买计划从本月推迟到下个月，这意味着本月对该旧款手机的需求会减少。从供给的角度来看，该公司或手机商场会将原来准备在下月出售的该旧款手机提前到本月出售，即在本月对该款手机的供给会增加。

本期该款手机供给增加，需求减少，通过供求定理可知，本期该款手机的价格会下跌。下月该款手机供给减少，需求增加，通过供求定理可知，下个月该款手机的价格将上升，或者更精确地讲该款手机的跌幅会比预期的跌幅小。

本期该款手机价格下跌，下跌到什么程度？下期该款手机价格上升，上升到什么程度？这里就有一个跨期均衡的问题。在不考虑需求者和供给者时间偏好的情况下，该旧款手机价格将调整到本月和下月相等为止。

(二) 跨地区套利

假设A地区因受到强台风影响，粮食产量锐减，粮食价格上升。相邻的B地区风调雨顺，粮食价格维持稳定。这就使A地区粮价高，B地区粮价低。这种情况下，逐利的商人就会将B地区的粮食运到A地区。这个过程直到跨地区均衡重新实现，即粮价将调整到A地区粮价等于B地区粮价加上将单位粮食从B地区运到A地区的成本才会结束。

司马迁在《史记·货殖列传》中这样写道："百里不贩樵，千里不贩籴。"是否进行跨地区套利和套利的程度取决于跨地区套利的成本。例如，在上海，食品的价格和在西安相差无几，但房价要比西安贵多了。原因就在于食品可以跨地区套利，上海的食品价格涨了，食品可以从西安运到上海，因此两地食品的价格差仅仅为运费，但一个人不可能住在西安，每天都坐飞机去上海上班，因此西安的房价就可能与上海的房价差别很大。

(三) 套利与无差异原则

在现实世界中，自利的个人在不断地寻找套利的机会。例如，无论是超市新开结账闸口，还是机场安检新开安检闸口，你会看到有一堆人会向新的闸口奔去，在非常短的时间内，新开闸口排队人数会和已经开的闸口持平。因此，无论你是在超市准备结账，或者在飞机场准备过安检，你去排哪个队，速度是相差无几的。又如，如果你有一笔钱，无论是去开旅馆还是餐馆，资本预期回报率是相等的；如果你是司机，无论开出租车还是大卡车或者网约车，期望工资应该是相等的。尽管西安无论在历史、环境、发展机会等方面和上海存在较大的差别，但这种差别已经体现在房价差别之中，因此无论是上海还是西安，在综合考虑包括房价在内的各种因素后，从宜居性上讲差别已经不大。

无差异原则可以解释很多生活中的现象。现在网约车非常普遍，不少出租车司机为此非常生气，认为是网约车让其收入大幅度下降，情况是否如此呢？其实，出租车司机找错了发泄的对象。按照无差异原则，出租车司机的报酬与其从事大货车或者从事非司机工作的报酬是一样的。网约车的出现的确对出租车的业务造成很大的冲击，在短期，出租车司机的收入会减少，但因为收入减少，一些出租车司机会选择离开该行业，该行业司机会出现供不应求，报酬就会上升（具体表现为份子钱的减少）。只要出租车司机的替代性职业选择的报酬没有发生下降，最终的结果是网约车的出现不会影响出租车司机的收入。

第二章　财务管理

第一节　财务管理相关概念

一、财务管理目标

目标是指导方向和标准。没有明确的目标，就无法判断一项决策的优劣。财务管理的目标决定了它所采用的原则、程序和方法。因此，财务管理的目标是建立财务管理体系的逻辑起点。

(一) 财务管理目标概述

从根本上说，财务管理的目标取决于企业的目标，所以财务管理的目标和企业的目标是一致的。创立企业的目的是盈利。已经创立起来的企业，虽然有改善职工待遇、改善劳动条件、扩大市场份额、提高产品质量、减少环境污染等多种目标，但是盈利是其最基本、最一般、最重要的目标。盈利不但体现了企业的出发点和归宿，而且可以体现企业其他目标的实现程度，并有助于企业其他目标的实现。最具综合性的计量是财务计量。因此，企业目标也称为“企业的财务目标”。在本书的后续论述中，我们把财务管理目标、财务目标和企业目标作为同义词使用。

(二) 有关财务管理目标的主要观点

关于企业目标的表达主要有以下四种观点。

1. 利润最大化

这种观点认为，利润代表了企业新创造的财富，利润越多则说明企业的财富增加越多，越接近企业的目标。这种观点的缺点如下：① 没有考虑利润的取得时间。例如，今年获利 100 万元与明年获利 100 万元相比，哪个更符合企业的目标？若不考虑货币的时间价值，就难以作出正确的判断。

②没有考虑获利与投入资本数额之间的关系。例如，同样是获得100万元的利润，A企业投入500万元，B企业投入600万元，哪个更符合企业目标的要求？③没有考虑获取利润与所承担风险之间的关系。例如，同样投入500万元，本年获利100万元，A企业的获利已经全部转化为现金，B企业的获利则全部是应收账款，有可能发生坏账损失，哪个更符合企业的目标？

2. 股东财富最大化

股东财富最大化是指企业财务管理以实现股东财富最大化为目标。在上市公司，股东财富是由其所拥有的股票数量和股票市场价格两方面决定的。在股票数量一定时，股票价格达到最高，股东财富也就达到最大。

这种观点认为：增加股东财富是财务管理的目标，这也是本书采纳的观点。

股东创办企业的目的是增加财富，如果企业不能为股东创造价值，他们就不会为企业提供资本，没有了权益资本，也就不会有企业。因此，企业要为股东创造价值，股东财富可以用股东权益的市场价值来衡量。股东财富的增加可以用股东权益的市场价值与股东投资资本的差额来衡量，该差额被称为“股东权益的市场增加值”。股东权益的市场增加值是企业为股东创造的价值，有时股东财富最大化财务目标被表述为股价最大化，在股东投资资本不变的情况下，股价上升可以反映股东财富的增加，股价下跌可以反映股东财富的减损。股价的升降，代表了投资大众对公司股权价值的客观评价，反映了资本和获利之间的关系。它受预期每股收益的影响，反映了每股收益大小和取得的时间；它受企业风险大小的影响，可以反映每股收益的风险。值得注意的是，企业与股东之间的交易也会影响股价，但不影响股东财富。例如，分派股利时股价下跌，回购股票时股价上升等。因此，假设股东投资资本不变，股价最大化与增加股东财富具有同等意义。有时股东财富最大化财务目标还被表述为企业价值最大化。企业价值的增加，是由于股东权益价值增加和债务价值增加而引起的。假设债务价值不变，则增加企业价值与增加股东权益价值具有相同意义；假设股东投资资本和债务价值不变，企业价值最大化与增加股东财富具有相同的意义。

因此，本书在不同问题的讨论中，分别使用股东财富最大化、股价最大化和企业价值最大化，其含义均为股东财富增加。关于财务目标的分歧之一是如何看待利益相关者的要求。有一种意见认为，企业应当有多重目标，分别满足不同利益相关者的要求。

从理论上看，任何学科都需要一个统一的目标，围绕这个目标发展其理论和模型，任何决策只要符合目标就可以被认为是好的决策，不符合目标就是差的决策。统一的目标可以为企业理财提供一个统一的决策依据，并且保持各项决策的内在一致性。如果使用多个目标，就很难指导决策，无法保证各项决策不发生冲突。主张股东财富最大化，并非不考虑利益相关者的利益。各国公司法都规定，股东权益是剩余权益，只有满足了其他方面的利益之后才会考虑股东的利益。企业必须缴税、给职工发工资、给顾客提供他们满意的产品和服务，然后才能获得税后收益。可见其他利益相关者的要求先于股东，因此这种要求必须是有限度的。如果对其他利益相关者的要求不加限制，股东就不会有“剩余”了。除非股东确信投资会带来满意的回报，否则股东不会出资，利益相关者的要求也无法实现。

3. 企业价值最大化

企业价值最大化是指企业财务管理行为以实现企业的价值最大化为目标。企业价值可以理解为企业所有者权益和债权人权益的市场价值，或者是企业所能创造的预计未来现金流量的现值。“未来现金流量”这一概念，包含了资金的时间价值和风险价值两个方面的因素。因为对未来现金流量的预测包含了不确定性因素和风险因素，而未来现金流量的现值是以资金的时间价值为基础对现金流量进行折现计算得出的。

企业价值最大化目标要求企业通过采用最优的财务政策，充分考虑资金的时间价值和风险与报酬的关系，在保证企业长期稳定发展的基础上使企业总价值达到最大。

4. 相关者利益最大化

在现代企业是多边契约关系总和的前提下，要确立科学的财务管理目标，需要考虑哪些利益关系会对企业发展产生影响。在市场经济中，企业的理财主体更加细化和多元化。股东作为企业所有者，在企业中拥有最高的权力，并承担着最大的义务和风险，但是债权人、员工、企业经营者、客户、供应商和政府也为企业承担着风险。因此，企业的利益相关者不仅包括股东，还包括债权人、员工、企业经营者、客户、供应商和政府等。在确定企业财务管理目标时，不能忽视这些相关利益群体的利益。

相关者利益最大化目标的具体内容包括如下几个方面：① 强调风险与报酬的均衡，将风险限制在企业可以承受的范围内；② 强调股东的首要地位，并强调企业与股东之间的协调关系；③ 强调对代理人即企业经营者的监督和控制，建立有效的激励机制以便企业战略目标的顺利实施；④ 关心本企业普通职工的利益，创造优美和谐的工作环境和提供合理恰当的福利待遇，促使职工长期努力为企业工作；⑤ 不断加强与债权人的关系，培养可靠的资金供应者；⑥ 关心客户的长期利益，以便保持销售收入的长期稳定增长；⑦ 加强与供应商的协作，共同面对市场竞争，并注重企业形象的宣传，遵守承诺，讲究信誉；⑧ 保持与政府部门的良好关系。

（三）各种财务管理目标间的关系

上述利润最大化、股东财富最大化、企业价值最大化以及相关者利益最大化等各种财务管理目标，都以股东财富最大化为基础，因为企业是市场经济的主要参与者，企业的创立和发展都必须以股东的投入为基础，离开股东的投入，企业就不复存在；并且在企业的日常经营过程中，作为所有者的股东在企业中承担着最大的义务和风险，相应也需享有最高的报酬，即股东财富最大化，否则就难以为市场经济的持续发展提供动力。当然，如上文所述，以股东财富最大化为核心和基础，还应该考虑利益相关者的利益。

二、财务管理环节

财务管理环节是企业财务管理的工作步骤与一般工作程序。一般而言，企业财务管理包括以下几个环节。

（一）计划与预算

1. 财务计划

财务计划是根据企业整体战略目标和规划，结合财务预测的结果，对财务活动进行规划，并以指标形式落实到每一计划期间的过程。财务计划主要通过指标和表格，以货币形式反映在一定的计划期内企业生产经营活动所需要的资金及其来源、财务收支、财务成果及其分配情况。

确定财务计划指标的方法一般有平衡法、因素法、比例法和定额法等。

2. 财务预算

财务预算是根据财务战略、财务计划和各种预测信息，确定预算期内预算指标的过程。它是财务战略的具体化，是财务计划的分解与落实。财务预算的编制方法通常包括固定预算与弹性预算、增量预算与零基预算、定期预算和滚动预算等。

(二) 决策与控制

1. 财务决策

财务决策是指按照财务战略目标的总体要求，利用专门的方法对各种备选方案进行比较和分析，从中选出最佳方案的过程。财务决策是财务管理的核心，决策的成功与否直接关系到企业的兴衰成败。

财务决策的方法主要有两类：一类是经验判断法，是根据决策中的经验来判断、选择常用的方法，具体有淘汰法、排队法和归类法等；另一类是定量分析方法，常用的有优选对比法、数学微分法、线性规划法和概率决策法等。

2. 财务控制

财务控制是指利用有关信息和特定手段，对企业的财务活动施加影响或调节，以便实现计划所规定的财务目标的过程。

财务控制的方法通常有事前控制、事中控制和事后控制几种。财务控制措施一般包括预算控制、营运分析控制和绩效考核控制等。

(三) 分析与考核

1. 财务分析

财务分析是指根据企业财务报表等信息资料，采用专门方法，系统分析和评论企业财务状况、经营成果以及未来趋势的过程。财务分析的方法通常有比较分析、比率分析、综合分析等。

2. 财务考核

财务考核是指将报告期实际完成数与规定的考核指标进行对比，确定有关责任单位和个人完成任务的过程。财务考核与奖惩紧密联系，是贯彻责任制的基本要求，也是构建激励与约束机制的关键环节。

财务考核的形式多种多样，可以用绝对指标、相对指标、完成百分比考核，也可采用多种财务指标进行综合评价考核。

三、财务管理环境

财务管理环境是指对企业财务活动和财务管理产生影响的企业内外各种条件的统称，主要包括技术环境、经济环境、金融环境和法律环境。

(一) 技术环境

财务管理的技术环境，是指财务管理得以实现的技术手段和技术条件，它决定着财务管理的效率和效果。

(二) 经济环境

经济环境的内容十分广泛，它包括经济体制、经济周期、经济发展水平、宏观经济政策及通货膨胀水平等。

1. 经济体制

在计划经济体制下企业是独立核算的单位，但无独立的理财权。在市场经济体制下企业是自主经营、自负盈亏的经济实体，拥有独立的经营权与理财权，企业可以从自身需求出发，合理确定资金需要量，然后到市场上筹集资本，再把筹集到的资本投放到高效益的项目上获取更大的收益，最后将收益根据需要和可能进行分配，保证企业财务活动自始至终根据自身条件和外部环境作出各种财务管理决策并组织实施。因此，财务管理活动比较丰富，方法也复杂得多。

2. 经济周期

在市场经济条件下，经济发展与运行带有一定的波动性，大体上会经历复苏、繁荣、衰退和萧条几个阶段的循环，这种循环被称为“经济周期”。在经济周期的不同阶段，企业应采用不同的财务管理战略，如表2–1所示。

表 2–1　经济周期不同阶段企业的财务管理战略

内容	复苏	繁荣	衰退	萧条
设备投资	增加厂房设备实行长期租赁	扩充厂房设备	停止扩张，出售多余设备	建立投资标准
人力资源	增加劳动力		停止扩招雇员	裁减雇员
存货储备	建立存货储备	继续建立存货储备	削减存货，停止长期采购	削减存货
产品及开发	开发新产品	提高产品价格开展营销规划	停产不利产品	保持市场份额
其他				放弃次要利益压缩管理费用

3. 经济发展水平

财务管理的发展水平是和经济发展水平密切相关的，经济发展水平越高，财务管理水平也越高。良好的经济发展将推动企业降低成本，改进效率，提高效益，从而促进经济发展水平提高；而经济发展水平的提高，将改变企业的财务战略、财务理念、财务管理模式和财务管理的方法手段，从而促进企业财务管理水平的提高。财务管理应当以经济发展水平为基础，以宏观经济发展目标为导向，从业务工作角度保证企业经营目标和经营战略的实现。

4. 宏观经济政策

不同的宏观经济政策，对企业财务管理影响不同。金融政策中的货币发行量、信贷规模会影响企业投资的资金来源和投资的预期收益；财税政策会影响企业的资本结构和投资项目的选择等；价格政策会影响资金的投向和投资的回收期及预期收益；会计制度的改革会影响会计要素的确认和计量，进而对企业财务活动的事前预测、决策及事后的评价产生影响；等等。

5. 通货膨胀水平

通货膨胀对企业财务活动的影响是多方面的。主要表现为以下几点：

① 引起资金占用的大量增加，从而增加企业的资金需求；

② 引起企业利润虚增，造成企业资金由于利润分配而流失；

③ 引起利润上升，提升企业的权益资金成本；

④ 引起有价证券价格下降，增加企业的筹资难度；

⑤ 引起资金供应紧张，增加企业的筹资困难。

为了减轻通货膨胀对企业造成的不利影响，企业应当采取措施予以防范。在通货膨胀初期，货币面临着贬值的风险，这时企业进行投资可以避免风险、实现资本保值；与客户应签订长期购货合同，以减少物价上涨造成的损失；取得长期负债，保持资本成本的稳定。在通货膨胀持续期，企业可以采用比较严格的信用条件减少企业债权；调整财务政策，防止和减少企业资本流失等。

（三）金融环境

1. 金融机构

金融机构主要是指银行和非银行金融机构。银行是指经营存款、放款、汇兑、储蓄等金融业务，承担信用中介职能的金融机构，包括各种商业银行和政策性银行，如中国工商银行、中国农业银行、中国银行、中国建设银行等。非银行金融机构主要包括保险公司、信托投资公司、证券公司、财务公司、金融资产管理公司、金融租赁公司等机构。

2. 金融工具

金融工具是指融通资金双方在金融市场上进行资金交易、转让的工具。借助金融工具，资金从供给方转移到需求方，金融工具分为基本金融工具和衍生金融工具两大类。常见的基本金融工具有货币、票据、债券、股票等；衍生金融工具又称“派生金融工具”，是在基本金融工具的基础上通过特定技术设计形成的新的融资工具，如各种远期合约、互换、掉期、资产支持证券等。

3. 金融市场

金融市场是指资金供应者与需求者双方通过一定的金融工具进行交易而融通资金的场所。金融市场的构成要素主要包括资金供应者与资金需求者、金融工具、交易价格、组织方式等。

(1) 以期限为标准，金融市场可分为货币市场与资本市场

货币市场又称为“短期金融市场”，是指以期限在 1 年以内的金融工具为媒介，进行短期资本融通的市场。

资本市场是指期限在 1 年以上的金融资产交易市场。它包括两个部分：

银行中长期存贷市场和有价证券市场。由于长期融资证券化成为未来的发展趋势，现在资本市场也被称为“证券市场”。

与货币市场相比，资本市场所交易的证券期限长（大于1年），利率或要求的报酬率较高，风险也较大。资本市场的主要功能是进行长期资金的融通。资本市场的工具包括股票、公司债券、长期政府债券和银行长期贷款。

(2) 按照证券的索偿权不同，金融市场分为债务市场和股权市场

债务市场交易的对象是债务凭证“工具”，如公司债券、抵押票据等。债务凭证“工具”是一种契约，借款者承诺按期支付利息和偿还本金。债务工具的期限在1年以下的是短期债务工具，期限在1年以上的是长期债务工具。

股权市场交易的对象是股票。股票是分享一个公司净收入和资产权益的凭证。持有人的权益按照公司总权益的一定份额表示，而没有确定的金额。股票的持有者可以不定期地收取股利，但是股票没有到期期限。

股票持有人与债务工具持有人的索偿权不同。股票持有人是公司排在最后的权益要求人，公司必须先向债权人进行支付，然后才可以向股票持有人支付。股票持有人可以分享公司盈利和资产价值增长。股票的收益具有不确定性，因此风险比债务工具大。债权人只能按照约定的利率得到固定收益，风险比股票小。

(3) 按照所交易证券是初次发行还是已经发行分为一级市场和二级市场

一级市场也称“发行市场”或“初级市场”，是资金需求者将证券首次出售给公众时形成的市场，是新证券和票据等金融工具的买卖市场。该市场的主要经营者是投资银行、经纪人和证券自营商（在我国这三种业务统一于证券公司），他们承担政府、公司新发行的证券的销售工作。投资银行通常采用承购包销的方式承销证券，承销期结束后剩余证券由承销人全部自行购入，发行人可以获得预定的全部资金。

二级市场是指证券发行后各种证券在不同投资者之间买卖流通所形成的市场，也称“流通市场”或“次级市场”，该市场的主要经营者是证券商和经纪人。证券的持有者在需要资金时，可以在二级市场将证券变现。想要投资的人，也可以进入二级市场购买已经上市的证券，出售证券的人获得货币资金，但该证券的发行公司不会得到新的现金。

一级市场和二级市场有密切关系。一级市场是二级市场的基础，没有

一级市场就不会有二级市场。二级市场是一级市场存在和发展的重要条件之一。二级市场使证券更具流动性，正是这种流动性使证券受到欢迎，人们才更愿意在一级市场购买证券。某公司证券在二级市场上的价格，决定了该公司在一级市场上新发行证券的价格。在一级市场上的购买者，只愿意向发行公司支付他们认为二级市场将为这种证券所确定的价格。二级市场上证券价格越高，企业在一级市场出售证券的价格越高，发行公司筹措的资金越多。因此，与企业理财关系更为密切的是二级市场，而非一级市场。在本书后面提到的证券价格，除非特别指明均是指二级市场价格。

(4) 按照交易程序分为场内交易市场和场外交易市场

场内交易市场是指各种证券的交易所。证券交易所有固定的场所、固定的交易时间和规范的交易规则。交易所按拍卖市场的程序进行交易。证券持有人拟出售证券时，可以通过电话或网络终端下达指令，该信息被输入交易所撮合主机按价格从低到高排序，低价者优先。拟购买证券的投资人，用同样的方法下达指令，按照由高到低排序，高价优先。出价较高的购买人和出价最低的出售者报价一致时成交。证券交易所通过网络形成全国性的证券市场，甚至形成国际化的市场。

场外交易市场没有固定场所，是由很多拥有证券的交易商分别进行交易所形成的市场。任何人都可以在交易商的柜台上买卖证券，价格由双方协商形成，这些交易商互相用计算机网络联系。

(四) 法律环境

1. 法律环境的范畴

法律环境是指企业与外部发生经济关系时应遵守的有关法律、法规和规章制度，主要包括公司法、证券法、金融法、证券交易法、经济合同法、税法、企业财务通则、内部控制基本规范等。市场经济是法治经济，企业的一些经济活动总是在一定法律规范内进行的。法律既约束企业的非法经济行为，也为企业从事各种合法经济活动提供保护。

2. 法律环境对企业财务管理的影响

法律环境对企业财务管理的影响是多方面的，影响范围包括企业的组织形式、公司治理结构、投融资活动、日常经营和收益分配等。

第二节　财务管理的价值观念

一、货币时间价值

货币时间价值是现代公司财务的基础概念之一，因其非常重要并且涉及所有理财活动，有人称之为理财的“第一原则”。公司在投资某个项目时，至少要取得社会平均的利润率，否则不如投资于另外的项目或行业。因此，货币的时间价值成为财务估价最基本的原则。

（一）货币时间价值的概念

货币时间价值是指在没有风险的前提下，货币经过一段时期的有效使用而增加的价值，也称资金的“时间价值”。西方经济学家对货币时间价值的理解往往是和消费心理因素联系在一起的。他们认为，投资者进行投资就必须推迟消费，对投资者推迟消费的耐心应该给予回报，这种回报的量与推迟的时间成正比，即推迟的时间越长，回报就越多，单位时间的这种回报与投资的百分比就是时间价值。

（二）现金流量时间线

计算货币资金的时间价值，首先要清楚资金运动发生的时间和方向，即每笔资金在哪个时点上发生，资金流向是流入还是流出。现金流量时间线提供了一个重要的计算货币资金时间价值的工具，它可以直观、便捷地反映资金运动发生的时间和方向。

（三）终值和现值的计算

终值又称“本利和”，是将现在一定量的资金折算到未来某一时点所对应的金额。现值是指将未来某一时点上的一定量资金折算到现在所对应的金额。

终值和现值是一定量资金在前后两个不同时点上对应的价值，其差额即为货币的时间价值。

为了计算方便，本节假定有关字母含义如下：I 为利息，F 为终值，P 为现值，i 为利率（折现率），n 为计算利息的期数。这里所说的计息期，是指相邻两次计息的时间间隔，如年、月、日等。除非特别指明，本书计息期为1年。

1. 单利终值和单利现值

单利是指只就本金计算利息的计算方法。在单利方法下计算的本利和即为单利终值。在单利方法下所计算的现值即为单利现值。

（1）单利终值

$$F = P \times (1 + n \cdot i)$$

（2）单利现值

$$P = F \div (1 + n \cdot i)$$

2. 复利终值和复利现值

复利是指不仅本金要计算利息，也要考虑利息产生的利息的计算方法，俗称“利滚利”。

（1）复利终值

$$F = P \times (1 + i)^n$$

$F = P \times (1 + i)^n$ 是计算复利终值的一般公式，其中的 $(1 + i)^n$ 被称为“复利终值系数”或“1元的复利终值”，用符号（F/P，i，n）表示。

（2）复利现值

复利现值是复利终值的对应概念，指未来一定时间的特定资金按复利计算的现在价值，或者说是为取得将来一定本利和而现在所需要的本金。

复利现值计算，是指已知 $F = P \times (1 + i)^n$，求解 P 的过程。

所以：

$$P = F \times (1 + i)^{-n}$$

上式中的 $(1 + i)^{-n}$ 为复利现值的系数，或称“1元的复利现值”，用符合（F/P，i，n）表示。

3. 年金终值和年金现值

年金是指间隔期相等的系列等额收付款。

年金包括普通年金（后付年金）、预付年金（先付年金）、递延年金、永续年金等形式。

普通年金是年金的最基本形式，它是指从第一期起，在一定时期内的每期期末等额收付的系列款项，又称为“后付年金”。

预付年金是指从第一期起，在一定时期内的每期期初等额收付的系列款项，又称“先付年金”或“即付本金”。

预付年金与普通年金的区别仅在于收付款时间不同，普通年金发生在期末，而预付年金发生在期初。

永续年金是指无限期收付的等额现金流。

在年金中，系列等额收付的间隔期间只需要满足“相等”的条件即可，间隔期间可以不是1年。例如，每季末等额支付的债务利息也是年金。

(1) 后付年金终值和后付年金现值

后付年金是指每期期末有等额收付款项的年金。在现实经济生活中这种年金最为常见，故也称为“普通年金”。

① 后付年金终值。后付年金终值犹如零存整取的本利和，它是一定时期内每期期末等额收付款项的复利终值之和。

假设，A 表示年金数额，i 表示利息率，n 表示计息期数，F_A 表示年金终值。则后付年金终值的计算为：

$$\begin{aligned} F_A &= A(1+i)^0 + A(1+i)^1 + A(1+i)^2 + \cdots + A(1+i)^{n-1} \\ &= A\left[(1+i)^0 + (1+i)^1 + (1+i)^2 + \cdots + (1+i)^{n-1}\right] \\ &= A\sum_{i=1}^{n}(1+i)^{i-1} \end{aligned}$$

式中，$\sum_{i=1}^{n}(1+i)^{i-1}$ 称为“年金终值系数”或“年金复利系数”，通常写作（F/A, i, n），其他符号含义同前。

因此，后付年金终值的计算公式也可表示为：

$$F_A = A\times(F/A,i,n)$$

② 后付年金现值。一定期间每期期末等额的系列收付款项的现值之和，叫“后付年金现值”。年金现值的符号为 P_A，后付年金现值的计算过程为：

$$\begin{aligned} P_A &= A\frac{1}{(1+i)^1} + A\frac{1}{(1+i)^2} + \cdots + A\frac{1}{(1+i)^{n-1}} + A\frac{1}{(1+i)^n} \\ &= A\sum_{i=1}^{n}\frac{1}{(1+i)^t} \end{aligned}$$

式中，$\sum_{i=1}^{n}\frac{1}{(1+i)^t}$ 称为“年金现值系数”，可简写为（P/A，i，n），其他

符号含义同前。

(2) 先付年金终值和先付年金现值

先付年金是指在一定时期内，各期期初等额收付的系列款项。先付年金与后付年金的区别仅在于付款时间的不同。由于后付年金是最常用的，因此年金终值和现值的系数表是按后付年金编制的，为了便于计算和查表，必须根据后付年金的计算公式，推导出先付年金的计算公式。

① 先付年金终值。n 期先付年金终值与 n 期后付年金的付款次数相同，但由于付款时间的不同，n 期先付年金终值比 n 期后付年金终值多计算一期利息。因此，可先求出 n 期后付年金的终值，然后再乘以 $(1+i)$，便可求出 n 期先付年金的终值。其计算公式为：

$$\begin{aligned} F_A &= A\times(F/A,i,n)\times(1+i) \\ &= A\times(F/A,i,n+1)-A \end{aligned}$$

② 先付年金现值。n 期先付年金现值和普通年金现值系数相比，期数要减 1，而系数要加 1，可记作 [P/A， i， $(n-1)+1$]。可利用“年金现值系数表”查(　　1) 的值，然后加 1，得出 1 元的预付年金现值。

(3) 递延年金

递延年金是指第一次支付发生在第 1 期或第 2 期以后的年金。一般用 m 表示递延期数。第 1 次支付在第 4 期期末，连续支付 4 次，即 n=4。

① 递延年金终值。递延年金终值的计算方法和普通年金类似：

$$F_A = A\cdot(F/A,i,n)$$

② 递延年金现值。递延年金现值是指间隔一定时期后每期期末或期初收付的系列等额款项，按照复利计息方式折算的现时价值，即间隔一定时期后每期期末或期初等额收付资金的复利现值之和。递延年金的计算方法有以下三种。

计算方法一：先将递延年金视为 n 期普通年金，求出在递延期期末的普通年金现值，然后再折算到现在，即第 0 期：

$$P_A = A\times(P/A,i,n)\times(P/F,i,m)$$

式中，m 为递延期，n 为连续收支期数，即年金期。

计算方法二：先计算 $m+n$ 期年金现值，再减去 m 期年金现值。

$$P_A = A\times[(P/A,i,m+n)-(P/A,i,m)]$$

计算方法三：先求递延年金终值再折现为现值。

(4) 永续年金

无限期定额支付的年金称为“永续年金”，如现实生活中的存本取息。永续年金没有终止时间，也就没有终值。永续年金的现值可以通过普通年金的计算公式导出：

$$P = A \times \frac{1-(1+i)^n}{i}$$

当→∞时，$(1+i)^n$ 的极限为零，故上式可写成：

$$P = A \times \frac{1}{i}$$

(四) 偿债基金和年资本回收额

1. 年偿债基金

年偿债基金是指为了在约定的未来某一时点清偿某笔债务或积聚一定数额的资金而必须分次等额形成的存款准备金，也就是能使年金终值达到既定金额的年金数额（已知终值 F_A，求年金 A）。

在普通年金终值公式中解出 A，这个 A 就是年偿债基金。

由 $F_A = A \times \frac{(1+i)^n - 1}{i}$ 可知：

$$A = F_A \times \frac{i}{(1+i)^n - 1} = F_A \times \frac{1}{(F/A,i,n)}$$

式中，$\frac{i}{(1+i)^n - 1}$ 为“偿债基金系数”，记作（A/F，i，n）。它可以把普通年金终值折算为每年需要支付的金额。偿债基金系数可根据普通年金终值系数求倒数而确定。

2. 年资本回收额

年资本回收额是指在约定年限内等额回收初始投入资本的金额。年资本回收额的计算实际上是已知普通年金现值 P_A，求年金 A。

$$A = P_A \times \frac{i}{1-(1+i)^{-n}} = P_A \times \frac{1}{(P/A,i,n)}$$

式中，$\frac{i}{1-(1+i)^{-n}}$为"资本回收系数"，记作（A/P，i，n）。

由上述计算可知：① 年资本回收额与普通年金现值互为逆运算；② 资本回收系数与普通年金现值系数互为倒数。

（五）利率的计算

1. 插值法

在复利计息方式下，利率与现值（或者终值）系数之间存在一定的数量关系。已知现值（或者终值）系数，可以通过插值法计算对应的利率。

$$i=i_1+\frac{B-B_1}{B_2-B_1}\times(i_2-i_1)$$

式中，所求利率为 i，i 所对应的现值（或者终值）系数为 B，B_1、B_2 为现值（或者终值）系数表中 B 相邻的系数，i_1、i_2 为 B_1、B_2 对应的利率。

① 若已知复利现值（或者终值）系数 B 以及期数 n，可以查"复利现值（或者终值）系数表"，找到与已知复利现值（或者终值）系数最接近的两个系数以及对应的利率，按插值法公式计算利率。

② 若已知年金现值（或者终值）系数 B 以及期数 n，可以查"年金现值（或者终值）系数表"，找出与已知年金现值（或者终值）系数最接近的两个系数及其对应的利率，按插值法公式计算利率。

③ 永续年金的利率可以通过公式 $i=A/P$ 计算。

2. 名义利率与实际利率

名义利率是指票面利率，实际利率是指投资者得到利息回报的真实利率。

（1）一年多次计息时的名义利率与实际利率

如果以"年"作为基本计息期，每年计算一次复利，这种情况下的实际利率等于名义利率。如果按照短于一年的计息期计算复利，这种情况下的实际利率高于名义利率。名义利率与实际利率的换算关系如下：

$$i=(1+r/m)^m-1$$

式中，i 为实际利率，r 为名义利率，m 为每年复利计息次数。

（2）通货膨胀情况下的名义利率与实际利率

名义利率是央行或其他提供资金借贷的机构所公布的未调整通货膨胀

因素的利率，即利息（报酬）的货币额与本金的货币额的比率，也即补偿了通货膨胀（包括通货紧缩）风险的利率。实际利率是指剔除通货膨胀率后储户或投资者得到利息回报的真实利率。

名义利率与实际利率之间的关系为：

1+名义利率 =（1+实际利率）×（1+通货膨胀率），所以实际利率的计算公式为：

$$实际利率=\frac{1+名义利率}{1+通货膨胀率}-1$$

二、风险与收益

（一）资产的收益与收益率

1. 资产收益的含义和计算

资产的收益是指资产的价值在一定时期内的增值。一般情况下，有两种表述资产收益的方式。

第一种方式是以金额表示的，称为“资产的收益额”，通常以资产价值在一定期限内的增值量来表示。该增值量来源有两部分：一是期限内资产的现金净收入；二是期末资产的价值（或市场价值）相对起初价值（格）的升值。前者多为利息、红利或股息收益，后者称为“资本利得”。

第二种方式是以百分比表示的，称为“资产的收益率”或“报酬率”，是资产增值量与期初资产价值（格）的比值，该收益率也包括两部分：一是利（股）息的收益率，二是资本利得的收益率。

显然，以金额表示的收益与期初资产的价值（格）相关，不利于不同规模资产之间收益的比较，而以百分数表示的收益则是一个相对指标，便于不同规模资产下资产收益的比较和分析。所以，通常情况下我们都是用收益率的方式来表示资产的收益。

另外，由于收益率是相对特定期限的，它的大小要受计算期限的影响，但是计算期限常常不一定是 1 年。为了便于比较和分析，对于计算期限短于或长于 1 年的资产，在计算收益率时一般要将期限的收益率转化成年收益率。

因此，如果不作特殊说明的话，资产的收益指的就是资产的年收益率，又称“资产的报酬率”。

单期资产收益率的计算方法如下：

$$\text{单期资产收益率} = \frac{\text{资产的价值（格）的增值}}{\text{期初资产价值（格）}} + \frac{\text{资产的收益额}}{\text{期初资产价值（格）}}$$

$$= \frac{\text{利（股）息收益} + \text{资本利得}}{\text{期初资产价值（格）}}$$

$$= \frac{\text{利（股）息收益}}{\text{期初资产价值（格）}} + \frac{\text{资本利得}}{\text{期初资产价值（格）}}$$

$$= \text{利(股)息收益率} + \text{资本利得收益率}$$

2. 资产收益率的类型

在实际的财务工作中，由于工作角度和出发点不同，收益率可以有以下一些类型。

(1) 实际收益率

实际收益率表示已经实现的或者确定可以实现的资产收益率，表述为已实现的或确定可以实现的利 (股) 息收益率与资本利得收益率之和。

(2) 名义收益率

名义收益率仅指在资产合约上标明的收益率。例如，借款协议上的借款利率。

(3) 预期收益率

预期收益率也称“期望收益率”，是指在不确定的条件下预测的某资产未来可能实现的收益率。对期望收益率的直接估算，一般有以下三种方法。

第一种方法：首先描述影响收益率的各种可能情况；其次预测各种可能情况发生的概率，以及在各种可能情况下收益率的大小。那么预期收益率就是各种情况下收益率的加权平均，权数是各种可能情况发生的概率。计算公式为：

$$\text{预期收益率} \, E(R) = \sum P_i \times R_i$$

式中，$E(R)$ 为预期收益率，P_i 表示情况 i 可能出现的概率，R_i 表示情况 i 出现时的收益率。

第二种方法：首先收集事后收益率 (历史数据)，将这些历史数据按照不同的经济状况分类，并计算发生在各类经济状况下的收益率预测值的百分比，将所得百分比作为各类经济情况可能出现的概率；其次计算各类经济情况下所有收益率观测值的平均值作为该类情况下的收益率；最后按上述公式计算各类情况下收益率的加权平均就得到预期收益率。

第三种方法：收集能够代表预测期收益率分布的历史收益率的样本，假定所有历史收益率的观测值出现的概率相等，那么预期收益率就是所有数据的简单算术平均值。

(4) 必要收益率

必要收益率也称“最低必要报酬率”或“最低要求的收益率”，表示投资者对某资产合理要求的最低收益率。这里所说的投资者可以是每个个体，但如果不作特殊说明的话，通常指全体投资者。每个人对某特定资产都会要求不同的收益率，如果某股票的预期收益率超过大多数人对该股票要求的至少应得到的收益率时，实际的投资行为就会发生。也就是说，只有他们认为至少能够获得他们所要求的必要收益率时，才会购买该股票。

必要收益率与认识到的风险有关，人们对资产的安全性有不同的看法。如果某公司陷入财务困难的可能性很大，也就是说，投资该公司股票产生损失的可能性很大，那么投资该公司股票将会要求一个较高的收益率，所以该股票的必要收益率就会较高；相反，如果某项资产的风险较小，那么对这项资产要求的必要收益率也就低。

(5) 无风险收益率

无风险收益率也称“无风险利率”，它是指可以确定、可知的无风险资产的收益率，它的大小由纯利率（资金的时间价值）和通货膨胀补贴两部分组成。无风险资产一般满足两个条件：一是不存在违约风险；二是不存在再投资收益率的不确定性。实际上，满足这两个条件的资产，就是与所分析的资产的现金流量期限相同的国债。因此，无风险利率就是国债的利率，该国债应该与所分析的资产的现金流量有相同的期限。一般情况下，为了方便起见，通常用短期国库券的利率近似地代替无风险收益率。

(6) 风险收益率

风险收益率是指某资产持有者因承担该资产的风险而要求的超过无风险利率的收益率，它等于必要收益率与无风险收益率之差。风险收益率衡量了投资者将资金从无风险资产转移到风险资产而要求得到的“额外补偿”，它的大小取决于以下两个因素：一是风险的大小；二是投资者对风险的偏好。

(二) 资产的风险及其衡量

风险是现代企业财务管理环境的一个重要特征，在企业财务管理的每一个环节都不可避免地要面对风险。风险是对企业的目标产生负面影响的事件发生的可能性。从财务管理的角度来看，风险就是企业在各项财务活动过程中，由于各种难以预料或无法控制的因素作用，使企业的实际收益与预计收益发生背离，从而蒙受经济损失的可能性。

1. 单项资产的风险及其衡量

资产的风险是资产收益率的不确定性，其大小可用资产收益率的离散程度来衡量。离散程度是指资产收益率的各种可能结果与预期收益率的偏差。

衡量风险的指标主要有收益率的方差、标准差和标准离差率等。

(1) 收益率的方差（σ^2）

收益率方差是用来表示某资产收益率的各种可能结果与其期望值之间的离散程度的一个指标，其计算公式为：

$$\sigma^2 = \left[R_i - E(R)\right]^2 \times P_i$$

这里 $E(R)$ 表示资产的预期收益率，可用公式 $E(R) = \sum_{i=1}^{n} P_i \times R_i$ 来计算；P_i 是第 i 种可能情况发生的概率；R_i 是在第 i 种可能情况下该资产的收益率。

(2) 收益率的标准差（σ）

收益率标准差是反映某资产收益率的各种可能结果对其期望值的偏离程度的一个指标。它等于方差的开方。

其计算公式为：

$$\sigma = \sqrt{\sum_{i=1}^{n}\left[R_i - E(R)\right]^2 \times P_i}$$

标准差和方差都是以绝对数衡量某资产的全部风险，在预期收益率（收益率的期望值）相同的情况下，标准差或方差越大，风险越大；相反，在预期收益率相同的情况下标准差或方差越小，风险也越小。由于标准差或方差指标衡量的是风险的绝对大小，因而不适用于比较具有不同的预期收益率的资产的风险。

(3) 收益率的标准离差率（V）

标准离差率是收益率的标准差与期望值之比，也可称为“变异系数”。其计算公式为：

$$V = \sigma / E(R)$$

标准离差率以相对数衡量资产的全部风险的大小，它表示每单位预期收益所包含的风险，即每1元预期收益所承担的风险的大小。一般情况下，标准离差率越大，资产的相对风险越大；相反，标准离差率越小，资产的相对风险就越小。标准离差率可以用来比较具有不同预期收益率资产的风险。

2. 风险控制对策

(1) 规避风险

当资产风险所造成的损失不能由该资产可能获得的收益予以抵销时，应当放弃该资产，以规避风险。例如，拒绝与不守信用的厂商进行业务往来；放弃很可能导致亏损的投资项目。

(2) 减少风险

减少风险主要有两个方面意思：一是控制风险因素，减少风险的发生；二是控制风险发生的频率和降低风险损害程度。减少风险的常用办法有：进行准确的预测；决策时进行多方案优选和替代；及时与政府部门沟通并获取政策信息；在发展新产品前，充分进行市场调研；采用多领域、多地域、多项目、多品种的经营或投资以分散风险。

(3) 转移风险

对可能给企业带来灾难性损失的资产，企业应以一定的代价采取某种方式转移风险。例如，向保险公司投保；采取合资、联营、联合开发等措施实现风险共担；通过技术转让、租赁经营和业务外包等实现风险转移。

(4) 接受风险

接受风险包括风险自担和风险自保两种。风险自担是指风险损失发生时，直接将损失摊入成本或费用，或者冲减利润；风险自保是指企业预留一笔风险金或随着生产经营的进行，有计划地计提资产减值准备等。

3. 风险偏好

根据人们效用函数的不同，可以按照其对风险的偏好将人分为风险回避者、风险追求者和风险中立者。

(1) 风险回避者

当预期收益率相同时，风险回避者都会偏好具有低风险的资产；而对于同样风险的资产，他们则都会中意于具有高预期收益的资产。但当面临以下这样两种资产时，他们的选择取决于他们对待风险的不同态度：一项资产具有较高的预期收益率同时也具有较高的风险；另一项资产虽然预期收益率低，但风险水平也低。

风险回避者在承担风险时，会因承担风险而要求额外收益，要求多少额外收益不仅与所承担的风险的大小有关(风险越高，要求的风险收益越大)，还取决于他们的风险偏好。对风险回避的愿望越强烈，要求的风险收益就越高。

一般的投资者和企业管理者都是风险回避者，因此财务管理的理论框架和实务方法都是针对风险回避者的，并不涉及风险追求者和中立者的行为。

(2) 风险追求者

与风险回避者恰恰相反，风险追求者主动追求风险，喜欢收益的动荡胜于喜欢收益的稳定。他们选择资产的原则是：当预期收益相同时，选择风险大的，因为这会给他们带来更大的效用。

(3) 风险中立者

风险中立者既不回避风险，也不主动追求风险。他们选择资产的唯一标准是预期收益的大小，而不管风险状况如何，这是因为所有预期收益相同的资产将给他们带来同样的效用。

第三章　财务预测与筹资管理

第一节　财务预测

一、财务预测概述

（一）财务预测的概念

预测是指用科学的方法预计、推测事物发展的必然性或可能性的行为，即由过去和现在预计未来、由已知推测未知的过程，是人们认知世界的重要途径。

财务预测是指财务工作者根据企业过去一段时期财务活动的资料，结合企业现在所面临和即将面临的各种变化因素，运用数理统计方法以及结合主观判断，来预测企业未来的财务状况。财务预测是企业财务管理的重要环节之一，其侧重点在于改变传统的事后反映和监督管理要求，从而转向事前预测和决策。

（二）财务预测的内容

财务预测作为财务管理的一个重要环节，其内容包括销售预测、成本预测、利润预测、资金预测等。其中，资金预测是财务预测的主要内容。

1. 销售预测

销售预测是在对市场进行充分调查的基础上，根据市场供需情况的发展趋势，用科学的方法对影响企业销售的各种因素进行分析，测算出未来一定时期内企业各产品销售量或销售额及其变化趋势的过程。它是正确编制销售预算的依据，销售预算也只有在销售预测的基础上编制，才能使目标销售量或销售额适应未来市场发展变化的需要。销售预测是制定经营决策的重要依据，通过销售预测对市场的变化趋向及竞争情况作出判断，使决策者可以按照经营战略目标的要求，对产品经营作出最佳决策。销售预测是其他各项经营预测的前提条件，不论是成本预测、利润预测，还是资金预测，都直接或间接与销售预测的内容和结果紧密相关。只有在搞好销售预测的前提下，才能相互衔接地作出其他各项经营决策。

2. 成本预测

成本预测是根据历史成本资料以及企业现有的经济、技术条件和今后的发展目标，对未来一定时间内有关产品或劳务的成本水平和趋势所进行的科学预计和推测。成本预测是正确编制成本预算的重要依据。通过成本预测，可以把握成本的历史、现状和将来的发展趋势，确定成本变动和产量之间的相互关系，使目标成本的确定具有可靠的客观依据。在企业制定各有关经营决策如最佳生产决策、定价决策、存货决策、投资决策时，它也是不可或缺的重要依据。

3. 利润预测

利润预测是按照企业经营目标的要求，通过对影响利润变动的成本、产销量等因素的综合分析，对未来一定时期内可能达到的利润水平和变动趋势所进行的科学预计和推测。利润预测是在销售预测和成本预测的基础上进行的。利润预测是正确编制利润预算的重要依据，通过利润预测可以合理地确定利润目标，使企业这一总体奋斗目标具有科学性、可靠性和得以顺利实现的可能性。

4. 资金预测

资金预测根据历史上资金及销售等其他资料，对未来一定时间内的资金需要量所进行的科学预计和推测。由于销售额是影响资金需要量大小最重要的因素，因此资金预测也是在销售预测的基础上，通过进一步分析销售额与资金总额之间的依存关系或分别分析销售额与资金各个项目之间的依存关系来进行的。

（三）财务预测的基本程序

财务预测是现代企业管理的一项重要内容，是一项复杂而细致的工作，必须有计划、有步骤地进行。其一般程序如下。

1. 确定预测目标

确定预测目标即明确预测的对象和内容，也就是弄清楚预测什么。这是进行预测分析的首要工作。预测目标需要根据企业经营的总体目标来设计和选择，既不能盲目随意，也不应面面俱到。在预测目标确定的同时，还应根据预测的具体对象和内容确定预测的期限和范围。

2. 收集、分析资料

系统、准确的原始资料和数据是开展预测分析的前提条件。因此，预测目标确定后，应着手收集全面、完整、可靠的相关资料，并按一定的方法对资料进行加工分析、归纳整理，尽量从中找出与预测对象有关的各因素之间的相互依存、相互制约的关系以及事物发展的规律，从而为预测提供条件。

3. 选择预测方法

对于不同的预测对象和内容，应选用不同的预测方法。对于那些可以量化并能建立数学模型的预测对象，应反复筛选比较，选择最恰当的定量预测分析方法；对于那些缺乏定量材料而无法开展定量分析的预测对象，应结合以往的经验，选择最佳的定性预测分析方法。

4. 实际进行预测

应用选定的预测分析方法，根据建立的数学模型和掌握的信息资料分别进行定量分析和定性分析，并提出实事求是的预测结果。

5. 验证评价预测结果

经过一段时间，对上一阶段预测结果进行检查，看其与当前实际情况是否相符，并分析产生差异的原因，以验证预测分析方法是否科学有效，以便在本期预测过程中加以修正。

6. 修正预测结果

应用定量预测分析法预测的结果，可能由于未考虑非量化因素而导致预测结果不准确，这就需要结合定性分析结论对预测结果进行修正。而用定性分析法预测的结果，往往也需用定量分析法加以修正、补充，以便使预测结果更接近实际。

7. 报告预测结论

经过上一阶段的修正、补充，最终要以一定形式通过一定程序将修正过的预测结论向企业有关领导和部门报告。

二、财务预测方法

财务预测的基础在于经济规律的客观性及其可认识性，而系统、准确的会计信息资料则是开展预测分析活动的前提。进行预测分析所采用的专门方法种类繁多，随分析时间、目的以及精确程度等的不同而各有所异，但主要的预测方法大体可归纳为定量分析法和定性分析法两大类。

(一) 定量分析法

定量分析法又称为“数量分析法”，是指在掌握与预测对象有关的各种定量资料的基础上，运用现代数学方法进行数据处理，据此建立能够反映有关变量之间规律性联系的各类预测模型进行预测分析的方法。这类方法一般在历史资料比较完备、准确，事物发展变化的环境和条件比较稳定的情况下采用。定量分析法根据具体做法不同，又可分为趋势预测分析法和因果预测分析法两类。

(二) 定性分析法

定性分析法又称为“非数量分析法”，是指由有关方面的专业人员根据个人的经验和知识，结合预测对象的特点进行综合分析，进而推测事物未来发展状况和趋势预测的分析方法。这种方法主要由熟悉该企业情况和业务的专家，应用自己的专业知识和经验，对过去和现在发生的问题进行分析，从中找出规律，然后通过召开座谈会或发出征求意见书等形式，把收集到的分析结论进行综合，作为预测未来的依据。显然，这类方法在量的方面不够准确，一般在企业缺乏完备的历史资料难以定量分析的情况下使用。由于这类方法计算工作量较小，主要依靠预测者的主观判断和分析能力进行预测，因此，这类方法又称为“判断分析法”或“集合意见法”，主要包括市场调查法、判断分析法等。

(三) 定量预测分析与定性预测分析的关系

在实践工作中，定量分析法虽然比较精确，但在分析中未能考虑许多非量化因素，如国家宏观经济政策及政治经济形势的变化、市场需求的改变、投资者的意向及职工情绪的变化等。而定性分析法虽然能够考虑这些非量化因素，但推测的准确性在很大程度取决于预测者的经验和知识，这难免使预测结果因人而异且带有一定的主观随意性。因此，管理人员应根据企业的实际情况，将两种方法结合应用，相互取长补短以提高预测分析结果的准确性和可靠性。可见，定性分析法和定量分析法并非相互排斥，而是相互补充，相辅相成，缺一不可。

三、财务预测应用

(一) 销售预测

进行销售预测，应在大量占有市场信息、综合考虑各种影响因素的基础上，采用适当的销售预测方法，以科学、准确地确定销售预测的结果。销售预测分析的方法很多，常用的有趋势预测分析法、因果预测分析法、判断分析法以及市场调查法等。

1. 趋势预测分析法

趋势预测分析法又称“时间序列预测法”，它是预测者借助数理统计的方法对按时间顺序排列的历史数据进行加工处理，据此估计与推算事物未来发展变化趋势的预测方法，属于一种定量分析法。这种方法是假设事物的发展具有一定的连续性，事物过去随时间而发展变化的趋势，也是该事物今后发展变化的趋势，把事物未来发展视作自身历史的延伸。

趋势预测分析法的一般步骤简要介绍如下。

(1) 确定某预测对象在某一时间系列内的趋势变动类型，如季节性变动、周期性变动等。

(2) 根据趋势变动类型和特点，恰当地选用时间系列值的加工处理方法，如简单平均法、移动加权平均法等。

(3) 将加工处理的结果与定性分析相结合，确定该预测对象未来一定期间的预测值。

趋势预测分析法根据其采用的具体分析方法，又可分为简单平均法、移动加权平均法和指数平滑法等。

2. 因果预测分析法

因果预测分析法是指利用事物发展的因果关系来推测事物发展趋势的一种预测方法，也属于定量分析法。它一般是根据掌握的历史资料，找出预测对象的变量与其相关事物的变量之间的依存关系，来建立相应的数学模型以计算推测计划期的销售量或销售额。应用这种方法具体步骤如下：

① 分析确定影响销售量或销售额的主要因素；

② 确定销售量或销售额（因变量）与影响因素（自变量）之间的数量关系；

③ 根据自变量变动情况预测销售量或销售额。

因果预测分析方法的一般模型为：

$$\text{销售量或销售额}(y)=\text{常数项}\ (a)+\sum\text{系数}\left(b_i\right)\times\ \text{影响因素}\ \left(x_i\right)$$

3. 判断分析法

判断分析法是通过一些具有丰富实践经验的管理人员或知识渊博的经济专家，对企业一定时期特定产品的销售情况进行综合研究，并作出推测和判断的一种方法。它属于定性分析法，一般适用于不具备完整可靠的历史资料，无法进行定量分析的企业。判断分析法根据其进行的方式，又可分为推销员判断法、综合判断法、专家判断法等。

推销员判断法是指企业在进行销售预测时，让作为最基层销售人员的推销员直接参与，即由企业推销人员根据他们的调查，把每个顾客或各类顾客对特定预测对象的销售预测值填入设计的卡片或表格中，然后由销售部门经理加以综合来预测销售量的一种预测方法。该方法时间短、费用低、比较实用。由于推销人员的业绩、环境、能力、性格各不相同，对销售预测结果影响较大。

综合判断法是指企业经营管理人员特别是那些最熟悉销售业务的销售主管人员以及各地经销商的负责人，根据他们多年的实践经验和判断能力对特定产品未来销售量或销售额分别进行预测估算，然后通过集思广益，采用加权平均法作出综合判断的一种预测方法。该方法能够集众家所长，快捷、实用，但预测结果易受相关人员判断能力的影响。

专家判断法是向见识广博、知识丰富的经济专家进行咨询，并根据他们多年的实践经验和判断能力对特定产品的未来销售量或销售额作出预测的一种方法。这里的“专家”是指本企业或同行业的高级领导、销售部门经理、经销商以及其他外界专家等，但不包括推销人员和顾客。

4. 市场调查法

市场调查法是通过对某种产品所处的寿命周期阶段和消费者购买意见的详细调查，来预测该产品销售量或销售额的一种方法，也称“产品寿命周期分析法”。它是定性预测分析的一种重要方法。市场调查一般从以下几个方面进行。

(1) 调查企业产品所处生命周期的阶段

根据产品寿命周期理论，一种产品的生命周期可分为引入期、成长期、成熟期、衰退期四个阶段，处于不同的阶段，销售量的发展趋势不同。

在引入期，新产品刚刚进入市场，消费者还不够熟悉，销量较小；在成长期，产品已为广大消费者所接受，市场销售量迅速增加；在成熟期，产品进入大批量生产和畅销阶段，销售量达到最大；在衰退期，产品老化，逐步被新产品取代，销售量急剧下降，趋于被淘汰。

(2) 调查消费者的情况

进行销售预测时，必须调查和了解消费者的经济情况、个人爱好、风俗习惯、购买心理和消费结构的变化，以便对市场需求做到胸中有数。

(3) 调查商品的市场占有率

通过调查商品的市场占有率，掌握企业及竞争对手的市场地位及竞争态势。

(4) 调查经济发展趋势

企业应通过调查，深入了解经济发展趋势，及时调整经营决策，顺应经济发展的潮流。

(二) 成本预测

成本预测就是根据企业未来的发展目标和现实条件，参考其他资料，利用专门的方法对企业未来成本及其发展趋势所进行的推测和估算。成本预测要综合考虑企业盈利、销售、供应、生产、运输、储备等方面的情况，动员企业各方面力量挖掘内部潜力，提出降低消耗、实现成本目标的方案，为成本决策和实施成本控制提供信息。

成本预测的方法有历史资料分析法、因素预测法、定额测算法和预计成本测算法等。

1. 历史资料分析法

历史资料分析法是指在掌握与本企业有关成本的历史资料的基础上，按照成本习性的原理，采用一定的方法进行数据处理，建立数学模型预测总成本发展趋势的一种方法。成本的发展趋势一般可用直线方程表示：

$$y = a + bx$$

式中，y 表示产品总成本；a 表示固定成本；b 表示单位变动成本；x 表示产量。确定 a 和 b 两参数后即可利用该模型预测产品总成本，而确定 a 值和 b 值的方法主要有高低点法、加权平均法和回归直线法。

2. 因素预测法

因素预测法是通过分析与当前产品有关的各种因素对成本指标的相对影响，来预测产品未来成本的一种定量分析方法，因素涉及技术进步、劳动生产率变动以及物价变动等。因素预测法适用于编制成本计划前的成本试算以及对成本计划执行过程中预计完成情况的测算分析。

如果在预测期内某因素发生变化，而这些因素变化只涉及成本项目的变化，则预测期内产品单位成本可表示为：

$$y = c\left(1 + \sum A_i m_i\right)$$

式中，y ——预测期内产品单位成本；

c ——基期产品单位成本；

A_i——某因素在基期成本中所占比例；

m_i——该因素在预测期内的上升或下降的比例。

3. 定额测算法

定额测算法是指利用定型产品的各种消耗定额及成本价格水平等资料，预计测算现有产品生产成本的一种定量分析方法。

4. 预计成本测算法

预计成本测算法一般用于新产品成本预测或改型产品成本预测。对新产品成本预测，主要是根据设计、工艺和劳动部门提供的有关新产品资料，考虑多种可能并参考试产阶段有关参数进行估算，或是按系列产品成本资料进行类推；对于改型产品成本预测，可在原有成本资料的基础上，只对改变部分的设计、工艺或配件方案的成本进行预计和估算。

（三）利润预测

利润预测是企业确定计划期目标并选择实现目标利润最佳途径的过程，是企业编制期间预算的基础，也是财务预测的基本内容。利润预测的具体方法很多，本书重点介绍本量利分析法。

1. 相关指标

本量利分析法是根据商品销售数量、成本和利润之间的函数关系预测某项财务指标的一种方法。运用这种方法预测企业利润须熟悉以下指标含义及其计算技术。

(1) 固定成本和变动成本

固定成本是指与商品产销数量没有直接联系，在一定时期和一定产销数量内其发生总额保持相对稳定不变的成本；变动成本是指其发生额随商品产销量的增减变化而相应变动的成本。固定成本与产销量无关，变动成本与产销量呈正相关；但是单位固定成本与产销量呈负相关，单位变动成本不随产销量变动。

企业的总成本的构成为：

总成本 = 固定成本 + 变动成本 = 固定成本 + 单位变动成本 × 产销量

(2) 边际贡献和边际贡献率

边际贡献又称“边际利润”或“贡献毛益”，是指销售收入减去变动成本以后的金额。边际贡献抵偿固定成本以后的剩余部分就是利润总额。

边际贡献的计算公式：

边际贡献 = 销售收入 − 变动成本 =（销售价格 − 单位变动成本）× 销售数量 = 单位边际贡献 × 销售数量 = 固定成本 + 利润

边际贡献率 = 边际贡献 ÷ 销售收入

变动成本率 = 变动成本 ÷ 销售收入 = 单位变动成本 ÷ 销售单价

边际贡献率 + 变动成本率 =1

2. 盈亏临界点分析

(1) 盈亏临界点的预测

盈亏临界点也称“保本点”“损益平衡点”。盈亏临界点是指企业处于不亏不赚，即利润总额为平衡的状态。表示盈亏临界点的方法有两种：一种是用实物数量表示，即盈亏临界点销售量；另一种是用货币金额来表示，即盈亏临界点销售额。盈亏临界点销售量（额）是企业利润总额为不亏不赚时的销售量（额），当达到企业的盈亏临界点销售量（额）时，企业既不亏损也不盈利；当企业的销售量（额）大于盈亏临界点销售量（额）时，企业盈利；当企业的销售量（额）小于盈亏临界点销售量（额）时，企业亏损。

盈亏临界点销售量（额）的计算公式为：

盈亏临界点销售量 = 固定成本总额 ÷（单位产品销售价格 − 单位变动成本）= 固定成本总额 ÷ 单位边际贡献

盈亏临界点销售额 = 固定成本总额 ÷ 边际贡献率

该公式适用于产销单一产品的企业。

（2）安全边际和安全边际率

安全边际是指实际或预计业务量超过盈亏临界点业务量的差额，标志着企业销售的安全程度，即距离盈亏临界点的距离。安全边际率是指安全边际与实际或预计销售量（额）的比值。

安全边际的表现形式有安全边际量、安全边际额和安全边际率。

安全边际量 = 实际或预计销售量 − 盈亏临界点的销售量

安全边际额 = 实际或预计销售额 − 盈亏临界点的销售额

安全边际率 = 安全边际销售量 ÷ 实际或预计销售量 ×100%

借助安全边际指标，也可以得出利润指标。

利润 = 单位边际贡献 × 安全边际销售量 = 边际贡献率 × 安全边际额

3. 预测目标利润额

目标利润 = 销售收入 − 变动成本 − 固定成本 = 边际贡献 − 固定成本 = 销售收入 ×（1− 变动成本率）− 固定成本 = 边际贡献率 × 销售单价 × 销售量 − 固定成本

4. 预测实现目标必须达到的经济指标

影响企业利润的主要经济指标有产品销售数量、销售价格、固定成本、变动成本等。为了保证目标利润的实现，企业可以从以上几个指标方面采取相应措施。

(四)资金需要量预测

资金需要量预测是根据成本、业务量、利润同资金之间的相互关系，在采用特定方法对有关历史资料进行分析、计量的基础上，把握资金增减变动的基本规律和趋势，进而推算为保证实现企业未来一定期间的经营目标所需要的资金数量。

企业为了正确地进行经营决策，合理、有效地组织生产经营活动，除前述必须做好销售预测、成本预测、利润预测之外，还需进行资金需要量的预测。因为企业生产经营业务的正常开展以及有关产品供销活动的顺利进行都需要一定数额的资金投入作保证，同时也必然会有一定数额的资金收入作为回报。因此，企业的一切生产经营活动都直接或间接地同资金相关联。所以，保证资金供应，合理安排资金的使用，既是企业正常经营的前提，又是企业的奋斗目标之一。可见，资金需要量的预测，对改进企业经营管理和提高经济效益都有十分重要的意义。

资金需要量预测常用的方法有两种：一是销售百分比法；二是回归分析法。本书着重介绍销售百分比法。

(1) 销售百分比法的含义

销售百分比法是根据财务报表中有关项目与销售收入之间的依存关系预测资金需要量的一种方法。该方法假设在一定的销售收入范围内，财务报表中的敏感项目与销售收入之间的百分比保持不变，非敏感项目的数额保持不变。其中，敏感项目是指通过历史资料判断其随销售收入变动而变动的资产和负债项目。

(2) 销售百分比法的步骤

① 确定随销售额变动的资产和负债项目。随着销售额的变化，经营性资产项目将占用更多的资金。随着经营性资产的增加、经营性短期债务也会相应增加。例如，存货增加会导致应付账款增加，此类债务称为“自动性债务”，可以为企业提供暂时性资金。经营性资产与经营性负债的差额通常与销售额保持稳定的比例关系。经营性资产项目包括库存现金、应收账款、存货等项目；经营负债项目包括应付票据、应付账款、应交税费等项目，但不包括短期借款、长期负债等筹资性负债。

② 确定有关项目与销售额的比例关系，并编制成表。

③ 按下列公式计算预测期需要追加的资金数额：

计划期预计需要追加的资金数额

$$=(A/S_0-L/S_0)(S_1-S_0)-DeP_1-S_1R_0(1-d_1)+M_1$$

式中，S_0 表示基期的销售收入总额；S_1 表示预测期的销售收入总额；A/S_0 表示基期随着销售额增加而自动增加的资产项目占销售总额的百分比；L/S_0 表示基期随着销售额增加而自动增加的负债项目占销售总额的百分比；（$A/S_0-L/S_0$）表示销售额每增加 1 元所需追加的资金数额；DeP_1 表示计划期提取的固定资产折旧减去用于更新改造后的金额；R_0 表示基期的税后销售利润率；d_1 表示预测期的股利发放率；M_1 表示预测期的零星资金需要。

第二节　筹资管理

一、筹资管理概述

(一) 筹集资金的概念

筹集资金是指企业根据其生产经营、对外投资和调整资本结构等活动对资金的需要，通过筹资渠道和资本市场，并运用筹资方式，经济、有效地筹集企业所需资金的财务活动。资金筹集管理是企业财务管理的一项重要内容。

(二) 筹集资金的原则

企业筹资管理的基本要求是在严格遵守国家法律法规的基础上，分析影响筹资的各种因素，权衡资金的性质、数量、成本和风险，合理选择筹资方式，提高筹集效果。

1. 遵循国家法律法规，合法筹措资金

企业无论选择何种方式筹资，都应遵守国家的相关法律法规，依照法律法规和投资合同约定责任，合法合规筹资，依法披露信息，维护各方的合法权益。

2. 分析生产经营情况，正确预测资金需要量

企业筹集资金，首先要合理预测资金的需要量。筹资规模与资金需要量应当匹配一致，既避免因筹资不足，资金链断裂，影响生产经营的正常进行，又要防止筹资过多，造成资金的闲置。

3. 合理安排筹资时间，适时取得资金

企业在筹集资金时要按照资金投放使用的时间来合理安排，使筹资与用资在时间上相衔接，既要避免资金滞后而贻误投资的有利时机，也要防止取得资金过早而造成投放前的闲置。

4. 了解各种筹资渠道，选择资金来源

企业筹资可以采用的渠道和方式多种多样，不同渠道和方式的筹资难易程度、资本成本和财务风险各不一样。因此，需要对各种筹资方式进行分析、对比，选择经济可靠的筹资方式。

5. 研究各种筹资方式，优化资本结构

企业的资本结构一般是由权益资金和债务资金构成的。在筹集资金时要综合考虑股权资金与债务资金的关系、长期资金与短期资金的关系、内部筹资与外部筹资的关系，合理安排资本结构，保持适当的偿债能力，防范企业财务危机，提高筹资效益。

（三）资金筹集规模的预测方法

企业在筹资之前，应当采用一定的方法预测资金需要量，这是确保企业合理筹集资金的一个必要的基础性环节。资金需要量的预测方法有定性预测法和定量预测法两种。企业在进行资金需要量预测时，可将定性预测法与定量预测法相结合，进行科学合理的预测。

1. 定性预测法

定性预测法主要是利用直观的材料，依靠个人的经验判断和分析，对未来的资金状况和需要数量作出预测。这种方法一般是在企业缺乏完备、准确的历史资料的情况下采用的。其预测过程是：首先由熟悉财务情况和生产经营情况的专家，根据过去所积累的经验，进行分析判断，提出预测的初步意见；其次通过召开座谈会或进行问卷调查等形式，对上述预测的初步意见

进行修正补充。这样经过一次或数次循环后，得出预测的最终结果。常用的定性预测法主要有专家会议法和德尔菲法。

2. 定量预测法

定量预测法是指以资金需要量与有关因素的关系为依据，在掌握大量历史资料的基础上，根据变量之间存在的数量关系（如时间关系、因果关系）建立数学模型来进行预测的方法。筹资规模预测的定量预测法常用的有销售百分比法和线性回归分析法。

二、筹资方式管理

（一）筹资渠道

筹资渠道是指筹集资金来源的方向与通道。目前我国企业筹资渠道主要有国家财政资金、银行信贷资金、非银行金融机构资金、其他法人资金、民间资本、企业自留资金和外商资金。

1. 国家财政资金

国家财政资金是指国家对企业的直接投资，是国有企业特别是国有独资企业获得资金的主要渠道之一。在国有企业资金来源中，大部分是由国家财政拨款形成的。

2. 银行信贷资金

我国企业最主要的借入资金来源即银行信贷。我国银行主要分为政策性银行和商业性银行。政策性银行主要有国家开发银行、中国进出口银行和中国农业发展银行；商业性银行主要有中国银行、中国工商银行、中国建设银行、中国农业银行、交通银行等。商业性银行是以营利为目的，从事信贷资金投放的金融机构，主要为企业提供商业贷款。政策性银行主要是为特定企业提供政策性贷款。

3. 非银行金融机构资金

非银行金融机构主要包括信托投资公司、保险公司、证券公司、租赁公司、企业集团的财务公司等。这些机构主要为企业和个人提供各种各样的金融服务，包括物资融通、信贷资金投放以及承销证券等。

4. 其他法人资金

法人是指以营利为目的的企业法人，这些企业或事业单位有可能存在一部分闲置资金。企业在生产经营过程中，为了让资金更多地增值，都会将资金进行对外投资。企业间的相互投资，使其他企业资金成为重要的资金来源。

5. 民间资本

民间个人也会用自己拥有的资金购买企业股票或企业债券，这种方式也是企业资金的重要来源之一。

6. 企业自留资金

企业自留资金又称为“企业内部资金”，是企业内部形成的资金，主要是指计提的固定资产折旧、提取的盈余公积金以及未分配利润等。

7. 外商资金

外商资金是指包括外企、外国投资者以及中国港澳台投资者的投资。

（二）筹资方式

筹资方式是指企业筹集资金所采取的具体形式。筹资渠道是客观存在的，但筹资方式是企业主观的行为。如何选择合理的筹资方式是企业筹资管理的主要内容。通过了解筹资方式的各种类别和特点，选择适当的筹资方式，可以降低筹资成本，提高筹资效益。

目前企业采用的筹资方式主要有吸收直接投资、发行普通股、发行优先股、利用留存收益、向银行借款、利用商业信用、发行公司债券、融资租赁、发行可转换债券、发行认股权证等。前四种为权益资金筹集方式，中间四种为债务资金筹集方式，后两种为混合资金筹集方式。

一定的筹资方式可以适用多种筹资渠道，也可能只适用于某一特定的筹资渠道；同一渠道的资金也可能采取不同的筹资方式取得。因此，企业筹集资金时，还需要将两者结合在一起，研究两者的合理配合。

（三）权益资金筹集

权益资金是企业依法筹集并长期拥有、自主支配的资本。我国企业主权资金，包括实收资本、资本公积金、盈余公积金和未分配利润等，在会计中统称“所有者权益”。

发行权益资金有以下特点。

第一，权益资金的所有权归属所有者，所有者可以根据其持股比例参与企业经营管理决策，取得收益，并对企业的经营承担有限责任。当然，决策权与收益大小和持股比例呈正相关。

第二，权益资金属于企业长期占用的“永久性资本”，形成法人财产权，在企业经营期内，投资者除了依法转让外，不得以任何方式抽回资本，企业依法拥有财产支配权。

第三，权益资金没有还本付息的压力，因此它给企业带来的筹资风险很低。

第四，权益资金主要通过国家财政资金、其他法人资金、民间资本、外商资金等渠道获得，采用吸收直接投资、发行股票、留用利润等方式筹集形成。在这里，主要介绍吸收直接投资和发行股票。

1. 吸收直接投资

吸收直接投资是指非股份制企业按照“共同投资、共同经营、共担风险、共享利润”的原则，直接吸收国家、法人、个人、外商投入资金的一种筹资方式。吸收直接投资不以股票为媒介，因此无须公开发行证券。

2. 发行普通股

股票是股份公司为筹集主权资金而发行的有价证券，是持股人拥有公司股份的凭证，它表示了持股人在股份公司中拥有的权利和应承担的义务。股票作为一种所有权凭证，体现股东对发行公司净资产的所有权具有永久性、流通性、风险性和参与性等特点。

3. 发行优先股

优先股是股份公司发行的具有一定优先权的股票，这里的“优先权”包括优先分配股利和优先分配公司剩余财产的权利。它既具有普通股的某些特征，又与债券有相似之处。优先股有以下特征。

（1）优先股是一种具有双重性质的证券，它虽属自有资金，却兼有债券性质。

（2）在法律上，优先股是企业自有资金的一部分。

（3）优先股股东所拥有的权利与普通股股东近似，但一般无表决权。

(4) 优先股的股利不能像债务利息那样从税前扣除，而必须从净利润中支付。

(5) 优先股类似债券，有固定的股利并且对盈利的分配和剩余资产的求偿具有优先权。

(四) 债务筹资

债务筹资是指企业以负债方式借入并到期偿还资金的筹资方式，包括向银行借款、发行公司债券、融资租赁、利用商业信用等。

1. 银行借款

向银行借款是指企业向银行或其他非金融机构借入的、需要还本付息的款项。包括偿还期限超过 1 年的长期借款和不足 1 年的短期借款，主要用于企业构建固定资产和满足流动资金周转的需要。

2. 发行债券

发行债券是发行人以借贷资金为目的，依照法律规定的程序向投资人要约发行代表一定债权和兑付条件的债券的法律行为，债券发行是证券发行的重要形式之一。发行债券是以债券形式筹措资金的行为过程。通过这一过程，发行者以最终债务人的身份将债券转移到它的最初投资者手中。

3. 融资租赁

融资租赁又称“财务租赁”“资本租赁”。它是由租赁公司按照承租单位的要求融资购买设备，并在契约或合同规定的较长期限内将设备提供给承租企业使用的租赁方式。它是以融物为形式、融资为实质的经济行为，是出租人为承租人提供信贷的信用业务。

4. 商业信用

商业信用是指商品交易中的延期付款、预收货款或延期交货而形成的借贷关系，是企业之间的直接信用行为。

三、资本成本比较

在市场经济条件下，企业筹集和使用资金往往要付出代价。资本成本是在商品经济条件下，资金所有权与资金使用权分离的产物。资本成本是资金使用者对资金所有者转让资金使用权利的价值补偿。不同的筹资方式可能面临不同的资本成本，在筹资过程中企业需要对多种筹资方式进行比较，以降低筹资成本，规避筹资风险，优化资本结构，达到企业财务管理的目标。

(一) 资本成本的概念

企业不能无偿地使用资金，必须向资金提供者支付一定数量的费用作为补偿。资本成本是指企业筹集和使用资金而付出的代价，通常包括筹资费用和用资费用。

(1) 筹资费用。筹资费用是指企业在筹集资金过程中为取得资金而发生的各项费用，如银行借款手续费，发行股票、债券等有价证券而支付的印刷费、评估费、公证费、宣传费及承销费等。筹资费用在企业筹集资金时一次性发生，在资金使用过程中不再发生，因此可作为筹资额的一项扣除。

(2) 用资费用。用资费用是指企业在生产经营过程中因使用资金而支付的费用，如向股东支付的股利、向银行支付的利息、向债券持有者支付的债息等。用资费用在企业使用资金过程中经常发生，其数额会因使用资金的数量多少和时间长短而不同，它是资金成本的主要内容。

广义的资本成本包括短期资本成本和长期资本成本，狭义的资本成本仅指长期资本成本。由于短期资金规模较小、时间较短、游离程度较高，其成本的高低对企业财务决策影响不大，因此通常意义上的资金成本主要是指狭义资金成本，即长期资本成本。

(二) 资本成本的作用

资本成本是财务管理中的重要概念，对于企业筹资和投资管理乃至整个经营管理都具有重要的意义。

第一，对于企业筹资来说，筹资方式多种多样，每一种筹资费用和用资费用各不相同，资本成本是企业选择资金来源、确定筹资方案的重要依据。通过资本成本的比较，将成本按照高低进行排序，从中选出成本较低的筹资方式。若企业的长期资本通过多种筹资方式组合而成，则应计算加权平均资本成本，从中选出资本成本最低的筹资组合。

第二，对于企业投资来说，资本成本是评价投资项目可行性、决定投资项目取舍的重要尺度。资本成本还可以用作衡量企业经营成果的尺度，即经营利润率应当高于资本成本，否则表明业绩欠佳。因此，通常来说资本成本是企业项目投资的“最低收益率”，或者是判断项目可行性的“取舍率”。

(三) 资本成本计算的基本模式

1. 一般模式

资本成本可用资本成本额和资本成本率两种形式表达。资本成本额是绝对数，但当筹资额不同时，可比性较差；资本成本率是指资本成本与筹资额的比率，是相对数，当筹资额不同时，表达如下：

$$资本成本率=\frac{年用资费用}{筹资总额-筹资费用}\times 100\%$$

$$=\frac{年用资费用}{筹资总额\ \times(1-筹资费率)}\times 100\%$$

式中，$筹资费率=\dfrac{筹资费用}{筹资总额}\times 100\%$，可以百分率表示。

$$K=\frac{D}{(P-F)}\times 100\%=\frac{D}{P(1-f)}\times 100\%$$

式中，K——资本成本，以百分率表示：

D——用资费用；

P——筹资总额；

F——筹资费用；

f——筹资费用率，即筹资费用与筹资数额的比率。

2. 折现模式

对于筹资额大，时间超过一年的长期资金，更准确一些的资本成本计算方式是折现模型，即将债务未来还本付息或股权未来现金流量（股利分红和未来出售价款）的折现值与目前筹资净额相等时的折现率作为资本成本率。

根据：

目前筹资净额 = 未来资金清偿额现金流量现值

得出：

资本成本率 = 所采用的折现率

(四) 债务成本

债务成本主要是长期借款的成本和债券成本。按照国际惯例和各国所得税法的规定，债务的利息一般允许在企业所得税前支付，因此企业实际负担的利息为：利息 ×（1– 企业所得税税率）。

1. 计算长期借款的资本成本

企业长期借款的成本主要包括借款利息和筹资费用。其中借款利息在税前支付，具有减税效应。

长期借款成本的计算公式为：

$$
\begin{aligned}
K &= \frac{I_L(1-T)}{L-F}\times 100\% \\
&= \frac{L\times i\times(1-T)}{L(1-f)}\times 100\% \\
&= \frac{i\times(1-T)}{(1-f)}\times 100\%
\end{aligned}
$$

式中，K——长期借款成本；

I_L——长期借款年利息；

T——企业所得税税率；

L——长期借款总额，即借款本金；

i——借款年利率；

F——筹资费用；

f——筹资费用率。

2. 计算债券的资本成本

债券成本与长期借款成本一样，也包括债券利息和筹资费用，其中债券利息的计算也在所得税前支付。但是债券的筹资费用一般比较高，不可以在计算资本成本时忽略不计。债券的筹资费用即债券发行费用，这类费用主要包括申请发行债券的手续费、债券注册费、印刷费、上市费以及推销费用等。

债券资本成本的计算公式为：

$$
K_b = \frac{I_b(1-T)}{B\left(1-f_b\right)} = \frac{B_0\times i_b\times(1-T)}{B\left(1-f_b\right)}
$$

式中，K_b—— 债券资本成本；

I_b——债券年利息；

i_b——债券的票面利率；

B——债券的面值；

B_0——债券筹资总额，按发行价格确定；

T——企业所得税税率；

f_b——债券筹资费用率。

与借款相比，由于债券利息一般高于借款利率，债券发行成本高于借款筹资费用，因此债券成本相对要高于长期借款成本。

3. 计算融资租赁的资本成本

在融资租赁各期的租金中，包含本金的各期偿还和各期手续费用。其资本成本率按折现模式计算。即：

目前筹资净额 = 未来资金清偿额现金流量现值

一般来说，对融资租赁而言，筹资净额即设备现在的价值 − 残值的现值，未来资金清偿现金流量值即每年租金的现值之和，其中折现率即融资租赁的资本成本。

（五）权益成本

权益成本主要有优先股成本、普通股成本、留存收益成本等。各种权益形式的权益责任不同，计算方法也不同。需要注意的是，权益资金的资本成本是税后支付，因此不具有抵税作用，计算方法也不同于债务资本。

1. 计算优先股成本

公司发行优先股需要支付发行费用，且优先股的股息通常是固定的，因此其计算公式为：

$$K_P = \frac{D_P}{P_P(1-f)} \times 100\%$$

式中，K_p——优先股成本；

D_p——优先股年股息，等于优先股面额乘以固定股息率；

P_p——优先股筹资总额，按预计的发行价格计算。

2. 计算普通股成本

发行普通股融资的成本包括每年支付的股利和发生的融资费用。由于企业的发展前景存在不确定性，因此，股东对普通股股票风险报酬的要求也难以准确测定。普通股资本成本的计算存在多种不同的方法，主要有股利折现模型和资本资产定价模型。

(1) 股利折现模型

股利折现模型是一种将未来期望股利收益折为现值，以确定其成本率的方法。其原理为：从投资者的角度看，股票投资价值等于各年股利收益的折现值，因此股票的收益现值必须大于现在购买时的股票成本（股价），才有利可图。其公式为：

$$P=\sum_{t=1}^{n}\frac{D_t}{(1+K)^t}$$

式中，P——普通股筹资净额，即发行价格扣除发行费用；

D_t——普通股第 t 年的股利；

K——折现率，即普通股资本成本率。

在普通股发行价格已知的条件下，如果能确定普通股每年股利，就可以反求出普通股成本，而普通股年股利数额会因公司具体股利政策而有所不同。

① 如果公司采用固定股利政策，即每年分派现金股利相等，则普通股资本成本率公式为：

$$普通股资本成本率=\frac{每年固定股利}{普通股发行价格\times(1-筹资费率)}\times 100\%$$

用字母表示，记为：

$$K_E=\frac{D}{P_E(1-f)}\times 100\%$$

式中，K_E——普通股的成本；

D——每年固定的股利；

P_E——普通股的发行价格；

f——筹资费率。

② 如果公司采用固定股利增长率的政策，即每年现金股利都会逐年成同比例递增，则其成本率计算公式为：

$$普通股资本成本率=\frac{第一年预期股利}{普通股发行价格\times(1-筹资费率)}\times100\%+股利固定增长率$$

用字母表示，记为：

$$K_E=\frac{D_1}{P_E(1-f)}\times100\%+g$$

式中，K_E——普通股的成本；

D_1——第一年预期的股利；

P_E——普通股的发行价格；

g——通股股利预计年增长率；

f——筹资费用率。

(2) 资本资产定价模型

根据风险与收益的一般关系，普通股投资的必要报酬率等于无风险报酬率加上风险报酬率，其中风险报酬率又取决于股票的系统性风险程度与市场风险溢价的乘积。投资者要求的报酬率相对筹资者而言就是其付出的资本成本，因此普通股成本可用资本资产定价模型确定。其计算公式为：

$$R_g=R_f+\beta\times\left(R_m-R_f\right)$$

式中，R_g——普通股资本成本率；

R_f——无风险报酬率；

R_m——市场组合收益率；

R_m-R_f——市场风险溢价；

R_f——某股票的系统性风险程度。

3. 计算留存收益成本

留存收益是企业税后未分配利润，实质是普通股股东对企业的追加投资。所以一般留存收益成本参照普通股股东的期望收益，即普通股资本成本。但是需要注意的是，留存收益本身就是企业的自有资金，因此一般不会发生筹资费用。

① 如果公司采用固定股利政策，则留存收益资本成本率公式为：

$$K_r=\frac{D}{V_0}\times100\%$$

式中，K_r——留存收益的资本成本；

D——每年支付的股利；

V_0——普通股现值，即股票的发行价格。

② 如果公司采用固定股利增长率的政策，则留存收益成本率计算公式为：

$$K_r = \frac{D_1}{V_0} \times 100\% + g$$

上述各种资金来源中，普通股与留存收益都属于所有者权益，股利的支付不固定。当企业破产后，股东的求偿权位于最后，与其他投资者相比，普通股股东所承担的风险最大，因此普通股的报酬也最高。根据风险收益对等的观念，在一般情况下，各筹资方式的资本成本由小到大依次是国库券、银行借款、抵押债券、信用债券、优先股、普通股等。

（六）计算综合资本成本

在实际工作中，由于受到多种因素的影响，企业不可能只使用某种单一的筹资方式，往往需要通过多种方式筹集所需资金。在比较和选择综合的筹资方案时，就需要计算综合资本成本，也就是加权平均资本成本。它是以各项个别资本在企业全部资本中所占比重为权数，对个别资本成本率进行加权平均而得到的总资本成本率。其计算公式为：

$$K_w = \sum_{j=1}^{n} K_j W_j$$

式中，K_w——综合资本成本（加权平均资本成本）；

K_j——第 j 种资本的个别资本成本；

W_j——第 j 种资本占全部资本的比重（权数）。

（七）降低资本成本的途径

能否降低资本成本，取决于企业自身的筹资决策。例如，筹资期限安排是否得当，筹资效率是否较高，信用等级状况是否较好，资产抵押或担保工作是否做得很好等。同时，能否降低资本成本更取决于投资项目的未来风险状况以及市场环境特别是通货膨胀状况、市场利率变动趋势等。总的来说，降低资本成本的方法主要有以下几种。

1. 合理安排筹资期限

筹资期限应当服从投资年限，服从资本预算。投资年限越长，筹资期限也要求越长。但是，由于投资是分阶段、分时期进行的，因此企业在筹资时，可按照投资的进度来合理安排筹资期限，既减少资本成本，又减少资金不必要的闲置。

2. 合理的利率预期

由于资本市场利率多变，因此合理的利率预期对负债筹资意义重大。比如，同样是利用债券筹资100万元，筹资期限为10年。如果筹资时预期未来利率将由现时的10%上升到12%，则按现时10%的利率发行10年期的债券，对企业有利。如果发行一段时间后未来利率由10%下降到8%，则企业仍需要按现在的10%利率支付利息，这对企业就不利了。因此，合理预计未来利率的走向对企业有重要意义。

3. 提高企业信誉，积极参与信用等级评估

要想提高信用等级，首先必须积极参与等级评估，让市场了解企业，也让企业走向市场。只有这样，才能为以后的资本市场筹资提供便利，才能增强投资者的信心，才能积极有效地取得资金，降低资本成本。

4. 积极利用负债经营

在投资收益率大于债务成本率的前提下，积极利用负债经营，取得财务杠杆效应，降低资本成本，提高投资效益。

第四章　项目投资与营运资金

第一节　项目投资管理

一、投资管理概述

(一) 投资的含义

投资活动是企业生产经营活动的起点，企业通过筹资获取资金后，必须将资金投入生产经营，以获取更多的经济效益。企业的投资可以分广义投资和狭义投资。广义投资是指特定经济主体（包括政府、企业和个人）将筹集到的货币、实物资产等作为资本投放于某一个具体对象，以期在未来较长期间内获取预期经济利益的经济行为，既包括企业内部使用资金的过程（购建厂房、设备、无形资产等），又包括对外投放资金的过程（购买股票、债券等）；狭义投资是指对外投资。本章中的投资指的是广义投资。

(二) 企业投资的分类

将企业投资的类型进行科学分类，有利于分清投资的性质。按不同的特点和要求进行投资决策，有利于加强投资管理。

1. 按投资与企业生产经营的关系分类

按投资与企业生产经营的关系，可分为直接投资和间接投资。

2. 按投资对象的存在形态和性质分类

按投资对象的存在形态和性质，可分为项目投资和证券投资。

3. 按投资活动对企业未来生产经营前景的影响分类

按投资活动对企业未来生产经营前景的影响，可分为发展性投资和维持性投资。

4. 按投资活动资金投出的方向分类

按投资活动资金投出的方向，可分为对内投资和对外投资。

5. 按投资项目之间的相互关联关系分类

按投资项目之间的相互关联关系，可分为独立投资和互斥投资。

6. 按项目投资的风险程度分类

按项目投资的风险程度，可分为确定型投资和风险型投资。

7. 按投资回收时间的长短分类

按投资回收时间的长短，可分为短期投资和长期投资。

（三）投资管理的程序

投资管理在企业财务管理中占据十分重要的地位，由于企业投资有很大的风险，一旦出现决策失误，就会严重影响企业的财务状况和现金流量，甚至会导致企业破产。因此，投资者必须在认真调查的基础上，依照特定的程序，运用科学的方法，对每一项投资作出可行性分析，以确保投资决策的正确性与合理性。

1. 提出投资方案

投资方案的提出是投资程序的第一步，是根据公司的长远发展战略、中长期投资计划和投资环境的变化，在把握良好的投资机会的前提下，提出相应的方案，方案的提出可以由企业高级管理人员或者各级管理部门和相关领导进行。一般而言，高级管理人员提出的投资方案大多是规模较大的战略性投资，如兴建厂房、构建生产线等；而由企业的基层或中层人员提出的投资方案多为战术性投资，如企业营销部门提出新产品方案、生产部门提出更新设备方案等。

2. 评价投资方案

投资方案的评价主要从以下四个方面进行：首先是对提出的投资方案进行分类，为各方案评价分析做好准备；其次是计算投资项目的建设期间与经营期间的现金流量情况，测算投资项目投产后的现金流入、现金流出，估计投资方案每一期的现金流量情况；再次是运用相关投资评级指标，对各投资方案进行分析评价，并按照一定标准进行排序；最后是考虑资本限额等条件约束，编制评价报告，并作出相应的投资预算。

3. 确定投资方案

投资项目经过相应的评价之后，按照决策权限的高低由企业高层管理人员或者相关部门经理作出决策，最终选取最优方案。投资数额较少或影响较小的战术性投资或者维持性投资，一般由部门经理直接作出决策即可，而投资数额较多或影响较大的项目须由董事会或者股东大会批准。

4. 实施并监控投资项目

投资项目一旦决策通过，企业需要积极筹集资金，按照既定的投资方案有计划、按步骤地实施投资项目，并且在项目实施过程中对于项目的实施进度、工程质量、项目成本和工程预算等进行监督、控制、审核，以保证投资项目能够按照预算如期进行，顺利完成。除此之外，在投资项目实施过程中，也需要定期进行分析，将项目实际产生的现金流量与预期的现金流量进行对比，找出二者之间的差异，通过差异分析找出原因，并根据不同的情况作出投资延迟、投资放弃、增加或减少投资等后续处理。

5. 事后审计与再次评价投资项目

投资项目完成之后，企业进行事后审计与再次评价。企业内部审计机构将投资项目的实际表现与最初的预期进行比较，通过对其差异进行分析可以更加深入地了解项目的关键点，如发现预测技术的不完善之处、寻求项目执行过程中存在的疏漏等。同时，可以借助审计结果对投资项目的管理部门进行绩效评价，并据此完善激励制度，以提高投资管理效率。

二、投资项目的现金流量分析

（一）现金流量的含义

由一项长期投资方案引起的在未来一定期间发生的现金收支，叫作“现金流量”，现金流量又称“现金流”。投资决策中使用的现金是指广义的现金，既包括库存现金、银行存款等货币性资产，又包括投资项目需要投入的企业拥有的非货币性资产（如原材料、设备等）的变现价值。在一般情况下，投资决策中的现金流量通常指现金净流量（Net Cash Flow，NCF）。

(二) 投资项目的现金流量分析

1. 投资项目的生命周期

投资项目从整个生命周期来看，大致可以分为以下三个阶段：建设期；营业期；终结期。其中，建设期是指投资项目开始投资至投资完成这一期间，建设期的第一年年初为建设起点；建设完成日至项目清理日（项目生命周期的最后一年，也被称为“终结点”）为营业期。建设期产生的现金流量为初始现金流量；营业期产生的现金流量为营业现金流量；终结期产生的现金流量为终结现金流量。

2. 现金流量的构成

按照现金流动的方向，可以将投资活动的现金流量分为现金流入量、现金流出量和现金净流量。其中，现金流入量是指该方案引起企业现金收入的增加额；现金流出量是指该方案引起企业现金收入的减少额；在一定时间内现金流入量与现金流出量的差额称为“现金净流量”，即：

现金净流量＝现金流入量－现金流出量

现金流入量大于现金流出量，现金净流量为正值；反之，现金净流量为负值。例如，在建设期内的现金流量一般小于或等于零，营业期内的现金净流量则多为正值。

按照项目投资现金流量的发生时间，投资活动的现金流量分为初始现金流量、营业现金流量和终结现金流量。因为使用这种分类方法来计算现金流量比较方便，所以接下来将详细分析这三种现金流量。

3. 投资项目的现金流量计算

(1) 初始现金流量

建设期的现金流量主要是现金流出量，即在该投资项目上的原始投资，包括在长期资产上的投资、垫支的营运资金或机会成本。一般情况下，初始阶段中固定资产的原始投资通常在年内一次性投入（如购买设备），如果原始投资不是一次性投入（如工程建造），则应把投资归属于不同投入年份之中。

(2) 营业现金流量

营业阶段是投资项目的主要阶段，是指投资项目投入使用后，在其寿命期内的生产经营阶段，该阶段既有现金流入量，也有现金流出量。这里的现金流入量主要是营运各年的营业收入（为简化计算，直接将营业收入视为现金流入）。现金流出量主要是营运各年的付现营运成本（简称“付现成本”）。付现成本是指经营期内因为正常生产经营活动而用现实货币资金支付的成本费用（如营业现金支出和缴纳的税金，但不包括折旧和利息支出）。非付现营运成本（简称“非付现成本”）指的是企业在经营期不以现金支付的成本费用，一般包括固定资产的折旧、无形资产的摊销额和开办费的摊销额等。

所得税是投资项目的现金支出，即现金流出量。在正常营业阶段，营运各年的营业收入和付现成本数额比较稳定，考虑所得税对投资项目现金流量的影响，投资项目正常营运阶段所获得的营业现金流量，可按下列公式进行测算：

营业现金净流量（NCF）= 现金流入量 − 现金流出量 = 营业收入 − 付现成本 − 所得税 = 税后营业利润 + 非付现成本

或

营业现金净流量（NCF）= 收入 ×（1− 所得税税率）− 付现成本 ×（1− 所得税税率）+ 非付现成本 × 所得税税率

式中，非付现成本主要包括固定资产年折旧费用、长期资产摊销费用和资产减值损失等。

（3）终结现金流量

终结期的现金流量主要是现金流入量，包括固定资产变价净收入和垫支营运资金的收回等。

三、投资项目的评价指标计算

投资决策是指资金无论是投资于企业内部还是企业外部，都需要采用特定指标对各个可行方案进行分析和评价，并从中选择最优方案的过程。投资项目决策的分析评价，需要采用一些专门的评价指标和方法。常用的财务可行性评价指标有净现值、年金净流量、现值指数、内含报酬率和回收期等，围绕这些指标进行投资项目财务评价就产生了净现值法、内含报酬率法和回收期法等评价方法。这些指标的计算都依赖投资项目的现金流量。同时，按照是否考虑了货币时间价值来分类，这些评价指标可以分为动态评价指标和静态评价指标。考虑了货币时间价值因素的称为“动态评价指标”；

没有考虑货币时间价值因素的称为“静态评价指标”。

(一) 净现值

1. 基本原理

投资项目的未来现金净流量按照企业的资本成本率或者企业要求的折算率折算为现值之后减去原始投资额的现值的差额，称为“净现值”(Net Present Value，NPV)。其计算公式为：

$$净现值(NPV)=未来现金净流量现值-原始投资额现值=\sum_{t=0}^{n}\frac{NCF_t}{(1+i)^t}$$

计算净现值时，要按预定贴现率对投资项目的未来现金流量和原始投资额进行贴现。预定贴现率是投资者所期望的最低投资报酬率。

若投资方案的净现值大于零，则方案可行，说明方案的未来现金净流量现值大于原始投资额现值，即实际报酬率高于投资者所期望的最低投资报酬率。

若投资方案的净现值小于零，则方案不可行，说明方案的未来现金净流量现值小于原始投资额现值，即实际投资报酬率低于投资者所期望的最低投资报酬率。

若投资方案的净现值等于零，则方案可行，说明方案的未来现金净流量现值等于原始投资额现值，即投资报酬率刚好达到投资者所期望的最低投资报酬率。

因此，净现值的经济含义可以看作投资方案的报酬超过基本报酬之后的剩余收益。当其他条件相同时，备选方案的净现值越大，则方案越好。

2. 净现值的计算

采用净现值法来评价投资方案时，可按以下步骤进行。

第一步，计算投资方案各年的现金流量，包括现金流出量、现金流入量和现金净流量。

第二步，选定投资方案采用的贴现率。贴现率的参考标准有投资者希望获得的预期最低投资报酬率、企业平均资本成本率等。

第三步，按选定的贴现率，分别将各年的现金净流量折算成现值，其中如果运营期 NCF 相等，则可以按照年金法折算成现值；如果运营期 NCF 不相等，则先将每年的 NCF 进行折现，再进行合计。

第四步，将未来的现金净流量现值与原始投资额现值进行比较，若前者大于或等于后者，则方案可行；若前者小于后者，则方案不可行，说明方案的实际报酬率达不到投资者所要求的报酬率。

3. 净现值法的决策规则

净现值法的决策规则是：在只有一个备选方案或独立方案时，净现值为正的方案采纳，净现值为负的方案则不采纳；当存在多个备选方案的互斥项目可供选择时，应采用净现值为正且最大值者。

4. 净现值法的优缺点

净现值法简便易行，主要优点有以下几个。

第一，考虑了项目计算期内的全部现金净流量。

第二，能灵活地考虑投资风险。净现值法在所设定的贴现率中包含投资风险报酬率要求，能够有效地考虑投资风险。

第三，采用各年现金净流量折现的方法，考虑了货币时间价值。

净现值法也具有明显的缺陷，主要表现在以下三个方面。

第一，所采用的贴现率不易确定。如果两个方案采用不同的贴现率进行贴现，那么采用净现值法不能得出正确结论。在同一方案中，如果要考虑投资风险，那么要求的风险报酬率也不易确定。

第二，不适用于原始投资额现值不同的投资方案的比较决策。如果各方案的原始投资额现值不相等，有时无法作出正确决策。在独立投资方案比较中，尽管某项目净现值大于其他项目，但其所需投资额大，故获利能力可能低于其他项目，故而该项目与其他项目又是非互斥的。因此，只凭净现值大小无法决策。

第三，净现值法不能直接用于对寿命期不同的互斥投资方案进行决策。例如，某项目有甲、乙两个备选方案，其中甲方案尽管净现值小，但其寿命期短；乙方案尽管净现值大，但它是在较长的寿命期内取得的。两个方案由于寿命期不同，因而净现值是无法直接进行比较的。要采用净现值法对寿命期不同的投资方案进行决策，就需要将各方案均转化为相等寿命期再进行比较。

(二)现值指数

1. 现值指数的计算

现值指数(Present Value Index，PVI)是投资项目投入使用后的未来现金净流量现值与原始投资额现值之比。现值指数法可以看作每投入1元的原始投资可以获取的现值净收益。其计算公式为：

$$现金指数=\frac{未来现金流量现值}{原始投资额现值}$$

现值指数的计算步骤如下。

第一步，计算出未来现金净流量现值。

第二步，计算现值指数，即根据未来现金净流量现值与原始投资额现值之比计算现值指数。

2. 现值指数的决策原则

根据现值指数的计算公式可知，现值指数有三种计算结果：大于1；等于1；小于1。

若现值指数大于或等于1，则方案可行，说明方案实施后的投资报酬率高于或等于必要报酬率；若现值指数小于1，则方案不可行，说明方案实施后的投资报酬率低于必要报酬率。在存在多个备选方案的互斥方案决策时，应选择现值指数较大的方案，现值指数越大，方案越好。

(三)内含报酬率

1. 基本原理

内含报酬率(Internal Rate of Return，IRR)是指对投资方案未来的每年现金净流量进行贴现，使投资方案未来现金净流量的现值恰好与原始投资额现值相等，即净现值等于零时的贴现率。

内含报酬率法的基本原理是：在计算方案的净现值时，以必要投资报酬率作为贴现率计算，净现值的结果往往是大于零或小于零，这就说明方案实际可能达到的投资报酬率大于或小于必要投资报酬率；而当净现值为零时，说明两种报酬率相等。根据这个原理，内含报酬率法就是要计算出使净现值等于零时的贴现率，这个贴现率就是投资方案实际可能达到的投资报酬率。

(1) 未来每年现金净流量相等

未来每年现金净流量相等是一种年金形式，通过查年金现值系数表，可计算出未来现金净流量现值，并令其净现值为零。其计算步骤如下。

第一步，计算出年金现值系数。

$$\text{未来每年现金净流量} \times \text{年金现值系数} - \text{原始投资额现值} = 0$$

$$\text{年金现值系数} = \frac{\text{原始投资额现值}}{\text{未来每年现金净流量}}$$

第二步，根据计算出的净现值为零时的年金现值系数，查年金现值系数表，可找出相应的贴现率 i，该贴现率就是方案的内含报酬率。

第三步，若无法直接通过年金现值系数表查到，则需要在年金现值系数表上的相同期数内，找到与年金现值系数相近的较大和较小的两个折现率，使用内插法求出该投资方案的内含报酬率。

(2) 未来每年现金净流量不相等

如果投资方案的未来每年现金净流量不相等，各年现金净流量的分布就不是年金形式，不能采用直接查年金现值系数表的方法来计算内含报酬率，而需采用逐次测试法。其计算步骤如下。

第一步，根据已知的有关资料，先估计一次贴现率，来试算未来现金净流量的现值，并将这个现值与原始投资额现值相比较。如净现值大于零，为正数，则表示估计的贴现率低于方案实际可能达到的投资报酬率，需要重估一个较高的贴现率进行试算；如果净现值小于零，为负数，则表示估计的贴现率高于方案实际可能达到的投资报酬率，需要重估一个较低的贴现率进行试算。如此反复试算，直到找到净现值基本接近于零的两个正负值所对应的折现率。

第二步，根据上述得出的两个相邻近的折现率并采用插值法，计算出方案的实际内含报酬率。

2. 内含报酬率法的决策规则

内含报酬率法的决策规则是在只有一个备选方案可供选择时，如果计算出的内含报酬率大于或等于公司的资本成本率或必要报酬率，则方案可行；反之，则不行。在存在多个备选方案可供选择的互斥方案决策中，应选择内含报酬率超过资本成本率或必要报酬率的方案中较大的投资方案。

(四) 回收期

回收期(Payback Period，PP)，是指投资项目的未来现金净流量与原始投资额相等时所经历的时间，即原始投资额通过未来现金流量回收所需要的时间。

投资者希望投入的资本能以某种方式尽快地收回来，收回的时间越长，所担风险就越大。因而，投资方案回收期的长短是投资者十分关心的问题，也是评价方案优劣的标准之一。用回收期指标评价方案时，回收期越短越好。

1. 未来每年现金净流量相等

这种情况是一种年金形式。其计算公式为：

$$\text{回收期}=\frac{\text{原始投资额}}{\text{每年现金净流量}}$$

2. 未来每年现金净流量不相等

在这种情况下，应把未来每年的现金净流量逐年加总，根据累计现金流量来确定回收期。其计算公式为：

$$\text{投资回收期}=M+\frac{\text{第}M\text{年的尚未回收额}}{\text{第}(M+1)\text{年的现金净流量}}$$

式中，M 为收回原始投资的前一年。

(五) 评价指标之间的比较分析

1. 非折现现金流量指标与折现现金流量指标的比较分析

非折现现金流量指标没有考虑资金的时间价值因素，将处于不同时点上的现金流入与现金支出视为无差别的资金进行对比分析，在一定程度上夸大了投资成本的回收速度和获利水平。折现现金流量指标考虑了资金的时间价值因素，按照设定的折现率将不同时点上的现金流入与现金支出折算到同一时点上，使不同时期的现金流量具有了可比性，更方便作出正确、合理的投资决策。

非折现现金流量指标难以对寿命周期不同、资本投出时间与获取收益时间不同的方案作出正确、合理的投资决策。折现现金流量指标可以通过净现值、内含报酬率和现值指数等指标对寿命周期不同、资本投出时间与获取收益时间不同的方案进行综合分析，以便作出正确、合理的决策。

2. 折现现金流量指标的比较分析

净现值、现值指数、内含报酬率与基准折现率之间的关系如下：

当净现值＞0时，现值指数＞1，内含报酬率＞基准折现率；

当净现值 =0时，现值指数 =1，内含报酬率 = 基准折现率；

当净现值＜0时，现值指数＜1，内含报酬率＜基准折现率。

折现现金流量指标对比如表4–1所示。

表4–1　折现现金流量指标对比

指标	净现值	现值指数	内含报酬率
相对指标 / 绝对指标	绝对指标	相对指标	相对指标
是否可以反映投入、产出关系	不能	能	能
是否受设定折现率的影响	是	是	否
能否反映项目投资方案本身的收益率	否	否	能

四、项目投资决策

(一) 新建项目投资决策

新建项目投资决策的重点是分析项目的现金流量情况，计算项目相关指标，进而判断项目是否具有可行性。一般而言，新建项目在建设期内会涉及固定资产（或无形资产）投资以及垫支营运资金。新建项目往往会带来企业生产能力的提升，因此在营业期内需要分析新建项目带来的现金流入与现金流出，计算在营业期的现金净流量。在新建项目结束时，还要分析固定资产变卖或停止使用所产生的现金流量以及垫支营运资金的回收。

(二) 固定资产更新决策

固定资产更新是指技术进步或者经济环境变化而导致正在使用的旧资产不宜继续使用，需用先进的技术对原设备进行局部改造或者直接更换全新的资产。固定资产更新决策主要是在继续使用旧设备与购置新设备之间进行选择，固定资产更新决策是项目投资决策的重要组成部分。

1. 寿命期相同的设备重置决策

一般来说，如果不改变企业的生产能力，用新设备来替换旧设备就不会增加企业的营业收入，即使有少量的残值变价收入，也不是实质性收入增加。因此，大部分以旧换新进行的设备重置都属于替换重置。在替换重置方案中，所发生的现金流量主要是现金流出量。如果购入的新设备性能提高，扩大了企业的生产能力，那么这种设备重置属于扩建重置。

2. 寿命期不同的设备重置决策

在上面的例题中，假设了新、旧设备的使用年限是相同的。但是在大多数情况下，新设备的使用年限比旧设备要长，此时固定资产更新决策就变成在两个或者两个以上寿命期不同的投资项目之间进行选择的问题。

对于寿命期不同的项目，直接采用净现值、现值指数或内含报酬率指标来进行决策不太适用。为了使投资项目具有可比性，要设法使其能够在相同的寿命期内进行比较，常用的方法为最小公倍数法和年均净现值法。

(1) 最小公倍数法

最小公倍数法又称“项目复制法”，是将两个方案使用寿命周期的最小公倍数作为比较期间，将寿命周期不同的方案调整为寿命周期相同的两个方案，并假设两个方案在这个比较期间内进行多次重复投资，然后将各自多次投资的净现值进行比较分析的方法。

(2) 年均净现值法

年均净现值法是把投资项目在寿命周期内总的净现值转化为每年的平均净现值，并进行比较分析的方法。其计算公式为：

$$年均净现值=\frac{净现值}{年金现值系数}$$

第二节　营运资金管理

一、营运资金管理概述

(一) 营运资金的概念及特点

1. 营运资金的概念

营运资金是指在企业生产经营活动中占用在流动资产上的资金。营运资金有广义和狭义之分。广义的营运资金指总营运资金，是一个企业流动资产的总额；狭义的营运资金指净营运资金，是流动资产减去流动负债后的余额。本章指的是狭义的营运资金概念，因此营运资金的管理既包括流动资产的管理，也包括流动负债的管理。

(1) 流动资产

流动资产是指可以在 1 年以内或超过 1 年的一个营业周期内变现或运用的资产。流动资产具有占用时间短、周转快、易变现等特点。企业拥有较多的流动资产，可在一定程度上降低财务风险。流动资产按不同的标准可进行不同的分类，常见分类方式如下。

① 按占用形态不同，分为现金、以公允价值计量且其变动计入当期损益的金融资产、应收及预付款项和存货等。

② 按在生产经营过程中所处的环节不同，分为生产领域中的流动资产、流通领域中的流动资产以及其他领域中的流动资产。

(2) 流动负债

流动负债是指需要在 1 年以内或者超过 1 年的一个营业周期内偿还的债务。流动负债又称“短期负债”，具有成本低、偿还期短的特点，必须加强管理。流动负债按不同标准可做不同分类，最常见的分类方式如下。

① 以应付金额是否确定为标准，可以分成应付金额确定的流动负债和应付金额不确定的流动负债。应付金额确定的流动负债是指那些根据合同或法律规定到期必须偿付并有确定金额的流动负债，如短期借款、应付票据、应付短期融资券等；应付金额不确定的流动负债是指那些要根据企业生产经营状况，到一定时期或具备一定条件时才能确定的流动负债，或应付金额需要估计的流动负债，如应交税费、应付产品质量担保债务等。

② 以流动负债的形成情况为标准，可以分成自然性流动负债和人为性流动负债。自然性流动负债是指不需要正式安排，由于结算程序或有关法律法规的规定等原因而自然形成的流动负债；人为性流动负债是指由财务人员根据企业对短期资金的需求情况通过人为安排而形成的流动负债，如短期银行借款等。

③ 以是否支付利息为标准，可以分为有息流动负债和无息流动负债。

2. 营运资金的特点

(1) 营运资金的来源具有多样性

企业筹集长期资金的方式一般较少，只有吸收直接投资、发行股票、发行债券等方式。与筹集长期资金的方式相比，企业筹集营运资金的方式较为灵活多样，通常有银行短期借款、短期融资券、商业信用、应交税费、应付股利和应付职工薪酬等内、外部融资方式。

(2) 营运资金的数量具有波动性

流动资产的数量会随企业内外条件的变化而变化，时高时低，波动较大。季节性企业如此，非季节性企业也如此。随着流动资产数量的变动，流动负债的数量也会相应地发生变动。

(3) 营运资金的周转具有短期性

企业占用在流动资产上的资金，通常会在 1 年或超过 1 年的一个营业周期内收回，对企业影响的时间比较短。根据这一特点，营运资金可以用商业信用、银行短期借款等短期筹资方式来解决。

(4) 营运资金的实物形态具有变动性和易变现性

企业营运资金的占用形态是经常变化的，营运资金的每次循环都要经过采购、生产、销售等过程，一般按照现金、材料、在产品、产成品、应收账款、现金的顺序转化。为此，在进行流动资产管理时，必须在各项流动资产上合理配置资金数额，做到结构合理，以促进资金周转顺利进行。同时，以公允价值计量且其变动计入当期损益的金融资产、应收账款、存货等流动资产一般具有较强的变现能力，当遇到意外情况，企业出现资金周转不灵、现金短缺时，便可迅速变卖这些资产，来获取现金，这对财务上应付临时性资金需求具有重要意义。

(二) 营运资金的管理原则

企业的营运资金在全部资金中占有相当大的比重，而且周转期短、形态易变，因此营运资金管理是企业财务管理工作的一项重要内容。企业进行营运资金管理，应遵循以下几项原则。

1. 满足合理的资金需求

企业应认真分析生产经营状况，合理确定营运资金的需要数量。企业营运资金的需求数量与企业生产经营活动有直接关系。一般情况下，当企业产、销都增加时，流动资产会不断增加，流动负债也会相应增加；而当企业产销量不断减少时，流动资产和流动负债也会相应减少。因此，企业财务人员应认真分析生产经营状况，采用一定的方法来预测营运资金的需要数量，营运资金的管理必须将正常合理的资金需求作为首要任务。

2. 提高资金的使用效率

营运资金的周转是指企业的营运资金从现金投入生产经营开始，到最终转化为现金的过程。加速资金周转是提高资金使用效率的主要手段之一。提高营运资金使用效率的关键是采取得力措施，缩短营业周期，加速变现过程，加快营运资金周转。因此，企业要千方百计地加速存货、应收账款等流动资产的周转，以便用有限的资金服务于更大的产业规模，为企业取得更优的经济效益提供条件。

3. 节约资金使用成本

在营运资金管理中，必须正确处理保证生产经营需要和节约资金使用成本二者之间的关系。要在保证生产经营需要的前提下，尽力降低资金使用成本。一方面，要挖掘资金潜力，加速资金周转，精打细算地使用资金；另一方面，积极拓宽融资渠道，合理配置资源，筹措低成本资金，服务于生产经营。

4. 保持足够的短期偿债能力

偿债能力是企业财务风险高低的标志之一。合理安排流动资产与流动负债的比例关系，保持流动资产结构与流动负债结构的适配性，保证企业有足够的短期偿债能力是营运资金管理的重要原则之一。流动资产、流动负债以及二者之间的关系能较好地反映企业的短期偿债能力。流动负债是在短期内需要偿还的债务，流动资产则是在短期内可以转化为现金的资产。因此，如果一个企业的流动资产比较多，流动负债比较少，则说明企业的短期偿债能力较强；反之，则说明短期偿债能力较弱。但如果企业的流动资产太多，流动负债太少，也不是正常现象，这可能是流动资产闲置或流动负债利用不足所致。

二、应收账款管理

(一) 应收账款的功能

企业通过提供商业信用，采取赊销、分期付款等方式可以扩大销售，提高竞争力，获得利润。应收账款作为企业为扩大销售和盈利的一项投资，也会产生一定的成本，所以企业需要在应收账款所增加的盈利和所增加的成本之间作出权衡。应收账款管理就是分析赊销的条件，使赊销带来的盈利增加大于应收账款投资产生的成本费用增加，最终使企业利润增加，企业价值上升。

应收账款的功能指其在生产经营中的作用，主要有以下两个方面。

1. 增加销售的功能

在激烈的市场竞争中，通过提供赊销可有效地促进销售。因为企业提供赊销不仅向顾客提供了商品，也在一定时间内向顾客提供了购买该商品的资金，顾客将从赊销中得到好处。所以，赊销能提高企业的销售收入和利润增加，特别是在企业销售新产品、开拓新市场时，赊销更具有重要的意义。

提供赊销所增加的产品一般不增加固定成本。因此，赊销增加的收益等于赊销增加的销售量与单位边际贡献的乘积，即：

赊销增加的收益 = 赊销增加的销售量 × 单位边际贡献

2. 减少存货的功能

企业持有一定产成品、存货会相应地占用资金，形成仓储费用、管理费用等，产生成本；而赊销可避免这些成本的产生。所以，无论是季节性生产企业还是非季节性生产企业，当产成品存货较多时，一般会采用优惠的信用条件进行赊销，将存货转化为应收账款，以减少产成品、存货，进而使存货资金占用成本、仓储与管理费用等相应减少，提高企业收益。

(二) 应收账款的成本

应收账款作为企业为增加销售和盈利而进行的投资，会产生一定的成本。应收账款的成本主要有以下三类。

1. 应收账款的机会成本

应收账款会占用企业一定量的资金，而企业若不把这部分资金投放于应收账款，便可以用于其他投资并可能获得收益，如投资债券获得利息收入。这种因投放于应收账款而放弃其他投资所带来的收益，即为应收账款的机会成本。其计算公式为：

应收账款平均余额＝日赊销额 × 平均收现期

应收账款的占用资金＝应收账款平均余额 × 变动成本率

应收账款占用资金的应计利息（机会成本）＝应收账款占用资金 × 资本成本＝应收账款平均余额 × 变动成本率 × 资本成本＝日赊销额 × 平均收现期 × 变动成本率 × 资本成本＝年赊销额 /360 × 平均收现期 × 变动成本率 × 资本成本

2. 应收账款的管理成本

应收账款的管理成本主要是指在进行应收账款管理时增加的费用。主要包括调查顾客信用状况的费用、收集各种信息的费用、账簿的记录费用、收账费用、数据处理成本、相关管理人员成本和从第三方购买信用信息的成本等。

3. 应收账款的坏账成本

在赊销交易中，债务人由于种种原因无力偿还债务，债权人就有可能因无法收回应收账款而发生损失，这种损失就是坏账成本。可以说，企业发生坏账成本是不可避免的，而此项成本一般与应收账款发生的数量成正比。

坏账成本一般的测算公式为：

应收账款的坏账成本＝赊销额 × 预计坏账损失率

（三）信用政策

应收账款的信用政策是企业对应收账款投资进行规划和控制的基本原则和行为规范，是企业财务管理的一个重要组成部分。制定合理的信用政策，是加强应收账款管理，提高应收账款投资效益的重要前提。应收账款的信用政策包括信用标准、信用条件和收账政策三个方面。

1. 信用标准

信用标准是指信用申请者获得企业提供信用所必须达到的最低信用水

平，通常以预期的坏账损失率为判别标准。如果企业执行的信用标准过于严格，则可能会降低对符合可接受信用风险标准客户的赊销额，减少坏账损失，降低应收账款的机会成本，但不利于扩大企业销售量甚至会因此限制企业的销售机会；如果企业执行的信用标准过于宽松，则可能会对不符合可接受信用风险标准的客户提供赊销，因此会增加随后还款的风险并增加应收账款的管理成本与坏账成本。

⑴信息来源

企业进行信用分析时，必须考虑信息的类型、数量和成本。信息既可以从企业内部收集，也可以从企业外部收集。无论信用信息从哪儿收集，都必须将成本与预期的收益进行对比。企业内部产生的最重要的信用信息来源是信用申请人执行信用申请（协议）的情况和企业自己保存的有关信用申请人还款历史的记录。

企业可以使用各种外部信息来源来帮助其确定申请人的信誉。首先，申请人的财务报表是该种信息主要来源之一。由于可以将这些财务报表及其相关比率与行业平均数进行对比，因此它们提供了有关信用申请人的重要信息。获得申请人付款状况的第二个信息来源是一些商业参考资料或申请人过去获得赊购的供货商。其次，银行或其他贷款机构（如商业贷款机构或租赁公司）可以提供申请人财务状况和可使用信用额度方面的标准化信息。最后，一些地方性和全国性的信用评级机构收集、评价和报告有关申请人信用状况的历史信息。这些信用报告包括以下内容：还款历史；财务信息；最高信用额度；可获得的最长信用期限，所有未了解的债务诉讼；等等。

⑵信用的定性分析

信用的定性分析是指对申请人“质”的方面的分析。常用的信用定性分析法是5C信用评价系统，即评估申请人信用品质的五个方面：品质；能力；资本；抵押；条件。

①品质（Character）。品质是指个人申请人或企业申请人的诚实和正直表现。品质反映了个人或企业在过去的还款中所体现的还款意图和愿望，这是5C信用评价系统中最主要的因素。通常要根据过去的记录并结合现状调查来分析，包括企业经营者的年龄、文化、技术结构、遵纪守法情况，开拓进取及领导能力，有无获得荣誉奖励或纪律处分，团结协作精神及组织管理能力。

② 能力（Capacity）。能力是指经营能力，通常通过分析申请者的生产经营能力及获利情况、管理制度是否健全、管理手段是否先进、产品生产销售是否正常、在市场上有无竞争力、经营规模和经营实力是否逐年增长等来评估。

③ 资本（Capital）。资本是指企业或个人当前的现金流不足以还债时，他们在短期和长期内可供使用的财务资源。企业资本雄厚，说明企业具有强大的物质基础和抗风险能力。因此，信用分析必须调查、了解企业资本规模和负债比率，因为这能反映企业资产或资本对于负债的保障程度。

④ 抵押（Collateral）。抵押是指当企业或个人不能满足还款条款时，可以用作债务担保的资产或其他担保物。信用分析必须分析担保抵押手续是否齐备、抵押品的估值和出售有无问题、担保人的信誉是否可靠等。

⑤ 条件（Condition）。条件是指影响申请者还款能力和还款意愿的经济环境。经济环境对企业发展前途具有一定影响，也是影响企业信用的一项重要的外部因素。信用分析必须对企业的经济环境，包括企业的发展前景、行业发展趋势、市场需求变化等进行分析，预测其对企业经营效益的影响。

(3) 信用的定量分析

进行商业信用的定量分析可以从考察信用申请人的财务报表开始。通常，使用比率分析法来评价顾客的财务状况。常用的指标有流动性和营运资本比率（如流动比率、速动比率以及现金对负债总额比率）、债务管理和支付比率（如已获利息倍数、长期债务对资本比率、带息债务对资产总额比率以及负债总额对资产总额比率）以及盈利能力指标（如销售回报率、总资产回报率和净资产收益率）。将这些指标和信用评级机构及其他协会发布的行业标准进行比较，可以观察申请人的信用状况。

2. 信用条件

信用条件是销货企业要求赊购客户支付货款的条件，由信用期限、折扣期限和现金折扣三个要素组成，其中折扣期限和现金折扣构成折扣条件。

(1) 信用期限

信用期限是企业允许顾客从购货到付款之间的时间，或者说是企业给予顾客的最长付款时间，一般简称为“信用期”。

信用期的确定，主要是分析、改变现行信用期对收入和成本的影响。延长信用期，会使销售额增加，产生有利影响；与此同时，应收账款的机会成本、收账费用和坏账损失增加，会产生不利影响。当前者大于后者时，可以延长信用期，否则不宜延长。如果缩短信用期，则情况与此相反。

(2) 折扣条件

折扣条件包括折扣期限和现金折扣两个方面。折扣期限是为顾客规定的可享受现金折扣的付款时间。现金折扣是在顾客提前付款时给予的优惠。如果企业给顾客提供现金折扣，那么顾客在折扣期付款时少付的金额所产生的“成本”将影响企业收益。当顾客利用了企业提供的现金折扣，而现金折扣又没有促使销售额增长时，企业的净收益就会下降。当然上述收入方面的损失可能会全部或部分地由应收账款持有成本的下降补偿。

向顾客提供现金折扣的主要目的在于吸引顾客为享受优惠而提前付款，缩短企业的平均收款期。

现金折扣的表示常用“5/10、3/20、N/30”这样的符号。这三个符号的含义为：5/10 表示 10 天内付款，可享受 5% 的价格优惠，即只需支付原价的 95%，如原价为 10000 元，只支付 9500 元；3/20 表示 20 天内付款，可享受 3% 的价格优惠，即只需支付原价的 97%，若原价为 10000 元，则只需支付 9700 元；N/30 表示付款的最后期限为 30 天，此时付款无优惠。

企业采用什么程度的现金折扣，要与信用期限结合起来考虑。例如，要求顾客最迟不超过 30 天付款；若希望顾客 20 天、10 天付款，则能给予多大折扣；或者给予 5%、3% 的折扣，能吸引顾客在多少天内付款；等等。不论是信用期限还是现金折扣，都可能给企业带来收益，但也会增加成本。当企业给予顾客某种现金折扣时，应当考虑折扣所能带来的收益与成本孰高孰低，权衡利弊。

因为现金折扣是与信用期限结合使用的，所以确定折扣程度的方法与程序实际上与前述确定信用期间的方法与程序一致，只不过要把所提供的延期付款时间和折扣综合起来，先计算各方案的延期与折扣能取得多大的收益增量，再计算各方案带来的成本变化，最终确定最佳方案。

3. 收账政策

收账政策是指信用条件被违反时，企业采取的收账策略。企业如果采取较积极的收账政策，则可能会减少应收账款投资，减少坏账损失，但要增加收账成本。如果采用较消极的收账政策，则可能会增加应收账款投资，增加坏账损失，但会减少收账费用。企业需要作出适当的权衡。一般来说，可以参照评价信用标准、信用条件的方法来评价收账政策。

（四）应收账款的日常管理

应收账款的管理难度比较大，在确定合理的信用政策之后，还要做好应收账款的日常管理工作，包括对客户的信用调查和分析评价、应收账款的催收工作等。

1. 调查客户信用

信用调查是指收集和整理反映客户信用状况有关资料的工作。信用调查是企业应收账款日常管理的基础，是正确评价客户信用的前提条件。企业对顾客进行信用调查主要通过以下两种方法。

(1) 直接调查

直接调查是指调查人员通过与被调查单位进行直接接触，通过当面采访、询问、观看等方式来获取信用资料的一种方法。直接调查可以保证收集资料的准确性和及时性，但也有一定的局限：获得的往往是感性资料；同时，若不能得到被调查单位的合作，则会使调查工作难以开展。

(2) 间接调查

间接调查是以被调查单位以及其他单位保存的有关原始记录和核算资料为基础，通过加工整理来获得被调查单位信用资料的一种方法。这些资料主要来自以下四个方面。

① 财务报表。通过分析财务报表，可以基本掌握一个企业的财务状况和信用状况。

② 信用评估机构。专门的信用评估部门的评估方法先进、评估调查细致、评估程序合理，所以可信度较高。在我国，目前的信用评估机构有以下三种形式：第一种，独立的社会评级机构，它们只根据自身的业务吸收有关专家参加，不受行政干预和集团利益的牵制，独立自主地开办信用评估业务；第二种，政策性银行、政策性保险公司负责组织的评估机构，一般由政策性银行、政策性保险公司有关人员和各部门专家进行评估；第三种，由商业银行、商业性保险公司组织的评估机构，由商业银行、商业性保险公司组

织专家对其客户进行评估。

③ 银行。银行是信用资料的一个重要来源，许多银行都设有信用部，为其顾客服务，并负责对其顾客的信用状况进行记录、评估。但银行的资料一般仅在内部及同行间交流，而不愿向其他单位提供。

④ 其他途径。如财税部门、工商管理部门、消费者协会等机构，都可能提供相关的信用状况资料。

2. 分析评价客户信用

收集好信用资料以后，就需要对这些资料进行分析评价。企业一般采用 5C 信用评价系统来评价，并对客户信用进行等级划分。在信用等级方面，目前主要有以下两种：一种是三类九级制，即将企业的信用状况分为 AAA、AA、A、BBB、BB、B、CCC、CC、C 九等，其中 AAA 为信用最优等级、C 为信用最低等级；另一种是三级制，即分为 AAA、AA、A 三个信用等级。

3. 应收账款的催收工作

应收账款发生后，企业应采取各种措施，尽量争取按期收回款项，否则会因拖欠时间过长而发生坏账，从而使企业蒙受损失。因此，企业必须在对收账的收益与成本进行比较分析的基础上，制定切实可行的收账政策。通常，企业可以采取寄发账单、电话催收、派人上门催收、法律诉讼等方式进行催收应收账款，然而催收账款会产生费用，某些催款方式的费用还很高。一般来说，收账的花费越大，收账措施越有力，可收回的账款应越多，坏账损失也就越小。因此制定收账政策时，要在收账费用和所减少坏账损失之间作出权衡。制定有效、得当的收账政策很大程度上是靠有关人员的经验。从财务管理的角度讲，也有一些数量化的方法可以参照。根据应收账款总成本最小化的原则，可以通过比较各收账方案成本的大小来对其进行选择。

三、流动负债管理

流动负债有以下三种主要来源：短期借款；短期融资券；商业信用。各种来源具有不同的获取速度、灵活性、成本和风险。

（一）短期借款

企业的借款通常按其流动性或偿还时间的长短，划分为短期借款和长期借款。短期借款是指企业向银行或其他金融机构借入的期限在1年以内（含1年）的各种借款。

目前，我国短期借款按照目的和用途分为生产周转借款、临时借款、结算借款和票据贴现借款等。按照国际惯例，短期借款按偿还方式不同分为一次性偿还借款和分期偿还借款；按利息支付方式不同分为收款法借款、贴现法借款和加息法借款；按有无担保分为抵押借款和信用借款。

短期借款可以随企业的需要安排，便于灵活使用，但其突出的缺点是短期内要归还，且可能会附带很多附加条件。

1. 短期借款的信用条件

银行等金融机构对企业贷款时，通常会附带一定的信用条件。短期借款所附带的一些信用条件主要有以下六个方面。

（1）信贷额度

信贷额度即贷款限额，是借款企业与银行在协议中规定的借款最高限额，信贷额度的有限期限通常为1年。一般情况下，在信贷额度内企业可以随时按需要支用借款。但是，银行并不承担必须支付全部信贷数额的义务。如果企业信誉恶化，即使在信贷限额内，企业也可能得不到借款。此时，银行不会承担法律责任。

（2）周转信贷协定

周转信贷协定是银行具有法律义务地承诺提供不超过某一最高限额的贷款协定。在协定的有效期内，只要企业借款总额未超过最高限额，银行必须满足企业任何时候提出的借款要求。企业要享用周转信贷协定，通常要针对贷款限额的未使用部分付给银行一笔承诺费用。

周转信贷协定的有效期通常超过1年，但实际上贷款每几个月发放一次，所以这种信贷具有短期借款和长期借款的双重特点。

（3）补偿性余额

补偿性余额是银行要求借款企业在银行中保持按贷款限额或实际借用额一定比例（通常为10%～20%）计算的最低存款余额。对于银行来说，补偿性余额有助于降低贷款风险，补偿其可能遭受的风险；对借款企业来说，补偿性余额则提高了借款的实际利率，加重了企业负担。

(4) 借款抵押

为了降低风险，银行发放贷款时往往需要有抵押品担保。短期借款的抵押品主要有应收账款、存货、应收票据和债券等。银行将根据抵押品面值的30%～90%发放贷款，具体比例取决于抵押品的变现能力和银行对风险的态度。

(5) 偿还条件

贷款的偿还有到期一次偿还和在贷款期内定期（每月、季）等额偿还两种方式。一般来讲，企业不希望采用后一种偿还方式，因为这会提高借款的实际年利率；而银行不希望采用前一种偿还方式，因为这会加重企业的财务负担、增加企业的拒付风险，并降低实际贷款利率。

(6) 其他承诺

银行有时还会要求企业为取得贷款而作出其他承诺，如及时提供财务报表、保持适当的财务水平（如特定的流动比率）等。如企业违背所作出的承诺，那么银行可要求企业立即偿还全部贷款。

2. 短期借款的利息支付方式

短期借款的成本主要包括利息、手续费等。短期借款成本的高低主要取决于贷款利率的高低和利息的支付方式。短期贷款利息的支付方式有收款法、贴现法和加息法三种。付息方式不同，短期借款的成本计算也有所不同。

(1) 收款法

收款法是在借款到期时向银行支付利息的方法。银行向企业贷款一般都是采用这种方法收取利息。采用收款法时，短期贷款的实际利率就是名义利率。

(2) 贴现法

贴现法又称“折价法”，是指银行向企业发放贷款时，先从本金中扣除利息部分，到期时借款企业偿还全部贷款本金的一种利息支付方法。在这种利息支付方式下，企业可以利用的贷款只是本金减去利息部分后的差额。因此，贷款的实际利率要高于名义利率。

(3) 加息法

加息法是银行发放分期等额偿还贷款时采用的利息收取方法。在分期等额偿还贷款的情况下，银行将根据名义利率计算的利息加到贷款本金上，计算出贷款的本息和，要求企业在贷款期内分期偿还本息之和。由于贷款本金分期均衡偿还，因此借款企业实际上只平均使用了贷款本金的一半，却支付了全额利息。这样，企业所负担的实际利率便要高于名义利率大约1倍。

（二）短期融资券

短期融资券是由企业依法发行的无担保短期本票。在我国，短期融资券是指企业依照《银行间债券市场非金融企业债务融资工具管理办法》的条件和程序，在银行间债券市场发行和交易并约定在一定期限内还本付息的有价证券，是企业筹措短期（1年以内）资金的直接融资方式。

1. 短期融资券的种类

（1）按发行人分类，短期融资券分为金融企业的融资券和非金融企业的融资券。在我国，目前发行和交易的是非金融企业的融资券。

（2）按发行方式分类，短期融资券分为经纪人承销的融资券和直接销售的融资券。非金融企业发行融资券一般采用间接承销方式，金融企业发行融资券一般采用直接发行方式。

2. 短期融资券的筹资特点

（1）短期融资券的筹资成本较低。相对于发行企业债券筹资，发行短期融资券的筹资成本较低。

（2）短期融资券筹资数额比较大。相对于银行借款筹资，短期融资券一次性的筹资数额比较大。

（3）发行短期融资券的条件比较严格。只有具备一定信用等级、实力强的企业，才能发行短期融资券筹资。

（三）商业信用

商业信用是指企业在商品或劳务交易中，以延期付款或预收货款方式进行购销活动而形成的借贷关系，是企业之间的直接信用行为，也是企业短期资金的重要来源。商业信用产生于企业生产经营的商品、劳务交易之中，是一种“自动性筹资”。商业信用有以下三种形式。

1. 应付账款

应付账款是供应商给企业提供的 种商业信用。由丁购买者往往在到货一段时间后才付款，从而导致商业信用成为企业短期资金来源。如企业规定对所有账单均见票后若干日付款，商业信用就成为随生产周转而变化的一项内在的资金来源。当企业扩大生产规模时，其进货和应付账款相应增加，商业信用就提供了增产需要的部分资金。

商业信用条件通常包括以下两种：一是有信用期，但无现金折扣。如“N/30”表示30天内按发票金额全数支付。二是有信用期和现金折扣，如“2/10、N/30”表示10天内付款享受现金折扣2%，若买方放弃折扣，则30天内必须付清款项。供应商在信用条件中规定有现金折扣，目的主要在于加速资金回收。企业在决定是否享受现金折扣时，应仔细考虑。通常，放弃现金折扣的成本是很高的。

（1）放弃现金折扣的信用成本。倘若买方企业购买货物后在卖方规定的折扣期内付款，可以获得免费信用，这种情况下的企业没有因为取得延期付款信用而付出代价。例如，某应付账款规定付款信用条件为“2/10、N/30”，是指买方在10天内付款，可获得2%的付款折扣；若在10～30天内付款，则无折扣；允许买方付款期限最长为30天。

（2）放弃现金折扣的信用决策。企业放弃应付账款现金折扣的原因，可能是企业资金暂时的缺乏，也可能是基于将应付的账款用于临时性短期投资，以获得更高的投资收益。如果企业将应付账款额用于短期投资，所获得的投资报酬率高于放弃折扣的信用成本率，则应当放弃现金折扣。

2. 应付票据

应付票据是指企业在商品购销活动和对工程价款进行结算中，因采用商业汇票结算方式而产生的商业信用。商业汇票是指由付款人或存款人（或承兑申请人）签发，由承兑人承兑，并于到期日向收款人或被背书人支付款项的一种票据，包括商业承兑汇票和银行承兑汇票。应付票据按是否带息分为带息应付票据和不带息应付票据两种。

3. 预收货款

预收货款是指销货单位按照合同和协议规定，在发出货物之前向购货单位预先收取部分或全部货款的信用行为。购买单位对于紧俏商品往往乐于采用这种方式购货；销货方对于生产周期长、造价较高的商品，往往采用预收货款方式销货，以缓和本企业资金占用过多的矛盾。

第五章　利润分配与预算管理

第一节　利润分配管理

一、利润分配概述

利润分配有广义和狭义两种概念，广义的利润分配是指对企业收入和利润进行分配的过程；狭义的利润分配是指对企业净利润按照国家财务制度规定的分配形式和分配顺序，在企业和投资者之间进行的分配。对于企业来说，收入分配不仅是资产保值、保证简单再生产的手段，也是资产增值、实现扩大再生产的工具。通过收入分配还可以满足国家政治职能与经济职能的需要。同时，它也是处理所有者、经营者等物质利益关系的基本手段。

(一) 利润分配的内容

企业通过经营活动取得收入后，要按照补偿成本、缴纳所得税、提取公积金、向投资者分配利润等顺序进行分配。所以，利润分配的内容就是企业利润的构成及其去向的问题。

1. 营业利润

营业利润是指企业在一定期间从事生产经营活动所取得的利润，是企业利润中最基本、最重要的组成部分。其计算公式为：

营业利润 = 营业收入 – 营业成本 – 税金及附加 – 销售费用 – 管理费用 – 财务费用 – 资产减值损失 – 信用减值损失 + 公允价值变动收益（– 公允价值变动损失）+ 投资收益（– 投资损失）+ 资产处置收益（– 资产处置损失）+ 其他收益

2. 利润总额

利润总额是指企业在一定时期内通过生产经营活动所实现的最终财务成果。其计算公式为：

利润总额 = 营业利润 + 营业外收入 − 营业外支出

(二)净利润

净利润是一个企业经营的最终成果，是指企业当期利润总额减去所得税后的金额，即企业的税后利润。其计算公式为：

净利润 = 利润总额 − 所得税费用

(三)利润分配的原则

企业利润分配的过程与结果，关系到所有者的合法权益能否得到保护，企业能否长期、稳定地发展。为此，企业必须加强利润分配的管理和核算。在利润分配过程中，应遵循以下原则。

1. 依法分配原则

企业的收益分配必须依法进行。为了规范企业的收益分配行为，国家颁布了相关法规。这些法规规定了企业收益分配的基本要求、一般程序和重要比例，企业应当认真执行，不得违反。

2. 资本保全原则

资本保全原则是计量企业经营成果所必须遵循的财务概念。根据这一原则，只有在所有者投入企业的资本不受侵犯的前提下才能确认利润，并据以进行分配。资本保全原则要求企业在进行利润分配时应首先保证资本的完整，不能因为利润分配的原因而减少了企业的资本。

3. 分配与积累并重原则

企业的收益分配必须坚持分配与积累并重的原则。对企业来说，可用于向投资者分配的利润是否全部分配要视企业的经营情况而定。企业应在可用于向投资者分配的利润中适当留存一部分来用于企业生产。

4. 兼顾各方利益原则

企业的收益分配必须兼顾各方面的利益。企业是经济社会的基本单元，企业的收益分配直接关系到各方的切身利益。投资者作为资本投入者、企业的所有者，依法享有净收益的分配权。企业的债权人在向企业投入资金的同时承担了一定的风险，企业的收益分配应当体现出对债权人利益的充分保护，不能伤害债权人的利益。另外，企业的员工是企业净收益的直接创造者，企业的收益分配应当考虑员工的长远利益。因此，企业在进行收益分配时应当统筹兼顾，维护各利益相关团体的合法权益。

5. 投资与收益对等原则

通常，企业的收益分配必须遵循投资与收益对等的原则，即企业进行收益分配应当体现谁投资谁收益、收益与投资比例相适应的原则。投资与收益对等原则是正确处理投资者利益关系的关键。投资者因其投资行为而享有收益权，投资收益应同其投资比例对等。企业在向投资者分配收益时，应本着平等一致的原则，按照投资者投入资本的比例来分配，不允许发生任何一方随意多分多占的现象。这样才能从根本上实现收益分配中的公开、公平、公正，保护投资者的利益，提高投资者的积极性。

（四）利润分配的程序

企业可供分配的利润 = 本年净利润 + 年初未分配利润

只有当可供分配的利润大于零时，才能进行分配。公司利润分配应按照下列顺序进行。

1. 弥补以前年度亏损

企业在提取法定公积金之前，应先用当年利润弥补以前年度亏损。企业年度亏损可以用下一年度的税前利润来弥补，下一年度不足弥补的，可以在 5 年之内用税前利润连续弥补，连续 5 年未弥补的亏损则用税后利润弥补。自 2018 年 1 月 1 日起，当年具备高新技术企业或科技型中小企业资格（以下统称“资格”）的企业，具备资格年度之前 5 个年度发生的尚未弥补完的亏损，准予结转以后年度弥补，最长结转年限由 5 年延长至 10 年。其中，税后利润弥补亏损可以用当年实现的净利润，也可以用盈余公积转入。

2. 提取法定盈余公积

根据《中华人民共和国公司法》（以下简称“公司法”）的规定，法定公积金的提取比例为当年税后利润（弥补亏损后）的 10%。当年法定公积金的累积额已达注册资本的 50% 时，可以不再提取。法定公积金提取后，根据企业的需要，可用于弥补亏损或转增资本，但企业用法定公积金转增资本后，法定公积金的余额不得低于转增前公司注册资本的 25%。提取法定公积金的主要目的是增加企业内部积累，以利于企业扩大再生产。

3. 提取任意盈余公积

根据公司法的规定，公司从税后利润中提取法定公积金后，经股东会或股东大会决议，还可以从税后利润中提取任意公积金。这是为了满足企业经营管理的需要，控制向投资者分配利润的水平以及调整各年度利润分配的波动。

4. 向投资者分配利润

根据公司法的规定，公司弥补亏损和提取公积金后所余税后利润，可以向股东（投资者）分配。其中，有限责任公司股东按照实缴的出资比例分取红利，但全体股东约定不按照出资比例分取红利的除外；股份有限公司按照股东持有的股份比例分配，但股份有限公司章程规定不按照持股比例分配的除外。

二、股利的种类和发放程序

根据我国《上市公司的信息披露管理办法》，我国的上市公司必须在每个会计年度结束的120天内公布年度财务报告，且在年度报告中要公布利润分配预案，所以上市公司的分红派息工作一般都集中在次年的二、三季度进行。

（一）股利的种类

按照股份有限公司对其股东支付股利的方式不同，股利支付形式可以分为不同的类型。其中，常见的有现金股利、股票股利、财产股利和负债股利四类。财产股利和负债股利应用较少。

1. 现金股利

现金股利是上市公司以货币形式支付给股东的股息红利，也是最普通、最常见的股利形式，我们常说每股派息多少元，就是现金股利。上市公司发放现金股利主要出于以下三个原因：投资者偏好；减少代理成本；传递公司的未来信息。现金股利适用于企业现金较充足、分配股利后企业的资产流动性能达到一定的标准，并且有广泛的筹资渠道。

2. 股票股利

股票股利是公司以增发股票的方式所支付的股利，也就是通常所说的送红股。股票股利并不直接增加股东的财富，不导致公司资产的流出或负债的增加，因而不是公司资金的使用，同时也并不因此而增加公司的财产，但会引起所有者权益各项目的结构发生变化。

公司发放股票股利虽然不直接增加股东的财富，也不增加公司的价值，但对股东和公司都有特殊意义。

对股东来讲，派发股票股利后，理论上每股市价会成比例下降。在股票市场上，投资者认为发放股票股利预示着公司会有较大的发展，这样的信号传递会稳定投资者的心理，进而稳定股价，股东可以获得股价上升的好处。

对公司来讲，发放股票股利不需要向股东支付现金，在再投资机会较多的情况下，公司就可以为再投资提供成本较低的资金，从而有助于公司的发展。

3. 财产股利

财产股利是以除现金以外的其他资产支付的股利，主要是以公司所拥有的其他公司的有价证券（如公司债券、公司股票等）作为股利发放给股东。

4. 负债股利

负债股利是以负债方式支付的股利，通常以公司的应付票据支付给股东，有时也以发行公司债券的方式支付股利。

财产股利和负债股利实际上是现金股利的替代。这两种股利方式目前在我国公司实务中较少使用，但并非法律所禁止。

（二）股利发放程序

1. 股利宣告日

上市公司分派股利时，首先要由公司董事会制订分红预案，包括本次分红的数量与方式，股东大会召开的时间、地点及表决方式等。以上内容由公司董事会向社会公开发布。董事会将股利支付情况予以公告的日期即为股利宣告日。

2. 股权登记日

股权登记日是由公司在宣布分红方案时确定的一个具体日期。凡是在此指定日期收盘之前取得了公司股票，成为公司在册股东的投资者都可以作为股东享受公司发放的股利；在此日之后取得股票的股东则无权享受已宣布发放的股利。

3. 除息除权日

在除息日，股票的所有权和领取股息的权利分离，股利权利不再从属于股票，所以在这一天购入公司股票的投资者不能享有已宣告发放的股利。另外，由于失去了附息的权利，除息日的股价会下跌，下跌的幅度约等于分派的股息。

4. 股利发放日

在股利发放日，公司按公布的分红方案向股权登记日在册的股东实际支付股利。

三、股利分配政策

股利分配政策的核心内容是确定支付股利与留用利润的比率，即股利发放率。确定一个最佳的股利发放率应考虑以下四个因素：一是投资者对股利或资本利得的偏好；二是公司的投资机会；三是目标或最佳的资本结构；四是外部资本的可供性和成本。

(一) 股利政策类型

根据对以上四个因素的不同考虑，财务管理中常见的股利政策主要有以下四种类型。

1. 剩余股利政策

(1) 剩余股利政策的含义

剩余股利政策是指公司在有良好的投资机会时，根据一定的目标资本结构（最佳资本结构）测算出投资所需的权益资本，先从盈余中留用，然后将剩余的盈余作为股利予以分配的政策。剩余股利政策的理论依据是股利无关理论。根据股利无关理论，在完全理想的资本市场中，公司的股利政策与普通股每股市价无关，故而股利政策只需随着公司投资、融资方案的制订而自然确定。剩余股利政策的基本步骤如下。

① 确定企业的目标资本结构，以使在此结构下的综合资金成本最低。

② 确定最优资本结构下投资项目所需要的权益资本数额。

③ 最大限度地使用公司留存收益来满足投资方案所需的权益资本。

④ 投资方案所需权益资本已经满足后，若有剩余盈余，则再将其作为股利发放给股东。

(2) 剩余股利政策的优点

留存收益优先满足再投资的权益资金需要，有助于降低再投资的资金成本，保持最佳的资本结构，实现企业价值的长期最大化。

(3) 剩余股利政策的缺点

① 若完全遵照执行剩余股利政策，股利发放额就会每年随着投资机会和盈利水平的波动而波动。

② 在盈利水平不变的前提下，股利发放额与投资机会的多寡呈反方向变动；而在投资机会维持不变的情况下，股利发放额将与公司盈利呈同方向波动。

剩余股利政策不利于投资者安排收入与支出，也不利于公司树立良好的形象，一般适用于公司初创阶段。

2. 固定或稳定增长的股利政策

(1) 固定或稳定增长的股利政策的含义

固定或稳定增长的股利政策是指公司将每年发放的股利固定下来，并使其在较长时间内保持不变，只有当公司确信未来收益将能够维持在更高水平时才宣布增加股利的政策。其基本特点是，无论经济情况与企业经营的好坏，不降低股利的发放额，每年的股利支付额均稳定在某一特定水平。只有当确信未来利润将显著且不可逆转地提高，才会增加每年度的股利发放额。

通常，固定股利政策适用于盈利稳定或处于成长期的企业。

(2) 固定或稳定增长的股利政策的优点

① 稳定的股利向市场传递公司正常发展的信息，有利于树立公司良好的形象，增强投资者对公司的信心，稳定股票的价格。

② 稳定的股利有利于投资者安排股利收入和支出。

③ 稳定的股利政策可能会不符合剩余股利理论，但为了将股利维持在稳定水平上，即使推迟某些投资方案或暂时偏离目标资本结构也可能要比降低股利或降低股利增长率更为有利。

(3) 固定或稳定增长的股利政策的缺点

① 股利支付与盈余脱节。即便盈余较低，也要支付固定的股利，这可

能会导致资金短缺，财务状况恶化。

② 不能像剩余股利政策那样保持较低的资本成本。

3. 固定股利支付率政策

(1) 固定股利支付率政策的含义

固定股利支付率政策是指公司将每年净利润的某一固定百分比作为股利分派给股东，这一百分比通常称为“股利支付率”。股利支付率一经确定，一般不得随意变更。在这一股利政策下，只要公司的税后利润一经计算确定，所派发的股利也就相应确定了。由于公司每年面临的投资机会、筹资渠道都不同，各年股利额会视公司经营的好坏而上下波动，获得较多盈余的年份股利额高，获得盈余少的年份股利额就低。

由于该股利政策的股利支付水平不稳定，因此一成不变地奉行固定股利支付率政策的公司在实际中并不多见，固定股利支付率政策只是较适用于那些处于稳定发展且财务状况也较稳定的公司。

(2) 固定股利支付率政策的优点

① 采用固定股利支付率政策，股利与公司盈余紧密地配合，体现了“多盈多分、少盈少分、无盈不分”的股利分配原则。

② 由于公司的获利能力在年度间是经常变动的，因此每年的股利也应当随着公司收益的变动而变动。采用固定股利支付率政策，公司每年按固定的比例从税后利润中支付现金股利，从企业的支付能力的角度看，这是一种稳定的股利政策。

(3) 固定股利支付率政策的缺点

① 大多数公司每年的收益很难保持稳定不变，导致年度间的股利额波动较大，由于股利的信号传递作用，波动的股利很容易给投资者带来经营状况不稳定、投资风险较大的不良印象，进而成为影响股价的不利因素。

② 容易使公司面临较大的财务压力。这是因为公司实现的盈利多，并不能代表公司有足够的现金流用来支付较多的股利额。

③ 合适的固定股利支付率的确定难度比较大。

4. 低正常股利加额外股利政策

(1) 低正常股利加额外股利政策的含义

低正常股利加额外股利政策是指公司在一般情况下每年只支付固定数

额的较低的股利，在盈余增长较多的年度再根据实际情况向股东分派额外股利的政策。但额外股利并不固定化，不意味着公司永久地提高了规定的股利率。

低正常股利加额外股利政策是介于固定股利政策和固定股利支付率政策之间的一种股利政策。在一般情况下，公司每年发放的是固定的、数额较低的股利；如果公司的业绩好，那么除了按期支付给股东固定的股利外，还要附加额外的股利。该股利政策适用于盈利与现金流量较为波动的企业，通常被大多数企业采用。

(2) 低正常股利加额外股利政策的优点

① 赋予公司较大的灵活性，使公司在股利发放上留有余地，并具有较大的财务弹性。公司可根据每年的具体情况，选择不同的股利发放水平，以稳定和提高股价，进而实现公司价值的最大化。

② 使那些依靠股利度日的股东每年至少可以得到虽然较低但比较稳定的股利收入，从而吸引住这部分股东。

(3) 低正常股利加额外股利政策的缺点

① 各年度之间公司盈利的波动使额外股利不断变化，造成分派的股利不同，容易给投资者造成收益不稳定的感觉。

② 当公司在较长时间持续发放额外股利后，可能会被股东误认为“正常股利”，一旦取消，传递出的信号可能会使股东认为这是公司财务状况恶化的表现，进而导致股价下跌。

相对来说，对那些盈利随着经济周期而波动较大的公司或者盈利与现金流量很不稳定时，低正常股利加额外股利政策也许是一种不错的选择。

(二) 影响股利政策的因素

股利分配涉及企业各方面的利益，受多方面因素的影响，主要包括以下四个方面。

1. 法律因素

为了保护债权人和股东的利益，有关法律、法规对公司的利润分配经常作出以下约束。

(1) 资本保全约束

资本保全约束规定公司不能用资本 (包括实收资本和资本公积等) 发放股利。股利的支付不能减少法定资本，目的是维持企业资本的完整性、保障债权人及其他利益相关者的利益。

(2) 企业积累约束

为了制约公司支付股利的任意性，公司税后利润必须先按 10% 提取法定盈余公积金。当盈余公积金累计额已达到注册资本的 50% 时，可以不再提取。此外，鼓励公司提取任意公积金。股利只能从企业的可供分配利润中支付。公司年度累计净利润为正数时才形成可供分配的利润，以前年度亏损必须足额弥补。

(3) 偿债能力约束

基于对债权人利益的保护，如果一个公司已经无力偿付负债，或股利支付会导致公司失去偿债能力，则不能支付股利。

2. 公司因素

公司的经营情况与经营能力，影响其股利政策。

(1) 现金流量

现金流量对于公司非常重要，是公司顺利开展经营活动、提高公司获利能力的重要保障。一般情况下，公司的盈利与现金流量并不完全同步，有时公司的利润增加，但并不一定拥有可供分配的现金流量。公司在进行利润分配时，首先要保障公司的正常的生产经营活动对现金流量的需求，再按照利润的分配顺序进行利润的分配。

(2) 筹资能力

筹资能力是影响公司股利政策的一个重要因素。公司在分配现金股利时，应当根据自身的筹资能力来确定股利支付水平。如果公司筹资能力较强，能够较容易地在资本市场上筹集到资本，就可以采取比较宽松的股利政策，适当提高股利支付水平；如果筹资能力较弱，就应当采取比较紧缩的股利政策，少发放现金股利，增加留用利润。

(3) 盈利状况

公司是自主经营、自负盈亏、独立核算的经济实体，如果公司不盈利，则会面临经营困难甚至倒闭破产。公司利润的分配很大程度上取决于其盈利状况。公司的盈利能力越强，则股利的支付能力就越好；公司盈利能力越差，则公司的股利支付能力越差。

(4) 投资机会

公司的投资机会与未来的盈利直接相关。良好的投资机会能给公司带来发展的机遇。当然，公司的投资机会越多，需要的资金数量就会越大，这会给公司带来更多的财务压力，公司可以采取低股利支付水平的分配政策；反之，如果公司的投资机会少，对资金的需求量小，那么公司可以采取高股利的分配政策，以稳定现有的投资者，吸引更多的投资者。如果公司将留存收益用于再投资所得的报酬低于股东个人单独将股利收入投资于其他投资机会所得的报酬，公司就不应多留留存收益，而是应该向股东多发放股利，提高股东的收益。

(5) 资本成本

资本成本是公司筹集和使用资本的代价。与发行新股或举借债务相比，保留盈余不需花费筹资费用，是一种比较经济的筹资渠道。因此，从资本成本角度考虑，如果公司有扩大资金的需要，则应当采取低股利政策。

(6) 生命周期

企业的生命周期分为创业期、成长期、成熟期和衰退期四个阶段。创业期的企业往往尚未盈利或盈利很少，同时需要大量的资金用于产品生产、开拓市场，因此一般不发放现金股利。成长期的企业通过一段时间的经营发展后盈利逐步增加，但仍处于扩展阶段，资本性支出往往较大，一般不会有较大的资金结余，因此一般不发放现金股利或采用低股利支付率政策。成熟期的企业盈利能力比较强、盈利水平相对稳定，一般会增加现金股利的分配。衰退期的企业通常销售收入减少，经营业绩下降，经营活动产生的现金流量下降，企业所获取的利润降低甚至开始亏损，可能会采用特殊的股利政策。

3. 股东因素

公司的股利政策是由代表股东利益的董事会提出，最终由股东大会决定的。因此，股东从自身经济利益需要出发，对公司的股利分配往往产生较大影响。

(1) 追求稳定的收入

许多股东进行投资是希望从公司获取稳定的收益，因此要求公司能够支付较稳定的股利，让公司尽量少地留存利润。公司增加留存收益引起股价上涨而获得资本利得是有较大风险的，因此现在分配给股东比未来获取资本利得的风险小。即使是现在较少的收益，也强于未来不确定的较高的收益。

(2) 股权控制权的要求

公司支付较高的股利往往会导致公司的留存收益减少，这意味着如果公司将来需要较多的资金的时候发行新股的可能性会大大增加。而发行新股必然牺牲公司的控制权，这是拥有公司控制权的股东不愿看到的局面。因此，大多数控股股东会倾向于现有的较低的股利支付水平。

(3) 规避所得税

股利政策必须考虑股东的所得税负担。多数国家的股利所得税税率都高于资本利得所得税税率。在我国，现金股利收入的税率是20%。如果是个人投资者，那么从上海证券交易所、深圳证券交易所的上市公司取得的股利收入将按50%征收个税，即税率是10%。但股票交易尚未征收资本利得税。因此，低股利支付政策可以给股东带来更多的资本利得收入，达到避税的目的。

4. 其他因素

除了上述因素以外，还有一些其他因素会影响公司的股利政策选择。

(1) 债务合同约束

一般来说，公司的股利支付水平越高，则留存收益越少，企业面临破产的风险就越大，最终损害的是债权人的利益。因此，债权人为了保护自身的利益不受侵害，往往会在债务契约、租赁合同中加入借款公司股利政策的限制性条款，以保障自身的合法权益。

(2) 股利政策的惯性

一般而言，股利政策的重大调整会造成投资者的不稳定因素，让投资者改变投资企业，可能导致股价下跌。此外，由于股利收入是一部分股东生产和消费资本的来源，因此多数投资者不愿意持有股利变动幅度较大的股票。因此，股利政策要保持一定的连续性和稳定性。

(3) 通货膨胀的影响

通货膨胀是流通中的货币数量超过经济实际需要量而引起的货币贬值，表现为物价全面而持续地上涨。通货膨胀使公司资本的购买力下降，维持现有的经营规模需不断地追加投入，因此公司需要将较多的税后利润用于内部积累。在通货膨胀时期公司股利政策往往偏紧。

四、股票分割与股票回购

（一）股票分割

1. 股票分割的概念

股票分割又称“拆股”，即将一股股票拆分成多股股票的行为。股票分割一般只会增加发行在外的股票总数，但不会对公司的资本结构产生任何影响。股票分割与股票股利非常相似，都是在不增加股东权益的情况下增加了股份的数量；不同的是，股票股利虽不会引起股东权益总额的改变，但股东权益的内部结构会发生变化，而股票分割之后，股东权益总额及其内部结构都不会发生任何变化，变化的只是股票面值。

2. 股票分割的作用

（1）降低股票价格

股票分割会使每股市价降低，买卖该股票所需资金量减少，从而可以促进股票的流通和交易。流通性的提高和股东数量的增加，会在一定程度上加大对公司股票恶意收购的难度。此外，降低股票价格可以为公司发行新股做准备，因为股价太高会使许多潜在投资者力不从心而不敢轻易对公司股票进行投资。

（2）传递发展良好信号

股票分割可以向市场和投资者传递“公司发展前景良好”的信号，有助于提高投资者对公司股票的信心。

（二）股票回购

1. 股票回购的含义及方式

股票回购是指上市公司出资将其发行在外的普通股以一定价格购买回来予以注销或作为库存股的一种资本运作方式。公司法规定，公司有下列情形之一的，可以收购本公司股份。

① 减少公司注册资本。

② 与持有本公司股份的其他公司合并。

③ 将股份用于员工持股计划或者股权激励。

④ 股东因对股东大会作出的公司合并、分立决议持异议，要求公司收购其股份。

⑤ 将股份用于转换上市公司发行的可转换为股票的公司债券。

⑥ 上市公司为维护公司价值及股东权益所必需情形收购本公司股票的。

属于减少公司注册资本收购本公司股份的，应当自收购之日起 10 日内注销；属于与持有本公司股份的其他公司合并和股东因对股东大会作出的公司合并、分立决议持异议，要求公司收购其股份的，应当在 6 个月内转让或者注销；属于其余三种情形的，公司合计持有的本公司股份数不得超过本公司已发行股份总额的 10%，并应当在 3 年内转让或者注销。

上市公司将股份用于员工持股计划或者股权激励、将股份用于转换上市公司发行的可转换为股票的公司债券以及为维护公司价值及股东权益所必需情形收购本公司股票的，应当通过公开的集中交易方式进行。上市公司以现金为对价，采取要约方式、集中竞价方式回购股份的，视同上市公司现金分红，纳入现金分红的相关比例计算。

2. 股票回购的动机

在证券市场上，股票回购的动机多种多样，主要有以下四点。

(1) 现金股利的替代

现金股利政策会对公司产生未来的派现压力，而股票回购不会。当公司有富余资金时，通过购回股东所持股票将现金分配给股东，这样一来，股东就可以根据自己的需要选择继续持有股票或出售以获得现金。

(2) 改变公司的资本结构

无论是现金回购还是举债回购股份，都会提高公司的财务杠杆水平，改变公司的资本结构。公司认为权益资本在资本结构中所占比例较大时，为了调整资本结构而进行股票回购，可以在一定程度上降低整体资本成本。

(3) 传递公司信息

由于信息不对称和预期差异，证券市场上的公司股票价格可能被低估，而过低的股价将会对公司产生负面影响。一般情况下，投资者会认为股票回购意味着公司认为其股票价值被低估而采取的应对措施。

(4) 基于控制权的考虑

控股股东为了保证其控制权不被改变，往往采取直接或间接的方式来回购股票，从而巩固既有的控制权。另外，股票回购使流通在外的股份数减少，股价上升，从而可以有效地防止敌意收购。

3. 股票回购的影响

股票回购对上市公司的影响主要表现在以下五个方面。

① 符合股票回购条件的多渠道回购方式允许公司选择适当时机来回购本公司股份，将进一步提升公司调整股权结构和管理风险的能力，提高公司的整体质量和投资价值。

② 因实施持股计划和股权激励的股票回购，形成资本所有者和劳动者的利益共同体，有助于提高投资者的回报能力；将股份用于转换上市公司发行的、可转换为股票的公司债券实施的股票回购，也有助于拓宽公司融资渠道，改善公司资本结构。

③ 当市场不理性、公司股价严重低于股份内在价值时，为了避免投资者的损失，适时进行股份回购，减少股份供应量，有助于稳定股价，增强投资者的信心。

④ 股票回购时若用大量资金支付回购成本：一方面，容易造成资金紧张，降低资产流动性，影响公司的后续发展；另一方面，在公司没有合适的投资项目又持有大量现金的情况下，回购股份能更好地发挥货币资金的作用。

⑤ 上市公司通过履行信息披露义务和公开的集中交易方式进行股份回购，有利于防止操纵市场、内幕交易等利益输送行为。

第二节　预算管理

一、预算管理概述

(一) 预算的特征与作用

1. 预算的特征

预算是企业在预测、决策的基础上，用数量和金额以表格的形式反映企业未来一定时期内经营、投资、筹资等活动的具体计划，是为实现企业目标而对各种资源和企业活动所作的详细安排。预算是一种可据以执行和控制经济活动的、最为具体的计划，是对目标的具体化，是企业战略导向预定目标的有力工具。

预算具有以下两个特征：首先，预算与企业的战略目标保持一致，因为预算是为实现企业目标而对各种资源和企业活动所作的详细安排；其次，预算是数量化的并具有可执行性，因为预算作为一种数量化的详细计划，是对未来活动的细致、周密安排，是未来经营活动的依据。数量化和可执行性是预算最主要的特征。

2. 预算的作用

预算的作用主要表现在以下三个方面。

(1) 使企业经营达到预期目标

通过预算指标可以控制实际活动过程，随时发现问题，采取必要的措施，纠正不良偏差，避免经营活动漫无目的、随心所欲，通过有效的方式实现预期目标。因此，预算具有规划、控制、引导企业经济活动有序进行，以最经济有效的方式实现预期目标的功能。

(2) 实现企业内部各个部门之间的协调

从系统论的观点来看，局部计划的最优化对全局来说不一定是最合理的。为了使各个职能部门向着共同的战略目标前进，它们的经济活动必须密切配合，相互协调、统筹兼顾、全面安排，搞好综合平衡。各部门预算的综合平衡，能促使各部门管理人员清楚地了解本部门在全局中的地位和作用，尽可能地做好部门之间的协调工作。各级各部门因其职责不同，往往会出现相互冲突的现象。各部门之间只有协调一致，才能最大限度地实现企业整体目标。例如，企业的销售、生产、财务等部门可以分别编制出对自己来说最好的计划，但该计划在其他部门不一定能行得通。销售部门根据市场预测提出了一个庞大的销售计划，生产部门可能没有那么大的生产能力；生产部门可能编制一个充分利用现有生产能力的计划，但销售部门可能无力将这些产品销售出去；销售部门和生产部门都认为应该扩大生产能力，财务部门却认为无法筹到必要的资金。全面预算经过综合平衡后可以提供解决各级各部门冲突的最佳办法、代表企业的最优方案，可以使各级各部门的工作在此基础上协调进行。

（3）业绩考核的重要依据

预算作为企业财务活动的行为标准，使各项活动的实际执行有章可循。经过分解落实的预算规划目标能与部门、责任人的业绩考评结合起来，成为奖勤罚懒、评估优劣的重要依据。

（二）预算的分类

1. 根据内容不同划分

根据内容不同，企业预算可以分为业务预算（经营预算）、专门决策预算和财务预算。

（1）业务预算

业务预算是指与企业日常经营活动直接相关的经营业务的各种预算。它主要包括销售预算、生产预算、直接材料预算、直接人工预算、制造费用预算、产品成本预算、销售费用预算和管理费用预算等。

（2）专门决策预算

专门决策预算是指企业不经常发生的、一次性的重要决策预算。专门决策预算直接反映相关决策的结果，是实际中选方案的进一步规划。如资本支出预算，其编制依据可以追溯到决策之前收集到的有关资料，只不过预算比决策估算更细致、更精确。例如，企业购置一切固定资产时都须在事先做好可行性分析的基础上编制预算，具体反映为投资额需要多少、何时进行投资、资金从何筹得、投资期限多长、何时可以投产、未来每年的现金流量是多少。

（3）财务预算

财务预算是指企业在计划期内反映有关预计现金收支、财务状况和经营成果的预算，主要包括现金预算和预计财务报表。财务预算作为全面预算体系的最后环节，是从价值方面总括地反映企业业务预算与专门决策预算的结果，故也称为“总预算”；其他预算则相应称为“辅助预算”或“分预算”。显然，财务预算在全面预算中占有举足轻重的地位。

2. 根据预算指标覆盖时间长短划分

根据预算指标覆盖的时间长短，企业预算可分为短期预算和长期预算。

(1) 短期预算

通常将预算期在1年以内(含1年)的预算称为“短期预算”。

(2) 长期预算

预算期在1年以上的预算称为“长期预算”。预算的编制时间可以视预算的内容和实际需要而定，可以是1周、1月、1季、1年或若干年等。在预算编制过程中，往往应结合各项预算的特点，将长期预算和短期预算结合使用。一般情况下，企业的业务预算和财务预算多为1年期的短期预算，年内再按季或月细分，而且预算期间往往与会计期间保持一致。

(三) 预算体系

各种预算是一个有机联系的整体。一般将由业务预算、专门决策预算和财务预算组成的预算体系，称为“全面预算体系”。

(四) 预算工作的组织

公司法规定：公司的年度财务预算方案、决算方案由公司董事会制订，经股东会审议批准后方可执行。预算工作的组织包括决策层、管理层、执行层和考核层，具体如下。

第一，企业董事会或类似机构应当对企业预算的管理工作负总责。企业董事会或者经理办公会可以根据情况设立预算管理委员会或指定财务管理部门负责预算管理事宜，并对企业法定代表人负责。

第二，预算管理委员会或财务管理部门主要拟订预算的目标、政策，制定预算管理的具体措施和办法，审议、平衡预算方案，组织下达预算，协调解决预算编制和执行中的问题，组织审计、考核预算的执行情况，督促企业完成预算目标。

第三，企业财务管理部门具体负责企业预算的跟踪管理，监督预算的执行情况，分析预算与实际执行的差异及原因，提出改进管理的意见与建议。

第四，企业内部生产、投资、物资、人力资源、市场营销等职能部门具体负责本部门业务涉及的预算编制、执行、分析等工作，并配合预算管理委员会或财务管理部门做好企业总预算的综合平衡、协调、分析、控制与考核等工作。其主要负责人参与企业预算管理委员会的工作，并对本部门的预算执行结果承担责任。

第五，企业所属基层单位是企业预算的基本单位，在企业财务管理部门的指导下，负责本单位现金流量、经营成果和各项成本费用预算的编制、控制、分析工作，接受企业的检查、考核。其主要负责人对本单位财务预算的执行结果承担责任。

二、预算的编制方法与程序

(一) 预算的编制方法

企业全面预算的构成内容比较复杂，编制预算需要采用适当的方法。常见的预算方法主要包括增量预算法和零基预算法、固定预算法和弹性预算法、定期预算法和滚动预算法，这些方法广泛应用于营业活动有关预算的编制。

1. 增量预算法和零基预算法

按其出发点的特征不同，编制预算的方法可分为增量预算法和零基预算法两大类。

(1) 增量预算法

增量预算法是指以历史期实际经济活动及其预算为基础，结合预算期经济活动及相关影响因素的变动情况，通过调整历史期经济活动项目及金额形成预算的预算编制方法。增量预算法以过去的费用发生水平为基础，主张不在预算内容上作较大的调整。它的编制遵循以下假定。

第一，企业现有的业务活动是合理的，不需要进行调整。

第二，企业现有各项业务的开支水平是合理的，在预算期予以保持。

第三，以现有业务活动和各项活动的开支水平来确定预算期各项活动的预算数。

增量预算法的缺陷：可能导致无效费用开支无法得到有效控制，使不必要开支合理化，造成预算上的浪费。

(2) 零基预算法

零基预算法是指企业不以历史期经济活动及其预算为基础，而是以零为起点，从实际需要出发分析预算期经济活动的合理性，经综合平衡，形成预算的预算编制方法。零基预算法适用于企业各项预算的编制，特别是不经常发生的预算项目或预算编制基础变化较大的预算项目。零基预算法的应用程序如下。

第一，明确预算编制标准。企业应收集和分析对标单位、行业等外部信息，结合内部管理需要形成企业各预算项目的编制标准，并在预算管理过程中根据实际情况不断分析评价、修订完善预算编制标准。

第二，制订业务计划。预算编制责任部门应依据企业战略、年度经营目标和内外环境变化等安排预算期的经济活动，在分析预算期各项经济活动合理性的基础上制订详细、具体的业务计划，以作为预算编制的基础。

第三，编制预算草案。预算编制责任部门应以相关业务计划为基础，根据预算编制标准编制本部门相关预算项目，并报预算管理责任部门审核。

第四，审定预算方案。预算管理责任部门应在审核相关业务计划合理性的基础上，逐项评价各预算项目的目标、作用、标准和金额等，按战略相关性、资源限额和效益性等进行综合分析和平衡，汇总形成企业预算草案，上报企业预算管理委员会等专门机构审议后报董事会等机构审批。

零基预算法的优点表现在：一是以零为起点编制预算，不受历史期经济活动中的不合理因素影响，能够灵活应对内外环境的变化，预算编制更贴近预算期企业经济活动的需要；二是有助于增加预算编制透明度，有利于进行预算控制。

其缺点主要体现在：一是预算编制工作量较大、成本较高；二是预算编制的准确性受企业管理水平和相关数据标准准确性影响较大。

2. 固定预算法和弹性预算法

编制预算的方法按其业务量基础的数量特征不同，可分为固定预算法和弹性预算法。

(1) 固定预算法

固定预算法又称“静态预算法”，是指以预算期内正常的、易实现的某一业务量（企业产量、销售量、作业量等与预算项目相关的弹性变量）水平为固定基础，不考虑可能发生的变动的预算编制方法。

固定预算法的缺点表现在以下两个方面。

一是适应性差。因为编制预算的业务量基础是事先假定的某个业务量。在这种方法下，不论预算期内的业务量水平实际可能发生哪些变动，都只按事先确定的某一个业务量水平来作为编制预算的基础。

二是可比性差。当实际的业务量与编制预算所依据的业务量发生较大差异时，有关预算指标的实际数与预算数就会因业务量的基础不同而失去可比性。例如，某企业预计业务量为销售 10 万件产品，按此业务量给销售部门的预算费用为 5000 元。如果该销售部门实际销售量达到 12 万件，超出了预算业务量，那么固定预算下的费用预算仍为 5000 元。

(2) 弹性预算法

弹性预算法又称“动态预算法”，是指企业在分析业务量与预算项目之间数量依存关系的基础上，分别确定不同业务量及其相应预算项目所消耗资源的预算编制方法。理论上，弹性预算法适用于编制全面预算中所有与业务量有关的预算，但实务中主要用于编制成本费用预算和利润预算，尤其是成本费用预算。

与固定预算法相比，弹性预算法的特点主要体现在以下两个方面。

第一，能适应不同经济活动情况的变化。弹性预算不是固定不变的，它随着业务量的大小而相应调整，具有一定的伸缩性，扩大了计划的适用范围。

第二，使预算执行情况的评价与考核建立在更加客观且可比的基础上。

与按特定业务量水平编制的固定预算法相比，弹性预算法的主要优点是考虑了预算期可能的不同业务量水平，更贴近企业经营管理的实际情况。弹性预算法的主要缺点：一是编制工作量大；二是市场及其变动趋势预测的准确性、预算项目与业务量之间依存关系的判断水平等会对弹性预算的合理性造成较大影响。

企业应用弹性预算工具方法，一般按照以下程序进行。

第一步，选择或确定经济活动水平的计量标准，如产量单位、直接人工工时、机器工时等。

第二步，确定不同情况下经营活动水平的范围，一般为正常生产能力的 70% ~ 110%，其每一间隔为 5% ~ 10%。

第三步，根据成本和产量之间的关系分别计算确定变动成本、固定成本、半变动成本及多个具体项目在不同经营活动水平范围内的计划成本。

第四步，通过一定的表格形式加以汇总，完成弹性预算。

3. 定期预算法和滚动预算法

编制预算的方法按预算期的时间特征不同，可分为定期预算法和滚动预算法两大类。

(1) 定期预算法

定期预算法是指在编制预算时，以不变的会计期间（如日历年度）作为预算期的一种预算编制方法。这种方法的优点是能够使预算期间与会计期间相对应，便于将实际数与预算数进行对比，也有利于对预算执行情况进行分析和评价。但这种方法固定以1年为预算期，在执行一段时期之后，往往使管理人员只考虑剩下来的几个月的业务量，缺乏长远打算，导致一些短期行为的出现。

(2) 滚动预算法

滚动预算法又称“连续预算法”或“永续预算法”，是指在编制预算时，将预算期与会计期间脱离开，随着预算的执行不断地补充预算，逐期向后滚动，使预算期始终保持为一个固定长度（一般为12个月）的一种预算编制方法。滚动预算法的基本做法是使预算期始终保持12个月，每过1个月或1个季度，立即在期末增列1个月或1个季度的预算，逐期向后滚动，因而在任何一个时期都使预算保持为12个月的时间长度。这种预算能使企业各级管理人员对未来始终保持整整12个月时间的考虑和规划，从而保证企业的经营管理工作能够稳定而有序地进行。

采用滚动预算法编制预算时，按照滚动的时间单位不同可将其分为逐月滚动、逐季滚动和混合滚动。

① 逐月滚动。逐月滚动是指在预算编制过程中，以月份为预算的编制和滚动单位，每个月调整一次预算的方法。按照逐月滚动方式编制的预算比较精确，但工作量较大。

② 逐季滚动。逐季滚动是指在预算编制过程中，以季度为预算的编制和滚动单位，每个季度调整一次预算的方法。逐季滚动编制的预算比逐月滚动的工作量小，但精确度较差。

③ 混合滚动。混合滚动是指在预算编制过程中，同时以月份和季度为预算的编制和滚动单位的方法。这种预算方法的理论依据是：人们对未来的

了解程度具有对近期的预计把握较大、对远期的预计把握较小的特征。

运用滚动预算法编制预算，使预算期间依时间顺序向后滚动，能够保持预算的持续性，有利于结合企业近期目标和长期目标，考虑未来业务活动。使预算随时间的推进不断加以调整和修订，能使预算与实际情况更加适应，有利于充分发挥预算的指导和控制作用。

(二) 预算的编制程序

企业编制预算，一般应按照“上下结合、分级编制、逐级汇总”的程序进行。

1. 下达目标

企业董事会或经理办公会根据企业发展战略和预算期经济形势的初步预测，在决策的基础上，提出下一年度的企业预算目标，包括销售或营业目标、成本费用目标、利润目标和现金流量目标，并确定预算编制的政策，由预算管理委员会下达各预算执行单位。

2. 编制上报

各预算执行单位按照企业预算管理委员会下达的预算目标和政策，结合自身特点以及预算的执行条件，提出详细的本单位预算方案，上报企业财务管理部门。

3. 审查平衡

企业财务管理部门对各预算执行单位上报的财务预算方案进行审查、汇总，提出综合平衡的建议。在审查、平衡过程中，预算管理委员会应当进行充分协调，对发现的问题提出初步调整意见，并反馈给有关预算执行单位予以修正。

4. 审议批准

企业财务管理部门在有关预算执行单位修正调整的基础上，编制出企业预算方案，报企业预算管理委员会讨论。对于不符合企业发展战略或者预算目标的事项，企业预算管理委员会应当责成有关预算执行单位进一步修订、调整。在讨论、调整的基础上，企业财务管理部门正式编制企业年度预算草案，提交董事会或经理办公会审议批准。

5. 下达执行

企业财务管理部门对董事会或经理办公会审议批准的年度总预算，一般在次年 3 月底以前，分解成一系列的指标体系，由预算管理委员会逐级下达各预算执行单位执行。

三、预算编制

(一) 业务预算的编制

1. 销售预算

销售预算是指在销售预测的基础上编制的、用于规划预算期销售活动的一种业务预算。销售预算是整个预算的编制起点，其他预算的编制都以销售预算作为基础。

销售预算的主要内容是销售量、单价和销售收入。销售量是根据市场预测或销货合同并结合企业生产能力确定的；单价是通过价格决策确定的；销售收入是两者的乘积，在销售预算中计算得出。

销售预算通常要分品种、分月份、分销售区域、分推销员来编制。

销售预算中通常还包括预计现金收入的计算，其目的是为编制现金预算提供必要的资料。第 1 季度的现金收入包括两部分，即上年应收账款在本年第 1 季度收到的货款以及本季度销售中可能收到的货款。

2. 生产预算

生产预算是为规划预算期生产规模而编制的一种业务预算，是在销售预算的基础上编制的，并可以作为编制直接材料预算和产品成本预算的依据。其主要内容有销售量、期初和期末产成品存货、生产量。在生产预算中，只涉及实物量指标，不涉及价值量指标。

通常，企业的生产和销售不宜做到“同步同量”，需要设置一定的存货，以保证能在发生意外需求时按时供货，并可均衡生产，节省赶工的额外支出。期末产成品存货数量通常按下期销售量的一定百分比确定，年初产成品存货是编制预算时预计的，年末产成品存货根据长期销售趋势确定。

生产预算的“预计销售量”来自销售预算，按下式计算得出：

$$预计期末产成品存货 = 下季度销售量 \times 10\%$$

预计期初产成品存货＝上季度期末产成品存货

预计生产量＝预计销售量＋预计期末产成品存货－预计期初产成品存货

生产预算在实际编制时是比较复杂的，产量受到生产能力的限制，产成品存货数量受到仓库容量的限制，只能在此范围内安排产成品存货数量和各期生产量。此外，有的季度可能销量很大，可以用赶工方法增产，为此要多付加班费。如果提前在淡季生产，则会因增加产成品存货而多付资金利息。因此，要权衡两者得失，选择成本最低的方案。

3. 直接材料预算

直接材料预算是用来规划预算期直接材料采购金额的一种业务预算。直接材料预算以生产预算为基础编制，同时要考虑原材料存货水平。

直接材料预算的主要内容有材料的单位产品材料用量、生产需用量、期初和期末存量等。“预计生产量”的数据来自生产预算，“单位产品材料用量”的数据来自标准成本资料或消耗定额资料，“生产需用量”是上述两项的乘积。年初和年末的材料存量是根据当前情况和长期销售预测估计的。各季度“期末材料存量”根据下季度生产需用量的一定百分比确定，各季度“期初材料存量”等于上季度的期末材料存量。预计各季度“采购量”根据下式计算确定：

预计采购量＝生产需用量＋期末存量－期初存量

为了便于日后编制现金预算，通常要预计材料采购各季度的现金支出。每个季度的现金支出包括偿还上期应付账款和本期应支付的采购货款。

4. 直接人工预算

直接人工预算是一种既反映预算期内人工工时的消耗水平，又规划人工成本开支的业务预算。直接人工预算也是以生产预算为基础编制的。其主要内容有预计产量、单位产品工时、人工总工时、每小时人工成本和人工总成本。“预计产量”的数据来自生产预算，单位产品人工工时和每小时人工成本的数据来自标准成本资料，人工总工时和人工总成本是在直接人工预算中计算出来的。由于人工工资需要使用现金支付，因此不需要另外预计现金支出，可直接参加现金预算的汇总。

5. 制造费用预算

制造费用预算通常分为变动制造费用预算和固定制造费用预算两部分。

变动制造费用预算以生产预算为基础编制。如果有完善的标准成本资料，用单位产品的标准成本与产量相乘，即可得到相应的预算金额。如果没有标准成本资料，就需要逐项预计计划产量需要的各项制造费用。固定制造费用需要逐项进行预计，通常与本期产量无关，按每季度实际需要的支付额预计，然后求出全年数。

为了便于以后编制现金预算，需要预计现金支出。在制造费用中，除折旧费外都需支付现金，所以，根据每个季度制造费用数额扣除折旧费后，即可得出“现金支出的费用”。

6. 产品成本预算

产品成本预算是销售预算、生产预算、直接材料预算、直接人工预算、制造费用预算的汇总。其主要内容是产品的单位成本和总成本。单位产品成本的有关数据来自前述三个预算；生产量、期末存货量来自生产预算；销售量来自销售预算。生产成本、存货成本和销货成本等数据，根据单位成本和有关数据计算得出。

7. 销售及管理费用预算

销售费用预算是指为了实现销售预算而需支付的费用预算。它以销售预算为基础，分析销售收入、销售利润和销售费用的关系，力求实现销售费用的最有效使用。

在安排销售费用时，要利用本量利分析方法，费用的支出应能获取更多的收益。在草拟销售费用预算时，要对过去的销售费用进行分析，考察过去销售费用支出的必要性和效果。销售费用预算应和销售预算相配合，应有按品种、按地区、按用途的具体预算数额。

管理费用是搞好一般管理业务所必需的费用。随着企业规模的扩大，一般管理职能日益重要，其费用也相应增加。在编制管理费用预算时，要分析企业的业务成绩和一般经济状况，务必做到费用合理化。管理费用多属于固定成本，所以一般以过去的实际开支为基础，按预算期的可预见变化来调整。重要的是，必须充分考察每种费用是否必要，以便提高费用的使用效率。

(二) 专门决策预算的编制

专门决策预算主要是长期投资预算（又称“资本支出预算”），通常是指与项目投资决策相关的专门预算，它往往涉及长期建设项目的资金投放与筹集，并经常跨越多个年度。编制专门决策预算的依据，是项目财务可行性分析资料以及企业筹资决策资料。

(三) 财务预算的编制

1. 现金预算

现金预算是以业务预算和专门决策预算为依据编制的、专门反映预算期内预计现金收入与现金支出，以及为满足理想现金余额而进行筹资或归还借款等的预算。现金预算由可供使用现金、现金支出、现金余缺、现金筹措与运用四部分构成。

2. 利润表预算

利润表预算（预计利润表）用来综合反映企业在计划期的预计经营成果，是企业最主要的财务预算表之一。通过编制预计利润表，可以了解企业预期的盈利水平。如果预算利润与最初编制方针中的目标利润有较大的不一致，就需要调整部门预算，设法达到目标，或者经企业领导同意后修改目标利润。编制预计利润表的依据是各业务预算、专门决策预算和现金预算。

3. 资产负债表预算

资产负债表预算（预计资产负债表）用来反映企业在计划期末预计的财务状况。编制预计资产负债表的目的是判断预算反映的财务状况的稳定性和流动性。如果通过预计资产负债表的分析，发现某些财务比率不佳，必要时可修改有关预算，以改善财务状况。预计资产负债表的编制需以计划期开始日的资产负债表为基础，结合计划期间各项业务预算、专门决策预算、现金预算和预计利润表进行编制。它是编制全面预算的终点。

四、预算的执行与考核

(一) 预算的执行

企业预算一经批复下达，各预算执行单位就必须认真组织实施，将预算指标层层分解，从横向到纵向落实到内部各部门、各单位、各环节和各岗位，形成全方位的预算执行责任体系。

企业应当将预算作为预算期内组织、协调各项经营活动的基本依据，将年度预算细分为月份预算和季度预算，以分期预算控制来确保年度预算目标的实现。

企业应当强化现金流量的预算管理，按时组织预算资金的收入，严格控制预算资金的支付，调节资金的收付平衡，控制支付风险。

对于预算内的资金拨付，按照授权审批程序执行；对于预算外的项目支出，应当按预算管理制度规范支付程序；对于无合同、无凭证、无手续的项目支出，不予支付。

对于预算编制、执行和考评过程中的风险，企业应当采取一定的防控措施来对风险进行有效管理。必要时，可以建立企业内部负责日常预算管理需求的部门，加强员工的风险意识，以个人为预算风险审查对象，并形成相应的奖惩机制，通过信息技术和信息管理系统来控制预算流程中的风险。

企业应当严格执行销售、生产和成本费用预算，努力完成利润指标。在日常控制中，企业应当健全凭证记录，完善各项管理规章制度，严格执行生产经营月度计划和成本费用的定额、定率标准，加强适时监控。对预算执行中出现的异常情况，企业有关部门应及时查明原因，提出解决办法。

企业应当建立预算报告制度，要求各预算执行单位定期报告预算的执行情况。对于预算执行中发现的新情况、新问题及出现偏差较大的重大项目，企业财务管理部门以至预算管理委员会应当责成有关预算执行单位查找原因，提出改进经营管理的措施和建议。

企业财务管理部门应当利用财务报表监控预算的执行情况，及时向预算执行单位、企业预算管理委员会以至董事会或经理办公会提供财务预算的执行进度、执行差异及其对企业预算目标的影响等财务信息，以促进企业完成预算目标。

（二）预算的调整

企业正式下达执行的预算，一般不予调整。预算执行单位在执行预算过程中，市场环境、经营条件、政策法规等发生重大变化致使预算的编制基础不成立，或者将导致预算执行结果产生重大偏差的，可以调整预算。

企业应当建立内部弹性预算机制，对于不影响预算目标的业务预算、资本预算、筹资预算之间的调整，企业可以按照内部授权批准制度执行，鼓励预算执行单位及时采取有效的经营管理对策，以保证预算目标的实现。

企业调整预算，应当由预算执行单位逐级向企业预算管理委员会提出书面报告，阐述预算执行的具体情况、客观因素变化情况及其对预算执行造成的影响程度，提出预算指标的调整幅度。

企业财务管理部门应当对预算执行单位的预算调整报告进行审核分析，集中编制企业年度预算调整方案，提交预算管理委员会以至企业董事会或经理办公会审议批准，然后下达执行。

对于预算执行单位提出的预算调整事项，企业进行决策时，一般应当遵循以下要求。

(1) 预算调整事项不能偏离企业发展战略。

(2) 预算调整方案应当在经济上能够实现最优化。

(3) 预算调整重点应当放在预算执行中出现的重要的、非正常的、不符合常规的关键性差异方面。

(三) 预算的分析与考核

企业应当建立预算分析制度。由预算管理委员会定期召开预算执行分析会议，全面掌握预算的执行情况，研究、解决预算执行中存在的问题，纠正预算的执行偏差。

开展预算执行分析。企业管理部门及各预算执行单位应当充分收集有关财务、业务、市场、技术、政策、法律等方面的信息资料，根据不同情况分别采用比率分析、比较分析、因素分析、平衡分析等方法，从定量与定性两个层面充分反映预算执行单位的现状、发展趋势及其存在的潜力。

针对预算的执行偏差，企业财务管理部门及各预算执行单位应当充分、客观地分析产生的原因，提出相应的解决措施或建议，提交董事会或经理办公会研究决定。

企业预算管理委员会应当定期组织预算审计，纠正预算执行中存在的问题，充分发挥内部审计的监督作用，维护预算管理的严肃性。

预算审计可以采用全面审计或者抽样审计。在特殊情况下，企业也可组织不定期的专项审计。审计工作结束后，企业内部审计机构应当形成审计报告，直接提交预算管理委员会以至董事会或经理办公会，作为预算调整、改进内部经营管理和财务考核的一项重要参考。

预算年度终了，预算管理委员会应当向董事会或者经理办公会报告预算的执行情况，并依据预算的完成情况和预算审计情况对预算执行单位进行考核。

企业内部预算执行单位上报的预算执行报告，应经本部门、本单位负责人按照内部规范审议通过，作为企业进行财务考核的基本依据。企业预算按调整后的预算执行，预算完成情况以企业年度财务会计报告为准。

企业预算执行考核是企业绩效评价的主要内容，应当结合年度内部经济责任制进行考核，与预算执行单位负责人的奖惩挂钩，并作为企业内部人力资源管理的参考。

第六章 市场微观经济与宏观经济

第一节 市场失灵与微观经济政策

一、市场失灵

(一) 市场效率

在市场经济中，生产什么、如何生产和为谁生产的问题主要是由一种竞争的价格机制来决定的。消费者、生产者和要素所有者拥有充分的自由选择权，他们从各自的经济利益出发，分散地、个别地进行经济决策，并通过市场交换和竞争达到他们各自的目的，调整他们的行为。

配置资源的市场机制通常与亚当·斯密提出的“看不见的手”相联系。在市场经济中，没有人命令谁该生产什么、如何生产和为谁生产，人人追求的只是自身的经济利益，每个人只是根据市场上的价格信号决定自己的行为。然而，市场机制就像一只“看不见的手”，协调着千千万万人们的生产和消费。亚当·斯密生动地描绘说：“我们能享用可口的晚餐，并非由于肉摊主、酒贩子或面包师的仁慈善意，而是由于这些人对自身利益的关心。我们求助于的不是他们的良心，而是他们的自利之心，我们从来不必去对他们诉说我们的生活需要，而只需讲交易对他们带来的好处。”[①] 因此，亚当·斯密认为，最能满足人类生活需求的经济体制，就是让人们自由劳动、自由交换的市场体制。在市场体制下，分工能够发展，消费能够最有效地得到满足，生产效率能最快地得到提高。人们只要求个人的经济利益，就可以在市场机制这只“看不见的手”的引导下，增进整个社会的福利。

---

① 亚当·斯密．国富论 [M]. 南京：译林出版社，2016.

(二)市场失灵

市场机制本身并不是万能的，而是存在市场失灵的情况。市场失灵主要有下面八种表现形式。

1. 市场垄断

市场垄断是企业规模不断扩大的必然结果。企业规模扩大是由以下因素促成的: ① 技术进步; ② 市场扩大; ③ 企业为获得内部规模经济与外部规模经济而进行横向与纵向的合并。由此看来，垄断似乎具有经济上的必然性。在纯粹垄断的情况下，单一卖主可以通过提高产品价格和把产量限制在竞争条件最佳水平以下来选择最有利的价格。垄断导致了较高的价格、较低的产量和垄断者额外的利润。虽然垄断具有经济上的必然性，但就其抑制竞争与降低社会经济福利而言，它同时又具有经济上的不合理性。这种矛盾迫使人们寻求国家干预。

2. 公共产品问题

公共产品过于缺乏会损害经济运行的效率，甚至使整个社会经济无法正常运行。近年来，以布坎南为代表的新一代制度经济学家甚至认为能够保证社会经济正常而有效运行的法律、公共安全以及自然秩序都是公共产品。这些公共产品能够使市场有效运转，但不能由市场本身提供，因而也只有通过公共选择由政府来生产诸如此类的公共产品。

3. “外部性”问题

“外部性”问题最早是由英国著名的福利经济学家庇古发现并提出的[①]。根据他的观察分析，引起“外部性”问题的原因在于边际社会成本或边际社会收益与边际私人成本或边际私人收益的背离。在个别领域，这种背离程度可以很大。此时，自由市场均衡将使产生外部成本的产品产量过高，而产生外部收益的产品的产量过低。这种背离之所以会发生，是因为社会中相互影响的经济活动得不到相应的补偿。

4. 市场不完全

市场不完全指的是即使消费者对有些产品或劳务愿意支付的价格高于生产成本，私人市场仍无法提供这种产品或劳务。例如，私人保险公司一般

① 庇古．福利经济学 [M]. 北京：华夏出版社，2007.

不愿意承担风险很大的保险业务，私人银行也不愿意提供金额大、周期长的贷款。于是，政府承担起了相应的义务，如许多国家政府为银行提供了存款保险，并成立了政策银行以开展私人银行不愿意涉足的业务。

5. 信息不完全

可以说，市场经济是消费者主权至上的经济，然而消费者要真正作出效用极大化的正确决策，需要掌握全面、正确、充足的信息。信息就像其他经济物品一样，也是一种稀缺的有价值的资源，要想获取足够的信息就必须支付足够的费用。由于搜寻信息的成本有时候会十分昂贵，迫使消费者在信息不完全的情况下作出决策，从而导致决策失误与市场配置效率的下降。为了避免这种现象的发生，政府要承担起向消费者免费提供信息的职能。

6. 失业问题

失业是自由竞争市场经济失灵的最重要的表现。按照凯恩斯的分析，充分就业只有在经济繁荣时才能达到，而经济繁荣则取决于投资，当储蓄不能被投资吸收时经济就会由繁荣走向衰退，从而导致大量失业。储蓄之所以不能全部被投资吸收，是因为随着投资的增加，资本边际生产力有不断下降的趋势。凯恩斯的结论是，在市场无法使投资与储蓄达到均衡时，就必须由政府承担起投资的职能，以保证经济繁荣与社会充分就业。

7. 收入分配不公问题

消费者的市场力量相当程度上取决于各自的收入，收入的不平等很难保证市场竞争的平等。即使在完全竞争的市场中，富人和穷人也不能进行同等的竞争。由于隶属于不同社会阶层的消费者不能在市场上进行同等竞争，因而市场根据消费者需求来进行资源配置就不可能达到帕累托最优。于是，人们普遍要求政府承担起促进收入平等化的职能。

8. 国际收支平衡问题

市场经济具有地理上扩张的趋势。经济自由主义相信，根据比较利益原理而形成的国际分工，有益于促进市场的自然发展与国家间的协调一致。因此，自由主义经济学家主张自由贸易，至于国家收支则可通过汇率的变动自动加以平衡。但是，商品与要素的国际流动事实上是有政治界限的，这种政治上的界限往往会导致经济民族主义，从而使保护主义蔓延于整个国际体系。由经济保护主义所引起的国际收支失衡是很难通过汇率变动与调整进出口数量来加以平衡的，因为从本质上讲，这种失衡的根源不在于经济本身，而在于政治上的界限。因此，对于这种失衡就只有依靠国家的力量才能加以平衡。

二、垄断

在前面生产理论中讲过规模经济的问题，事实上很多行业存在规模报酬递增的现象，而生产规模的扩大又往往会引起垄断。因此，可以说垄断是市场运行的自然结果。但垄断本身又会对经济运行带来种种危害，这就必然会导致市场失灵。因此，我们将讨论垄断是如何导致市场失灵的，以及政府对此采取的微观经济政策。

（一）垄断和经济效率损失

以完全垄断市场为例，如图 6–1 所示，垄断厂商面临的需求曲线是一条向右下方倾斜的曲线，这表示垄断厂商可以通过改变产销量来控制市场价格，而且垄断厂商的产销量与市场价格呈反方向的变动。垄断厂商的平均收益曲线与面临的需求曲线相重合，平均收益曲线与边际收益曲线均向右下方倾斜，边际收益曲线在平均收益曲线的下方，平均收益曲线与边际收益曲线源于同一点。为简单起见，如图 6–2 所示，假设该垄断厂商的平均成本和边际成本相等且为常数，即 AC 曲线和 MC 曲线重合为一条水平直线。根据垄断厂商的利润最大化条件：边际收益 = 边际成本，垄断厂商的均衡点为 E^m，均衡产量和均衡价格分别为 Q^m 和 P^m。显然，这个价格高于边际成本，即 $P^m > MC$，这表明消费者愿意为再增加一个单位产量所给的支付超过了为生产该单位产量所增加的成本。所以垄断厂商的均衡状态，也就是实现利润最大化状态，并没有达到帕累托最优状态，因此需要帕累托状态改进。如果让垄断厂商增加产量，让消费者以低于垄断价格但大于边际成本的某种价格购买该单位产量，则垄断厂商和消费者都从中得到了好处，即垄断厂商的利润进一步提高，消费者的福利也进一步提高。也就是说，垄断厂商在其均衡产量 Q^m 的基础上增加产量，就是垄断厂商均衡状态的帕累托改进。当垄断厂商的产量水平达到 Q^* 时，价格便是 P^*，该价格等于边际成本，这时的状态才是帕累托最优状态。如果这时恰恰失去了帕累托改进赖以存在的前提：价格低于垄断价格但大于边际成本，这时帕累托最优状态就无法实现。

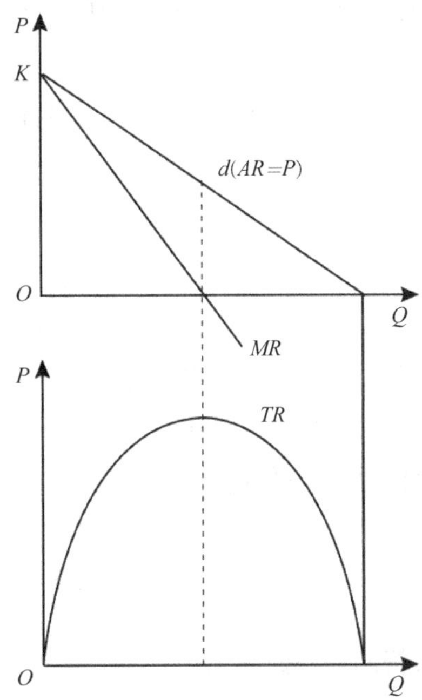

图6–1　某厂商的收益曲线图

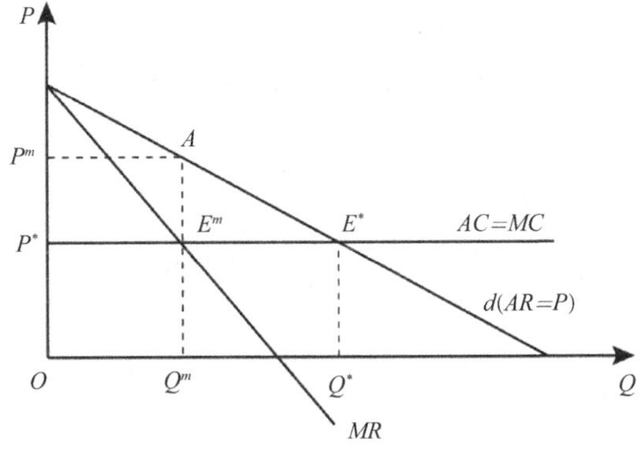

图6–2　垄断和经济效率的损失

事实上，若垄断厂商的产量从均衡产量 Q^m 上升到 Q^* 时，执行市场价格 P^*，垄断厂商失去的利润为图 6–2 中矩形 $P^m P^* E^m A$ 的面积，而消费者增加的消费者剩余为梯形 $P^m P^* E^m A$ 的面积。这样一来，希望实现帕累托最优状态，消费者就必须从自己的福利中取出不低于矩形 $P^m P^* E^m A$ 面积的值补偿垄断厂商。而这在垄断厂商与消费者之间、消费者与消费者之间都是不可能达成协议的，特别是消费者中会不可避免地存在“搭便车”现象。

上述关于垄断情况的分析，完全适用于其他非完全竞争（垄断竞争和寡头垄断）的情形，因为只要厂商面临的需求曲线不是水平线，而是向右下方倾斜的曲线，从而边际收益曲线就在面临的需求曲线的下方，则厂商均衡状态（边际收益等于边际成本）下的价格就会大于边际成本，就达不到帕累托最优状态，资源配置就缺乏经济效率。图中三角形 $AE''E'$ 的面积就是经济效率损失。

根据传统的经济理论，这种经济效率损失从数量上来说仍然相对较小。然而，从 20 世纪 60 年代后期以来，一些经济学家开始认识到，上述传统的垄断理论可能大大低估了垄断的经济效率损失。这是因为，为了获得和维持垄断地位厂商常常需要付出一定的代价。这种为获得和维持垄断地位而付出的代价完全是一种"非生产性的寻利活动"，即不是用于生产、没有创造出任何有益的产出活动，这种非生产性的寻利活动被概括为"寻租"活动。

(二) 对垄断的行政管制和法律约束

为了尽可能减少垄断带来的经济效率损失，政府必须对垄断进行干预，包括行政管制和法律约束。政府对垄断的管制有价格管制、数量管制和资本回报率管制等，这里以价格管制为例，如图 6–3 所示。

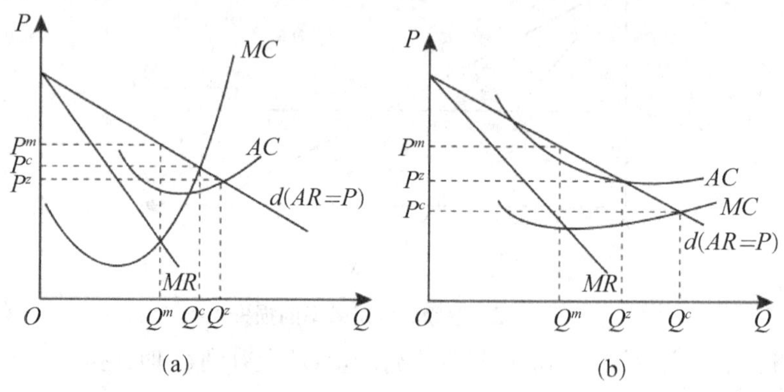

图 6–3 对垄断的价格管制

图 6–3(a) 所示为一般的垄断情况，图 6–3(b) 所示为自然垄断的情况。生产规模需要在一个很大的产量范围和相应的资本设备生产运行水平上才能得到充分的体现，行业内最先达到这一生产规模的厂商，便完全垄断了整个行业的生产和销售。如有线电话、铁路、自来水、供电等行业，一般都是

这样的。所以自然垄断厂商的主要特征是：平均成本在较高的产量水平上仍随着产量的增加而减少，从而使边际成本仍然小于平均成本。

图6–3中，未受政府管制时的均衡价格和均衡数量分别为P^m和Q^m，还有超额利润，不公平且显然价格高于边际成本，缺乏经济效率。

现在政府实施价格管制。一种是边际成本定价法，管制价格为图6–3中的P^c，相应的产量为Q^c，这时厂商的边际成本等于产品价格，达到帕累托最优状态，具有经济效率。在图6–3(a)中，厂商仍有超额利润，不公平；在图6–3(b)中，即对自然垄断厂商来说，却没法补偿其全部成本，出现亏损。这种情况下，政府必须给予垄断厂商适当的补贴。另一种是平均成本定价法，管制价格为图中的P^z，相应的产量为Q^z，这时厂商的利润为零，可以认为是“公平”的价格，但又出现了缺乏经济效率。在图6–3(a)中，边际成本大于价格，说明价格太低，产量太高；在图6–3(b)中，边际成本小于价格，说明价格太高，产量太低。

从上述分析可知，管制价格要达到既有经济效率又“公平”是不可能的。现实中常常采取双重定价法，即允许垄断厂商对一部分购买欲望较高的消费者收取较高的价格，且$P > AC$，厂商有超额利润；而对一部分购买欲望较低的消费者收取较低的价格，且$P < AC$，厂商是亏损的。但要求制定的管制价格总体上利润不为零，使垄断厂商愿意接受。

三、公共物品

(一)公共物品和私有物品

公共物品是相对于私有物品来说的，私有物品是在数量上随着人们对它的消费增加而减少的物品。私有物品在消费上具有以下两个特征。一是竞争性，即当某人占有某种物品时，其他人就不可能同时占有。例如，当你购置一套住房后，其他人就不可能拥有这套住房。二是排他性，即对商品支付价格的人才能消费商品。例如，当资源有限时，生产者只为愿意出高价的消费者生产，谁不出钱谁就不可能得到所需要的物品。

实际上，市场机制只会在具备上述两个特点的私有物品市场才真正发挥作用，才有效率。在经济中还存在许多不满足竞争性或排他性要求的商品。有些物品是竞争性的，但不具有排他性。例如，在海洋中捕鱼，你捕得越多，别人捕鱼的代价就越大，但捕鱼是非排他性的(因为很难只让那些付钱的人捕鱼)。有些物品是排他的，但是非竞争性的。例如，在长江大桥上可以设立收费站，只有付钱后才能过桥；但如果桥面不拥挤，则是非竞争性的(增加一个过桥者的边际成本为零)。这两类物品称为“准公共物品”。

若一种物品同时具有非竞争性和非排他性两个特征，则我们称这种物品为“纯公共物品”。在现实经济中，严格满足以上两个特点的公共物品(纯公共物品)并不多，包括国防、警察、消防等。有很多商品，其非竞争性的具备与否要受制于使用的人数，当使用的人数较少时，具有非竞争性；一旦使用人数超过一定限度，就会产生竞争性。此类商品通常称为“俱乐部商品”。如道路，行人、车辆较少时，大家互不影响；但一旦交通流量超过道路的通行能力，就可能引起交通堵塞，行人、车辆的通行速度就会大打折扣，此时竞争性就出现了。对俱乐部商品可进行适当的收费，不仅可以排斥试图免费乘车者，将使用人数控制在竞争性出现的临界点以下，避免竞争性的出现，同时又能增加生产者的收益，提高其生产积极性，生产出更多的产品以满足社会需求。高速公路、公共交通、收费桥梁等通常就属于此类。还有一类商品，如海洋里的鱼，捕鱼吃的人往往不需要为吃鱼而付钱，但一旦被一个人吃了，其他人就不可能再吃到同一条鱼，因此这类物品具有非排他性，但具有竞争性，一般称为“共有资源”。

(二)“搭便车”问题

所谓“搭便车”就是指某些人虽然参与了公共物品的消费，但不愿意支付公共物品的生产成本，完全依赖他人对公共物品生产成本的支付。公共物品的存在给市场机制带来了严重的问题，即使某种公共物品带给人们的利益要大于生产的成本，私人市场也不愿提供这种产品。

一般来说，公共物品覆盖的消费者人数越多，“搭便车”问题就越严重，公共物品由私人提供的可能性就越小。如节日放烟火可以烘托节日气氛，但是向每位观看烟火的消费者收费来筹集所需的资金的做法是行不通的。因为你不可能将不付钱的消费者排斥在外，因此也无人愿意付费。又如，修建堤坝，如果这一地区只有10户居民，那么有可能通过协商分摊建造堤坝的资金，最后大家受益。如果是1000户居民，那么大家同力建堤坝的可能性很小。

由于“搭便车”问题的存在，产生了一个典型的市场失灵的情形，即市场无能力使公共物品的供给和分配达到帕累托最优。经济学家们认为，公共物品的生产必须依靠一种集中计划的过程，以达到资源的有效配置。因此，由政府集中计划生产，并根据社会福利原则来分配公共物品就成为解决“搭便车”问题的唯一选择了。

（三）公共物品的供给

政府如何确定公共物品的供给？由于公共物品市场中存在大量“搭便车”现象，市场信号无法正确指示公共物品的最优供给量。公共物品的供给在更大意义上来说是一种政治决策。

这里值得注意的是，公共物品与政府提供的物品不是同一个概念。公共物品通常由政府提供，但政府提供的物品并不都是公共物品。例如，政府提供的养老金、失业补助、邮政服务等，这些物品或服务在消费上显然是竞争性的。政府提供私人物品往往是为了达到社会公平的目的。即政府为了使人们能够公平地消费某种私人消费品而代替私人部门的生产和分配行为。

教育可以说是这方面的典型例子。教育作为一种人力资本投资，原本属于私人消费行为。但是，在私人提供教育的场合，由于人们的收入水平不同，他们所接受的教育水平也就不同，这种教育水平的差距使人们不能在市场上公平竞争，以至于会进一步扩大未来的收入差距。为了防止这种现象的发生，由政府对所有阶层的人们提供一种近乎相同的教育就成为必要和合理的事情。

在图6–4中，D_P为穷人对教育的需求线，D_R为富人对教育的需求线。在教育服务由私人提供时，其价格对于穷人和富人来说都是一样的，均为P_0。但是由于穷人和富人的收入水平不等，因而在同一价格水平下，穷人所能得到的教育服务仅为Q_P，而富人则可以获得Q_R数量的教育，这当然是不公平的。为了纠正这种不公平的现象，政府可以要求穷人和富人支付不同的价格（税收T）而使他们获得相同数量的教育，以达到社会公平的目的。政府的这一举措反映在图6–4中。穷人支付T_P水平的价格（税收）享受Q^*水平的教育，富人则需支付 T_R。毫无疑问，政府的这种再分配教育的政策可能会产生某种效率上的问题，但是就公平教育有助于人们在市场上的公平竞争而言，这种效率的牺牲也是值得的。

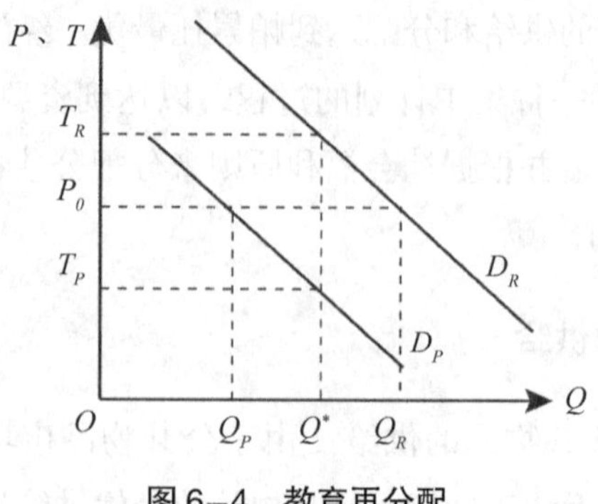

图 6–4 教育再分配

(四) 公共物品的政府管理

综上所述，公共物品往往只能由政府来提供。政府通过强制征税间接地获取生产公共物品所需的成本投入，有效解决了“搭便车”行为，并将生产的公共物品提供给社会大众免费使用。但政府如何确定应该提供哪些公共物品及其最优数量呢？

成本—收益分析是解决这一问题的方法之一。所谓成本—收益分析，就是在某项公共物品生产之前，确定几套不同的方案，对每套方案预期所能产生的收益及投入的成本分别进行估算，计算出成本收益率，最终根据成本收益率的大小选择最优方案并加以实施。

四、外部影响

(一) 外部性及其分类

外部性是一个经济主体的行为对另一个经济主体的福利所产生的效果，而这种效果并没有从货币关系或市场交易中反映出来。从外部性带来的结果来看，可分为负外部性和正外部性；从外部性产生的领域来看，可以分为生产的外部性和消费的外部性。

1. 负外部性和正外部性

(1) 负外部性

负外部性指某一主体的生产和消费行为给他人带来的损失。例如，两个相邻企业，一个生产眼镜，另一个生产焦炭，生产焦炭的企业处于上风位置，生产眼镜的企业处于下风位置。由于空气的污染程度会影响眼镜精密磨轮的运行，而污染程度决定于焦炭的产量，因此眼镜的生产水平不仅决定于眼镜的生产量和企业的投入要素多少，还受焦炭生产水平的影响，增加焦炭产量会使高质量的眼镜产量减少，因此焦炭厂的生产行为给眼镜生产企业带来了损失。负外部性也被称为“外部不经济”。

(2) 正外部性

正外部性指的是生产和消费行为给他人带来的利益。例如，蜜蜂需要通过吸取苹果花的花粉生产蜂蜜，苹果产量增加可以增加蜂蜜的产量，即苹果生产者给养蜂人带来外部影响；反之，蜜蜂在采蜜的同时可以为苹果传授花粉，增加苹果产量。因此，养蜂人的经济行为给果园带来益处。正外部性又被称为“外部经济”。

2. 生产的外部性和消费的外部性

(1) 生产的外部性

生产的外部性是指生产者的行为给他人带来好处或损害，却得不到补偿或不用支付成本。生产的外部性分为“正外部性”(外部经济) 和“负外部性”(外部不经济)。

正外部性的例子很多，如飞机制造厂的扩张，使金属 (铝) 加工厂及相关行业受益；跨国公司的技术输出使社会各方受益；一种汽车废气净化装置的发明，使其利益外溢到社会上的每一个人，而发明人和制造者得不到足够的补偿。

生产的负外部性也有很多例子，如造纸厂在生产产品时产生的环境污染；钢厂每生产 1 吨钢，其烟尘对大气的污染；货客运汽车运营伴随的排气污染和噪声污染；等等。

(2) 消费的外部性

消费的外部性是指消费者行为给他人带来好处或损害，却并没有得到全部补偿或不用支付成本。消费的外部性也分为“正外部性”(外部经济) 和

“负外部性”(外部不经济)。“正外部性”如房屋所有者对房子外部的维护和草坪的整理使邻居受益，教育子女养成良好的习惯，等等。“负外部性”如新手司机上路导致交通拥挤，吸烟的污染性，随意扔掷果皮、瓜壳，等等。

(二)外部效应分析

外部性的存在会影响资源的配置效率。我们用完全竞争条件下的厂商均衡来说明外部性下的资源配置效率。

1. 生产的外部不经济

如图6–5所示，生产的外部不经济以私人边际成本（MC_1）低于社会边际成本（MC_2）表示。由利润最大化原则 $MC=MR$ 决定的产量(市场均衡产量)为 X_1，这一产量大于社会边际成本（MC_2）决定的产量（X_2），即 $X_1>X_2$。

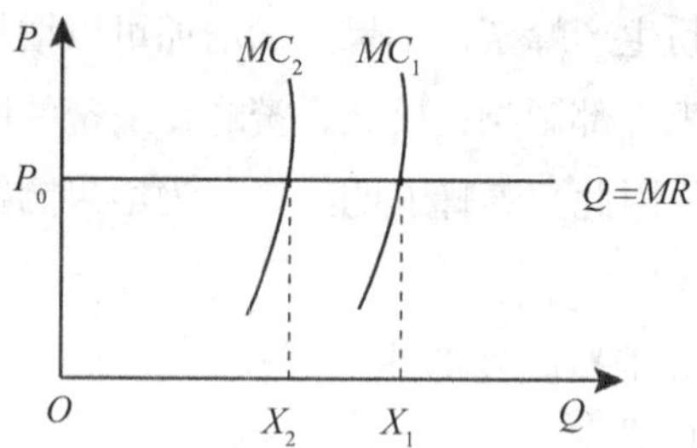

图6–5　生产的外部不经济

如果考虑厂商成本（MC_1）以外的成本，即社会边际成本（MC_2）与边际收益（MR）决定的产量 X_2，很显然，生产的外部不经济导致产品生产过多，使社会资源配置缺乏效率。

2. 生产的外部经济

如图6–6所示，生产的外部经济以私人边际成本（MC_1）高于社会边际成本（MC_2）表示。由利润最大化原则 $MC=MR$ 决定的产量(市场均衡产量)为 X_1，这一产量小于社会边际成本（MC_2）决定的产量（X_2），即 $X_1<X_2$。虽然在许多市场上，生产的社会边际成本大于私人边际成本，但也存在外部性使他人受益的情况，这时，社会最适合的产量本应大于市场均衡量，但市场机制的作用却使市场均衡量低于社会最适量。例如，新发明的应用、绿地和森林的扩张，往往由于私人成本高使社会产出量较低。生产的外部经济通常需要给予支持或补贴。

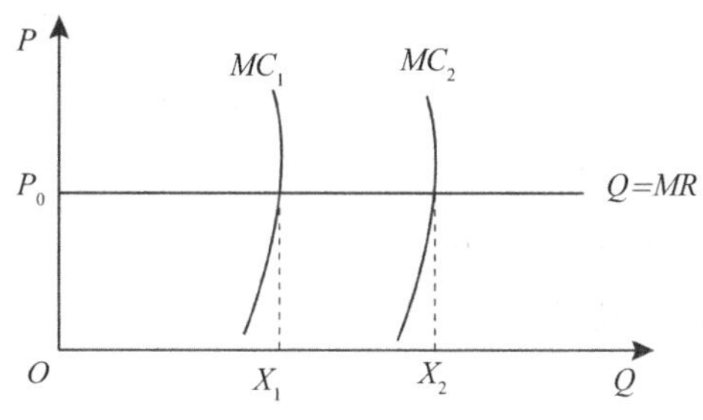

图6–6　生产的外部经济

由此可见，生产的外部不经济使市场均衡量大于社会最适量，生产的外部经济使市场均衡量小于社会最适量。

（三）政府政策

1. 征税及补贴

征税可以使负外部性的企业的私人边际成本增加。当其成本达到社会边际成本水平（如图6–5中 $MC_1=MC_2$）时，企业决策生产的产量即等于社会最适量。

补贴会使带来正外部性的企业的私人边际成本下降。当其成本降低至社会边际成本水平（如图6–6中 $MC_1=MC_2$）时，企业决策生产的产量将与社会最适量一致。

2. 企业合并

企业合并能使存在外部性的经济单位消除外部影响。例如，产生污染的上游企业与下游受损企业合并为一个企业后，此时上游企业的外部影响就“消失”了，即被内部化了，合并后的企业将会根据其边际成本等于边际收益的原则来确定产量水平。由于不存在外部影响，合并后的企业成本与收益就等于社会的成本与收益。

3. 法律措施

外部性是普遍存在的，政府直接出面解决的只能是重大的问题。一些人遇到的外部性问题，虽然对个人来说可能很严重，但并没达到需要政府出面解决的程度，因此可能就无法通过政府来解决。

绝大多数各类细小的外部问题，需要运用法律手段来解决。法律措施的优点是其规则的普遍性，即它给每个人都提供了可伸张自己权利的手段，不必依赖政府出面解决。法律是更为普遍适用的公共产品，谁都可以运用。法律的这种普遍适用性的特点，正好与外部性无所不在的特点相吻合，是解决外部性的十分有效的手段。

运用法律手段的缺陷是成本较高，其中包括诉讼费成本、所耗费的时间成本、审批结果的不确定性，等等。

4. 政府管制

政府通过规定或禁止某些行为来解决外部性问题。例如，禁止海洛因交易，禁止把有毒化学物倒入河流，规定把有害物品倒入供水塔为犯罪，等等。但是，在大多数污染的情况下，事情比较复杂。交通运输会产生废气和噪声，政府不可能禁止交通运输，而要消除污染又必须比较或评价成本与收益，以便决定允许哪种污染与允许污染的量。

经济学家的边际分析方法为我们提供了一个思路。

假定考察上游的一家企业与下游的城市，河水流经城市时全被污染，其质量为零。那么水质需要清洁到什么水平为好呢？如图 6–7 所示。

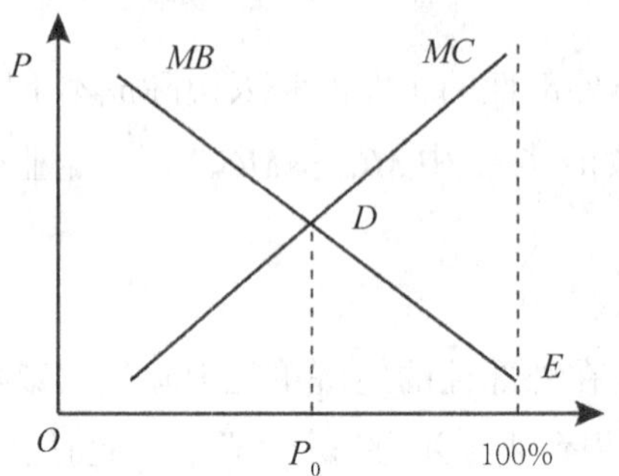

图 6–7　最佳污染控制水平

在图 6–7 中，水平坐标轴表示清洁程度的增加，用纯净水百分数表示。垂直坐标轴是以元为单位表示费用和利益。图 6–7 中，改进清洁度百分之一的边际利益随清洁度的增加而下降，即形成一条边际利益曲线，如图中的 *MB*。清洁度每增加一个单位的单位费用，随着清洁度的不断提高而上涨，即形成一条边际费用曲线，如图中的 *MC*。水净化程度每增加一度，就会提高边际费用和降低边际利益。当边际成本等于边际收益时，决定了污染控制最佳水平，即图中 P_0 点所示。它表示 P_0 点控制污染的边际成本与其获得的社会边际利益一致时，污染控制达到最佳水平。

这一结论告诉我们，将任何程度的污染都看作绝对的坏，而把完全净化看作绝对的好，却不管其费用如何，这是没有道理的。在其他生产行业中不忽视费用，这里的费用也不应受到忽视。水的清洁度是程度问题，清洁到什么程度合算呢？通常经济的回答是看边际情形。只要进一步改进水质的边际利益超过改进水质的边际费用，水质的水平就应提高。也就是说，它应该提高到图中的 P_0，而不是 100%。

五、不完全信息

不完全信息是指在市场交易过程中，一部分参与者所拥有的信息比其他人多。换句话说，即交易双方的一方掌握的信息多，另一方掌握的信息少。

在实际的市场活动中，存在大量的信息非对称现象。为了应对由信息不对称引起的不利结果，可以通过市场行为产生“信号发送”和“信号甄别”，也可通过对最优合同的机制设计来回避。

对于非对称信息的分析可以根据非对称信息的内容和非对称信息发生的时间来分类。从非对称发生的时间来看，非对称性可能发生在当事人签约之前，也可能发生在签约之后，分别称为“事前非对称”和“事后非对称”。研究事前非对称信息的模型称为“逆向选择模型”，研究事后非对称信息的模型称为“道德风险模型”。从内容来看，非对称信息可能指参与者的行动，也可能指知识。研究不可观测行动的模型称为“隐蔽行动模型”，研究不可观测知识的模型称为“隐蔽知识模型”或“隐蔽信息模型”。在本书中，我们着重就逆向选择和道德风险的有关问题进行分析。

（一）信息的事前非对称与逆向选择问题

逆向选择是指买卖双方在信息非对称的情况下，差的商品总是将好的商品驱逐出市场。换句话来说，逆向选择就是拥有信息优势的一方，在交易中总是趋向于作出这样的选择——尽可能地有利于自己而不利于别人。

（二）信息传递和信息甄别

在信息事前不对称的情形下，产生了逆向选择问题。由于产生问题的原因不尽相同，因此需要以不同的方式加以解决。例如，因非对称信息而出现的老年人健康保险市场的逆向选择问题，说明市场在这一领域的调节是无效率的。在这一领域产生的问题远比其他市场的问题要严重得多。因此，在老年人健康保险或与此相类似的职工医疗保险领域所出现的市场失灵通常需要政府干预。例如，建立社会保险统筹，也可由政府、企业、个人共同出资对个人进行医疗保险，这就是所谓的共同保险。

在出现逆向选择问题时，并非必须通过政府干预予以解决。如果能实施某些有效的制度安排或有效措施，也可以消除因非对称信息而产生的逆向选择问题。这一见解是斯彭思于1973年提出的。他的基本观点是，若较高质量产品的卖主能够找到某种活动，为此付出的成本对他来说要比对低质量产品付出的成本低，尽管他发送或传递一种高质量的信号要付出代价，但他却能从交易中得到报偿。市场另一方的买者即使不能了解这种活动的潜在成本差异，他们也会意识到这种信号与较高质量有关，因此他们宁愿支付一份额外的款项[①]。斯彭思认为，只要某种边际成本对于较高质量产品的卖主来说是较低的，就会出现某种均衡（成交）。在此均衡中，买主完全能够根据卖主传递的信号水平推测产品质量的高低。这就是信号传递或向市场发送信号。

通过传递信号的方式来避免信息非对称情况下出现的逆向选择的情形在现实中还有很多。例如，在一些耐用消费品市场（如冰箱、空调机等市场），消费者对各厂家产品质量并不真正了解，厂家往往通过提供质量保证书来传递信号；在修理业、餐饮业等行业也存在着事前信息非对称性问题，买者或卖者往往自己设计某些有效制度，保证市场交易正常进行。例如，维修者提供保证，或者顾客请熟悉的人维修，都可以解决逆向选择问题。

（三）信息的事后非对称与道德风险问题

在经济活动中，往往存在着这样一种现象，即某些人在最大限度地增加自身利益时，作出不利于他人的行动，这就是所谓的道德风险。人们早就意识到这种现象的存在，然而这方面的理论发展及其对具体问题的应用，则是从20世纪60年代开始的。人们首先关注的是保险市场。1963年，K. 阿

① 梁静，马威，李迪．经济学 [M]. 成都：电子科技大学出版社，2020.

罗在《美国经济评论》上发表了《不确定性和医疗保健福利经济学》一文，同年年底又做了一篇演讲，题为“保险、风险和资源配置”，多次阐述了这一问题。

这里我们不妨以家庭财产（如自行车）保险为例来阐述这一问题。为简化起见，假设所有的居民区自行车失窃概率相同，因而不存在逆向选择问题。但是，自行车主采取的行动却会对失窃的概率产生影响。假如自行车主因嫌麻烦而未给车装锁或仅配置了易损坏的轻便锁，同使用安全锁相比，自行车被盗的可能性更大。我们把影响某种事件发生概率的行动，称作“提防行动”。如果消费者不能买到保险，全体骑自行车的人就会大量使用昂贵的车锁。在这种情况下，个人就要承担其行动的全部费用，因此他需要对提防进行“投资”，直到谨慎的措施所产生的边际效用恰好等于边际成本为止。然而，如果消费者能够买到自行车保险的话，那么车被盗造成的个人费用负担就会变得很小。因为车失窃后，他只需向保险公司提出报告，然后就能拿到重置一辆新车的保险金。如果保险公司全部赔偿时，消费者显然就没有动力采取提防行动，而保险公司又无法监督或观察消费者的行动（当然采取这一行动也是要花费很大代价），这就出现了道德风险。

1968年，马克·保利以“道德风险经济学”为题，在《美国经济评论》上较详尽地讨论了这一问题。他指出：由于道德风险的存在，全面保险的最优性便不再有效了。保利同时认为，道德风险其实也是一种“理性的经济行为”。尽管如此，如果个人能够不受任何限制而按自己的意愿花费保险公司的补偿额，那么从社会角度来看，这样得到的资源分配必定不是最优的。阿罗就在同期杂志中对保利的论文进行了评论。他十分同意保利的分析，并进一步指出：一个成功的经济体制的特征之一就是委托人和代理人之间的相互信任和信赖关系足以强烈到这样的地步，以至于即使进行欺骗是“理性的经济行为”，代理人也不会施行欺诈。保利论文的意义在于：价格制度在一定范围上，内在地受到了这样的限制，即在不确定性的情况下，人们不能确定最优定价所需要的真实差别。最后他作出推论：非市场控制，不论是内在地作为道德原则，还是外在地强制施行，在某种程度上，它对效率来讲都是必需的。

解决的办法只能是通过某些制度设计使投保人自己约束自己的行动。这就是最优合同的设计问题。经济行为者为避免风险，其结果主要是：① 最优合同要求委托人与代理人共同分担风险，由此产生了刺激作用不足这种形式的道德风险问题。②高效率的合同应当利用一切可以利用的信息，也就是说，应该以对经济行为者隐蔽行动的可利用信息的统计推断为基础来构造合同。③上述报酬结构的具体内容，因可利用信息的性质不同而有所差异，对未能解决的不确定性因素，以及代理人和委托人要避免风险的程度，都很敏感。

第二节　宏观经济政策

一、宏观经济政策概述

（一）宏观经济政策的含义

宏观经济政策的重要任务之一，就是要表明如何运用中央政府的财政工具和货币工具来稳定经济。因此，宏观经济政策在经济学中占有十分重要的地位。

宏观经济政策是指国家或政府为了增进社会经济福利而制定的解决经济问题的指导原则和措施。它是政府为了达到一定的经济目的，在经济事务中有意识的干预。因此，任何一项经济政策的制定都是根据一定的经济目标而进行的。宏观经济政策就是为了达到这些目标而制定的手段和措施。

按照宏观经济政策是率先针对总需求实施还是针对总供给实施，可将宏观经济政策分为总需求管理政策与总供给管理政策。此外，宏观经济政策还可分为短期经济政策与长期经济政策，前者主要目标在于保证短期内经济的平稳运行，使经济波动的幅度降低；后者主要目标在于保证长期内实现经济的持续稳定增长。

宏观经济政策的实施依赖可以影响宏观经济活动的政策工具，其中财政政策与货币政策是两大主要的政策工具。

（二）宏观经济政策的目标

按照西方经济学的解释，宏观经济政策的目标有充分就业、物价稳定、经济持续均衡增长和国际收支平衡。可以这样说，这四个目标是针对西方经济发展中所遇到的失业、通货膨胀、经济发展停滞和国际贸易收支逆差等重大经济病症而提出来的。宏观经济政策就是为了达到这些目标而制定的手段和措施。

1. 充分就业

充分就业是宏观经济政策的第一个目标。它一般是指一切生产要素（包括劳动）都有机会以自己满意的报酬参加生产的状态。由于测量各种经济资源的就业程度非常困难，因此经济学家通常以失业情况作为衡量充分就业与否的尺度。失业是指有劳动能力并愿意就业，但在目前没有从事有报酬或收入的工作的现象。

2. 物价稳定

物价稳定是宏观经济政策的第二个目标。物价稳定是指物价总水平的稳定，它是一个宏观经济概念，一般用价格指数来表示一般价格水平的变化。价格指数就是用来反映报告期与基期相比，商品价格水平的变化趋势和变化程度的相对数。价格指数有很多种，很多国家和地区都是用消费者价格指数（Consumer Price Index，CPI）作为度量价格总水平的主要指标。它成为宏观经济政策的目标，是由于通货膨胀对经济有不良影响，为了控制通货膨胀对经济的冲击，西方国家把物价稳定作为宏观经济政策的另一个目标。值得注意的是，价格稳定并不是指每种商品的价格固定不变，而是指价格指数的相对稳定，要避免一般物价水平的全面、大幅度的上涨，也就是要避免通货膨胀。

物价稳定是否指通货膨胀率为零，这也是一个有争议的问题。一般认为，物价稳定并不是通货膨胀率为零，而是允许保持一个低而稳定的通货膨胀率。所谓低，就是指通货膨胀率在1%～3%；所谓稳定，就是指在相当时期内能使通货膨胀率维持在大致相等的水平上。这种通货膨胀率能为社会所接受，对经济也不会产生不利的影响。如果一年内物价的上涨率低于3%，即实现了物价稳定的目标。

3. 经济增长

经济增长是宏观经济政策的第三个目标。它是指在一个特定时期内，经济社会所生产的人均产量和人均收入的持续增长，这种增长要达到一个适度的年均增长率。通常用一定时期内实际国内生产总值（GDP）的平均增长率来衡量。第二次世界大战后，西方国家的经济增长经历了一个从高速增长到低速增长的过程。通常经济增长和失业是相互关联的。如何维持较高的经济增长率来实现充分就业，既能够满足社会发展需要，又要超出人口增长和技术进步，这是西方国家宏观经济政策追求的目标之一。

经济增长率的高低体现了一个国家或地区在一定时期内经济总量的增长速度，也是衡量一个国家总体经济实力增长速度的标志。但是，应当注意，由于 GDP 只是一个衡量总产出的概念，并不包括伴随经济增长产生的生态与环境的影响，因此经济增长率并不能全面反映一个国家或地区的经济发展的实际状况。经济发展是一个比经济增长含义更广的概念。经济发展既包括经济增长，也包括伴随经济增长过程而出现的技术进步、结构优化、制度变迁、福利改善以及人与自然之间关系的进一步和谐等方面的内容，还包括后面要讲的低碳经济等内容。从经济增长与经济发展的关系来看，经济增长是经济发展的前提、基础和核心，没有一定的经济增长，就不会有经济发展。

4. 国际收支平衡

国际收支平衡是指一国净出口与净资本流出相等而形成的平衡。国际收支对经济开放的国家是至关重要的。随着国际经济交往的密切，如何平衡国际收支也成为一国宏观经济政策的重要目标之一。不少西方国家将维持国际收支平衡作为宏观经济政策的目标之一。

在开放经济中，货物、资金和劳务在国际流动，这种流动的价值表现就是国际收支。若一国在国际交往中一直处于入超状态，则意味着最终需求的输出，本国货币就会贬值；反之，一国在国际交往中一直处于出超状态，则意味着最终需求的输入，本国货币就会升值。

一般认为，一国的国际收支状况不仅反映了这个国家对外经济的交往情况，还反映出该国经济的稳定程度。当一国国际收支处于失衡状态时，就必然会对国内经济形成冲击，从而影响该国国内的就业水平、价格水平及经济增长。为维持汇率的稳定和国民经济的自主性，应该保持国际收支的基本平衡。

(三) 宏观经济政策目标之间的关系

在市场经济中，上述目标无法自动实现，没有政府的干预，经济往往容易发生一定幅度的波动，同时随着经济全球化趋势的不断增强，一国经济的波动会影响其他国家的稳定。因此，宏观经济政策有助于上述目标的实现，但宏观经济政策所追求的这四大目标并不是相互独立的，它们之间具有紧密的联系，既包括相互间的促进和一致，又存在着矛盾和对立。

1. 充分就业与物价稳定之间的矛盾

菲利普斯曲线对两者的关系进行了详细的阐述。该曲线表明：失业率与通货膨胀率之间存在着一种此消彼长的相互关系。如果一个社会（或政府）倾向于高就业率，那么必然要增加货币供给量、降低税率以及扩大政府支出，以刺激社会总需求的增加；而总需求的增加在一定程度上又将引起一般物价水平的上涨。相反，如果一个社会（或政府）更偏好于物价稳定，为此必然要缩减货币供应量、提高税率以及削减政府支出，以抑制社会总需求的增加；而社会总需求的缩减又必然导致失业率的升高。因此，对决策者而言，可能的选择只有以下三种：① 失业率较高的物价稳定；② 通货膨胀率较高的充分就业；③ 在通货膨胀率和失业率两者之间进行组合，即所谓的相机组合。

2. 物价稳定与经济增长之间的矛盾

目前，关于物价稳定与经济增长之间的矛盾存有较多的争论。第一种观点基于对物价稳定和充分就业之间的关系的认识，认为物价波动（或者说上涨）中的经济增长是常态。第二种观点认为在经济达到潜在产出之前，适度的物价上涨能够刺激投资和产出的增加，从而促进经济增长。经济增长源于新生产要素的投入和劳动生产率的提高。劳动生产率的提高必然引起单位产品生产成本的降低。因此，随着经济的增长，价格可能趋于下降或稳定，即物价稳定目标与经济增长目标并不矛盾。第三种观点从供给决定论出发，认为只有物价稳定才能维持经济长期增长的势头。由于劳动生产率是随着时间的推移而不断提高的，货币工资和实际工资也是随着劳动生产率的提高而增长的，因此只要物价稳定，整个经济就能正常运转，并维持其长期增长的势头。

3. 经济增长与国际收支平衡之间的矛盾

国内经济的增长会引起国民收入的增加和支付能力的增强，从而增加对进口产品及国内本来用于出口的一部分产品的需求，此时如果出口贸易的增长不足以抵消这部分需求，必然会导致贸易收支的失衡。就资本项目而言，一定的经济增长率需要相应的投资率加以支持。在国内资金来源不足的情况下，必须借助外资的流入，而外资的流入将会导致国际收支中的资本项目出现顺差，这在一定程度上可以弥补贸易逆差造成的国际收支失衡。但这并不一定就能确保经济增长与国际收支平衡协调一致，还要取决于外资的实际利用效果。

4. 物价稳定与国际收支平衡之间的矛盾

对于开放条件下的宏观经济而言，中央银行稳定国内物价的努力常常会影响到该国的国际收支平衡。举例来说，假如国内发生了严重的通货膨胀，为了抑制通货膨胀，有可能采取提高利率或降低货币供给量的措施。在资本自由流动的条件下，利率的提高有可能引起资本流入，资本项目出现顺差。同时，由于国内物价上升势头的减缓和总需求的减少，出口增加，进口减少，资本项目也可能会出现顺差，这样就会导致国际收支失衡。因此，物价稳定与国际收支平衡并不总是协调一致的。

（四）宏观经济政策工具

宏观经济政策工具是用来实现上述四大目标的措施和手段。宏观经济政策实施的关键，是根据所要达到的经济目标以及各种宏观经济政策工具的性质、作用形式和作用特点来选择与运用各种政策工具。常见的宏观经济政策工具有凯恩斯主义经济学派的需求管理政策、供给学派的供给管理政策和对外经济管理政策等。

1. 需求管理政策

需求管理就是指通过调节总需求来达到一定政策目标的工具，包括财政政策和货币政策两个方面。需求管理政策是以凯恩斯的总需求分析理论为基础制定的，是凯恩斯主义所重视的政策工具。

需求管理是要通过对总需求的调节，实现总需求等于总供给，达到既无失业又无通货膨胀的目标。它的基本政策有实现充分就业政策和保证物价稳定政策两个方面。根据凯恩斯的理论，要确保经济稳定，政府要审时度势，主动采取一些财政政策，即变动支出水平或税率以稳定总需求水平，使之接近物价稳定的充分就业水平。当认为总需求非常低、出现经济衰退时，政府应通过削减税收、降低税率、增加支出或双管齐下以刺激总需求，即采取扩张性（膨胀性）财政政策；当总需求过高，出现通货膨胀时，政府应增加税收或削减支出以抑制总需求，即采取紧缩性财政政策。政府应该审时度势，逆经济风向行事，斟酌使用扩张的或紧缩的财政政策。

2. 供给管理政策

供给学派理论的核心是把注意力从需求转向供给。供给管理是指通过对总供给调节来达到一定的宏观经济目标的政策工具。在短期内影响供给的主要因素是生产成本，特别是生产成本中的工资成本。在长期内影响供给的主要因素是生产能力，即经济潜力的增长。供给管理包括控制工资与物价的收入政策、指数化政策，改善劳动力市场状况的人力政策，以及促进经济增长的增长政策。实际上，当供求关系表现为供给过剩时，其矛盾的主要方面在于需求不足，因此宏观管理的方向总是放在刺激需求而不是抑制供给。因为平衡本身并不是目的，宏观管理的真正目的在于经济稳定增长，抑制供给以适应需求无异于削足适履，即使真的要抑制供给，也无须政府专门控制，因为需求不足本身就是对供给的有力约束。因此，通常所谓的供给管理，大多是指有效供给不足情况下的供给管理，其方向是增加供给以适应需求的增长。与需求管理不同，供给管理不受产量与通货膨胀率之间的竞争性关系的困扰，它着眼于增加社会潜在的生产能力，增加供给以消除通货膨胀。

3. 对外经济管理政策

国际经济政策是对国际经济关系的协调。现实中每一个国家的经济都是开放的，各国经济之间存在着日益密切的往来与相互影响。国家实施对外经济管理的目的是提高国家的经济安全度，发展国内经济，扩大对外贸易，促进经济的内外均衡，以实现政策目标。随着全球经济一体化的加速，一国经济不仅影响其他各国，而且还受其他各国的影响。开放经济中，各国是通过物品、资本与劳动力的流动来相互影响的。因此，对外经济管理的内容也包括这方面的管理，这些政策主要包括对外经济政策、汇率政策、对外投资政策以及国际经济关系的协调等。

二、财政政策

（一）财政政策的工具

宏观财政政策是国家调控经济、实现政策目标最主要的政策工具之一。大多数西方学者把财政政策定义为：为促进就业水平的提高，减轻经济波动，防止通货膨胀，实现经济稳定增长而对政府支出、税收和借债水平所进行的选择，或对政府收入和支出水平所作出的决策。因此，我们把政府增加支出、减少收入来提高总需求水平的政策称为扩张性的财政政策；把政府减少支出、增加收入来降低总需求水平的政策称为“紧缩性的财政政策”。一个国家的财政由政府收入和支出两个方面构成，其中，政府收入包括税收和公债两个部分。

要实现财政政策目标，国家财政部门必须有工具可供操作。财政政策工具是国家财政部门为实现既定的政策目标所选择的操作手段。西方政府为实现既定的经济政策目标，调整支出和收入的财政政策工具主要是变动政府购买支出、改变政府转移支付、变动税收和公债。

1. 政府购买支出

政府购买支出是决定国民收入大小的主要因素之一，其规模直接关系到社会总需求的增减。

购买支出对整个社会总支出水平具有十分重要的调节作用。政府购买性支出是总支出的一部分，对总支出水平有直接影响，是政府部门运用得最频繁的政策工具。

政府部门增加购买性支出，将提高总需求水平，增加经济中的总产出；削减购买性支出，将降低总需求水平，减少经济中的总产出。在总支出水平过低时，政府可以提高购买支出水平，如兴建公共工程，增加社会整体价格水平，以此来同经济衰退进行斗争。反之，当总支出水平过高时，政府可以采取减少购买支出的措施，降低社会总体需求，以此来抑制通货膨胀。因此，变动政府购买支出水平是财政政策的有力手段。

2. 政府转移支付

所谓转移支付，是指政府通过税收的形式把较高收入社会成员的一部分收入集中起来，再以转移支付的形式发放给较低收入的社会成员，这对促进社会公平、增加社会福利是非常有意义的。它同样能够通过转移支付乘数作用于国民收入，但乘数效应要小于政府购买支出乘数效应。一般来讲，在总支出不足时，失业会增加，这时政府应增加社会福利费用，提高转移支付水平，从而增加人们的可支配收入和消费支出水平，社会有效需求因而增加；在总支出水平过高时，通货膨胀率上升，政府应减少社会福利支出，降低转移支付水平，从而降低人们的可支配收入和社会总需求水平。

3. 税收

税收也是国家实施财政政策的一个重要手段，与政府购买支出、转移交付一样，税收同样具有乘数效应，即税收的变动对国民收入的变动具有倍增作用。由于税收乘数有两种：一种是税率的变动对总收入的影响，另一种是税收绝对量的变动对总收入的影响。因此，税收作为政策工具，既可以通过改变税率来实现，也可以通过变动税收总量来实现，如一次性减税来达到刺激社会总需求增加的目的。对税率而言，由于所得税是税收的主要来源，因此改变税率主要是变动所得税的税率。一般来说，降低税率、减少税收都会引起社会总需求增加和国民产出的增长；反之则结果相反。因此，在需求不足时，可采取减税措施来抑制经济衰退；在需求过旺时，可采取增税措施来抑制通货膨胀。

4. 公债

公债的发行，既可以筹集财政资金，弥补财政赤字，又可以通过其在资金市场上的流通来影响货币的供求，从而调节社会的总需求水平，对经济产生扩张或抑制性效应。因此，公债也是实现财政政策目标的工具之一。

(二) 财政政策的类型

1. 按调节经济周期的作用划分为自动稳定的财政政策和相机抉择的财政政策

① 自动稳定的财政政策是指财政制度本身存在一种内在的、不需要政府采取其他干预行为就可以随着经济社会的发展，自动调节经济运行的机制。这种机制也被称为“财政自动稳定器”。这种自动稳定性主要表现在税收的自动稳定性和政府支出的自动稳定性。也就是说，在经济膨胀或经济衰

退时期，无须政府采取任何行动，财政制度本身通过政府收入与支出的自动变动，便有消除经济被动、维持经济稳定的作用，故称为“财政制度的自动稳定器”。

② 相机抉择的财政政策是指政府根据一定时期的经济社会状况，主动灵活地选择不同类型的反映经济周期的财政政策工具，干预经济运行行为，实现财政政策目标。这种政策是政府根据当时的经济形势，采用不同的财政措施，以消除通货膨胀缺口或通货紧缩缺口，是政府利用国家财力有意识干预经济运行的行为。

2. 根据财政政策调节国民经济总量和结构中的不同功能划分为扩张性财政政策、紧缩性财政政策和中性财政政策

① 扩张性财政政策（又称为“积极的财政政策”）是指通过财政收支活动来增加和刺激社会的总需求的政策，通过减税、增加财政支出等手段扩大社会需求，进而提高社会总需求水平，缩小社会总需求和社会总供给之间的差距，最终实现社会总供需的平衡。当经济面临衰退时，一般采用这种政策。

② 紧缩性财政政策（又称为“稳健的财政政策”）是指在社会总需求大于社会总供给的情况下，通过财政收支活动来减少和抑制总需求。当经济面临增长过快，预计会出现过热时，一般采用这种政策。

③ 中性财政政策是指财政的分配活动对社会总需求的影响保持中性，既不产生扩张效应，也不产生紧缩效应，以保证经济的持续稳定发展。当经济稳定增长时，一般采用这种政策。

3. 功能财政与公债

功能财政指以财政预算能否实现物价稳定、充分就业为目标，而不论预算是否盈余或赤字的积极性财政政策思想。功能财政思想是对平衡预算思想的否定。公债，亦称“国债”，是政府为弥补财政预算赤字所欠下的债务，它是政府弥补财政预算赤字的途径之一。发行公债有可能导致私人支出的下降，产生“挤出效应”，在中央银行购买公债的条件下会导致增发货币，诱发通货膨胀。对公债的利弊，经济学家们一直持有不同意见。

4. 财政政策的挤出效应

它是指政府支出增加所引起的私人消费或投资减少的结果。由于政府

支出增加，商品市场上购买商品和劳务的竞争加剧，物价上涨，在货币供给量不变的情况下，实际货币供给量会因价格上涨而减少，进而使可用于投资目的的货币量减少，债券价格下跌，利率上升，导致私人投资减少，消费亦随之减少。挤出效应的大小取决于以下四个因素：政府支出乘数的大小，乘数越大挤出效应越大；货币需求对产出变动的敏感程度，敏感程度越高挤出效应越大；货币需求对利率变动的敏感程度，即货币需求的利率系数的大小，系数越小挤出效应越大；投资需求对利率变动的敏感程度，即投资的利率系数的大小，系数越大则挤出效应越大。

三、货币政策

（一）货币政策的概念

货币政策是指一国政府为实现一定的宏观经济目标所制定的关于调整货币供应基本方针及其相应的措施以影响宏观经济活动水平的经济政策。它是由信贷政策、利率政策、汇率政策等具体政策构成的一个有机的政策体系。在传统的体制下，货币政策从属于财政政策，独立的作用很小。随着社会主义市场经济体制的完善，银行的从属地位已经改变，在国民经济运行中的作用日益增强。货币政策的核心是通过变动货币供应量和利率，使货币供应量与货币需要量之间形成一定的对比关系，进而调节社会的总需求与总供给。

（二）货币政策的目标

货币政策的目标包括最终目标和中介目标。货币政策的最终目标是货币当局所期望达到的最终实施结果，是中央银行组织和调节货币流通的出发点和归宿，它必须服务于国家宏观经济政策的总体目标，这也就决定了货币政策最终目标与宏观经济政策目标之间的一致性。即货币政策的最终目标是促进经济增长、稳定物价、充分就业、国际收支平衡等。

货币政策的最终目标通常是指一定时期（往往是一年以上）最后达到的目标，是一个长期的目标，它的统计资料常常需要较长时间汇集整理，而这些工作需要各个经济部门共同协作，绝非货币当局独自能够完成的，因而货币当局也就不可能在短期内迅速和全面地掌握这些资料。如绝大多数国家把增加国民收入作为主要的最终目标，这里面就包含了高度就业、经济增长、稳定物价水平等内容。而这些方面的指标（如国内生产总值）一般都是较长时间编制一次，因此货币当局为了能够经常（每月甚至每周）掌握经济变化的情况，必须找出短期的、数量化的、较准确的指标，作为实现最终目标的中介，这就必须建立货币政策的中介目标。

货币政策中介目标又称“货币政策中间目标”，是中央银行在货币政策操作目标和最终目标之间设立的过渡性指标，利用这些在较短时间内反映变化的金融变量，考察货币政策工具实施后的信号，以判断最终目标的实现。最终目标变量不仅受货币政策本身的影响，而且受货币政策以外因素的影响。这些因素直接影响着货币政策在实施过程中的复杂性。

(三) 货币政策的主要工具

货币政策的工具主要有公开市场业务、改变贴现率、改变银行法定存款准备率以及道义上选择性控制、证券信贷的劝告等措施。这些货币政策的工具作用的直接目标是通过控制商业银行的存款准备金，影响利率与国民收入，从而最终实现稳定国民经济的目标。

1. 公开市场业务

所谓公开市场业务，是指中央银行在公开市场上买进或卖出政府债券以增加或减少商业银行存款准备金的一种政策手段。公开市场业务是中央银行稳定经济的经常使用的政策手段，也是最灵活的政策手段。公开市场业务是逆经济风向行事的，当经济风向显示出总支出不足、失业有持续增加的趋势时，中央银行在公开市场上买进政府债券，使政府债券价格提高到现有市场价格以上，而债券价格的上涨就等于利率的下降。同时，商业银行准备金的增加会使活期存款多倍扩大，活期存款即货币供给的增加也使利率下降。利率的下降会引起投资上升，从而引起收入、价格和就业的上升。反之，当经济风向显示出总支出过大，价格水平有持续上涨的趋势时，中央银行在公开市场上卖出政府债券，从而引起收入、价格和就业的下降。

2. 改变贴现率

中央银行也给商业银行贷款银行准备金，但商业银行必须用商业票据或政府债券作担保。现在通常把中央银行给商业银行的贷款称作“贴现”，把中央银行对商业银行的贷款利率称作“贴现率”。中央银行逆经济风向改变贴现率，当货币当局认为总支出不足、失业有持续增加的趋势时，就会降低贴现率、扩大贴现的数量以鼓励商业银行发放贷款，刺激投资。贴现率降低时，股票和债券的价格一般都会提高；贴现率提高时，股票和债券的价格一般都会降低。中央银行的贴现率的变动成为货币当局给银行界和公众的重要信号：贴现率的下降表示货币当局要扩大货币和信贷供给，贴现率的上升表示货币当局要收缩货币和信贷供给。中央银行在降低或提高贴现率时，用控制银行准备金的办法迫使商业银行相应地降低或提高贷款利率。

3. 改变银行法定存款准备率

银行准备率是银行准备金对存款的比例，由于这一比例是法定的，因而又名法定准备率。中央银行可以在法定的范围内改变商业银行活期存款的准备率来调节货币和信用供给，如果要突破法定准备率的最高限或最低限，就必须请求立法机构授予这项权力。改变银行法定存款准备率被认为是一项强有力的手段，这种手段由于影响太强烈而不常使用。中央银行逆经济风向改变银行法定存款准备率。货币当局认为总支出不足、失业有持续增加的趋势时，可以降低银行法定存款准备率，使商业银行能够按更低的准备率，也就是按更多的倍数扩大贷款，也即使商业银行形成超额准备金，扩大了商业银行增加信用的基础，增大了贷款能力。反之，货币当局认为总支出过多、价格水平有持续增长的趋势时，可以提高银行法定存款准备率，使商业银行必须按更高的准备率也就是按较低的倍数扩大贷款，也即使商业银行准备金不足，从而减少了贷款能力。

就重要程度而言，贴现率政策虽然曾经被认为是最重要的政策手段，但是现在已被放在次要地位，而公开市场则被认为是最重要的政策手段。银行法定存款准备率具有法律效力，能对银行信用产生直接影响，银行法定存款准备率的变动能直接造成超额准备金或准备金不足，从而可以增强公开市场业务和贴现率政策的效果。因此西方学者认为，银行法定存款准备率政策既能独立起作用，又能作为公开市场业务和贴现率政策的补充。一般来说，以上三项重要手段既可以单独运用，又可以配合使用。在通常情况下，中央银行通过公开市场业务和贴现率的配合来调节宏观经济活动水平。只有在特殊情况下，才运用法定存款准备率政策。

除了上述公开市场业务、改变贴现率和改变银行法定存款准备率三种重要政策手段外，西方国家的中央银行有时还采用一些次要手段。例如，道义上的劝告、选择性控制和证券信贷的控制，以及分期付款信贷控制和抵押信贷控制等。

（四）货币政策的运用

货币政策是由政府控制货币供应、影响利息率以及调节经济中的信贷供应程度等政策手段共同组成的。其核心是通过对货币供应量的调节和控制来扩张或抑制社会总需求水平，从而实现社会总供给与总需求的平衡。货币政策分为扩张性的、紧缩性的和均衡性的三种类型，下面分别加以说明。

1. 扩张性货币政策

扩张性货币政策是指通过提高货币供给增长率，从而增加信贷的可供量，随之降低利率，来刺激总需求的增长。在社会总需求低于社会总供给，并且在资源未被充分利用特别是劳动失业率较高时，选择这种货币政策最为合适。

扩张性货币政策是以凯恩斯理论为依据的。按照凯恩斯的理论，在西方经济处于萧条时期，采取扩张性货币政策，既可扩大社会支付能力，又可降低利率；而低利率既能刺激消费，又能刺激投资。但是必须注意到，不断促使货币扩张，货币供应扩大的结果又将使利率呈上升趋势。因为持续刺激经济，就会使货币的需求上升，货币需求上升必然引起利率提高，许多跃跃欲试的投资者望而却步，结果反而导致总需求下降。

由于货币供应量是同社会总需求联系在一起的，而货币需要量则是同社会总供给联系在一起的，因而扩张性货币政策的主要功能是刺激社会总需求增长，使社会总需求的增长幅度超过社会总供给的增长。扩张性货币政策的这种功能，在不同经济状况下的调节效应是极不相同的。

（1）在有效需求不足，社会总需求严重地落后于社会总供给的状况下，扩张性货币政策会刺激有效需求的增加，从而促使社会总需求与总供给趋于平衡。

（2）在有效需求旺盛，社会总需求已明显超过社会总供给，但社会生产能力却还没有充分发挥出来的状况下，扩张性货币政策会刺激有效需求的进一步增长。如果社会生产能力是由于有效需求的拉动力不够而没有充分发挥出来，这时扩张性货币政策就会通过刺激有效需求而增加需求对供给的拉动力，使剩余生产能力充分发挥出来。如果社会生产能力并不是出于有效需求拉动力不足而是出于其他原因未能充分发挥出来，这时扩张性货币政策就不可能调动起剩余生产能力，其结果只能是带来总需求膨胀，最终导致通货膨胀的发生。

(3) 在结构性总需求膨胀的状况下，扩张性货币政策会在一定程度上降低总需求膨胀的压力，有利于促进供求趋于平衡。因为扩张性货币政策会使单位货币在供不应求的市场上和供过于求的市场上的购买收益差距拉大，从而使人们选择供过于求的收益较大的市场购买，最终促使整个供求的平衡。

2. 紧缩性货币政策

紧缩性货币政策是指通过降低货币市场的供给增长率和贷款的可供量，随之提高利率，来削弱总需求的增长。在社会总需求严重高于社会总供给的情况下，选择这种货币政策最为合适，从而降低总需求水平。

从扩张性货币政策转到紧缩性货币政策，既可以是采取主动措施的结果，例如在公开市场出售债券，提高法定存款准备率，以及提高贴现率等，也可以是被动的，例如在信贷需求日益增长的情况下，没有相应增加准备金等。但是必须注意到，紧缩性货币政策的主要功能是抑制总需求的增长，使社会总需求的增长幅度落后于总供给的增长。紧缩性货币政策的这种功能，在不同经济状况下的调节效应也是极不相同的。

(1) 在货币发行过高、社会总需求严重超过总供给的情况下，紧缩性货币政策会使货币供应量小于货币的实际需要量，从而使货币供应量所代表的总需求减少，最终会有效地抑制总需求的迅速增长，使社会总需求与总供给趋于平衡。

(2) 在货币发行适度、社会总需求与总供给大体平衡的情况下，紧缩性货币政策会使货币供应量小于货币的实际需要量，从而抑制总需求的正常增长，造成社会总需求低于总供给的增加，使有些产品的供给发生困难，经济出现停滞。

(3) 在货币供应量小、社会总需求过分地小于总供给的情况下，紧缩性货币政策会使货币供应量更小于货币的实际需求量，从而进一步抑制总需求的增长，造成有效需求的极度疲软，使产品实现的困难更大，生产能力闲置和资源的浪费更大。

因此，紧缩性货币政策只有在总需求严重膨胀亦即通货膨胀严重的情况下采用，才有利于经济运行，而在社会总需求与总供给大体平衡和有效需求不足的情况下，则一般不宜采用。

3. 均衡性货币政策

均衡性货币政策是指通过调整社会总产值或国民收入增长率来控制货币供应量，从而使货币供应量与货币需要大体相等。在这种状况下，货币供应量所形成的社会总需求与货币的实际需要即所代表的社会总供给大体上是平衡的。均衡性货币政策的调节功能，是促进或保持社会总需求与总供给的平衡，在社会总需求膨胀、总供给严重地落后于社会总需求的条件下，中央银行依据均衡性货币政策，可以控制货币供应量，从而对过度的市场需求起到抑制作用；在社会有效需求不足、总供给严重超过总需求的条件下，中央银行依据均衡货币政策可以扩张自己的资产业务规模、增加货币供应量，从而改变因货币供应不足而使需求萎缩的状况，有效地协调社会总需求与总供给的关系。

在货币政策的使用过程中，究竟选择哪种货币政策，则要根据政策使用的具体要求，并结合社会总需求与总供给的实际情况来决定，不能盲目地选用某种货币政策。

其实，在我国国民经济的发展过程中，经常存在稳定与发展孰先的矛盾，由此也就面临对扩张性货币政策和紧缩性货币政策的实际选择。如果将经济发展速度放在首位，把稳定放在从属的位置，那么必然采取扩张性的货币政策，然而扩张性的货币政策对经济发展的推动并不是无限的；当经济发展客观上受到有效资源的制约时，扩张性的货币政策会将宏观经济导向不稳定的通货膨胀之中，造成对经济的破坏性影响。这种教训在我国并非少见，值得重视。

同时需要注意，紧缩性货币政策尤其是过急或迅速抑制总需求膨胀的紧缩性货币政策也不宜多用。因为紧缩性货币政策对于总需求的抑制过急或过猛，容易使被抑制的一方产生很大的抗逆性，即已经形成的总需求膨胀的惯性和经济利益能多不能少的刚性，会形成一种强烈的反抑制力，过猛的抑制和强烈的反抑制这两个方面的力量碰在一起易于引起经济动荡，跌至发展低谷。同时，紧缩性货币政策对于总需求的过猛抑制还会对供给增长带来一系列的副作用，影响供给的有效增加，不利于协调供求之间的矛盾。

均衡性货币政策对于总需求的抑制虽然没有紧缩性货币政策强烈，但它的抑制作用却具有滑动性的特点，能够较平缓地使社会总需求逐渐得到抑制。一方面，抑制消费品需求的不正常增加。中央银行按照 GNP 增长率控制货币供应量，使货币供应量随着 GNP 的增长而有比例地增加，货币供应量相对于原来增长过快的需求冲动会显得供给不足，这样必然使有支付能力的市场需求随之相应减少，市场购买力下降，使成本高、质量差的商品难以销售，资源浪费的现象得到制止。企业普遍感到资金持续供给的困难和市场竞争的压力，必然会对生产成本的快速增长持谨慎态度，并进行调整和控制。另一方面，抑制生产资料的盲目增长。中央银行根据 GNP 增长率控制货币供应量，货币供应量相对于增长过快的投资需求冲动会显得供给不足，这样必然使投资资金筹措发生困难，企业被迫重新考虑自己投资决策的可行性，对已执行的扩大生产能力的投资项目重新审改，从而会自行缩小投资规模，抑制投资需求的盲目增长。因此，在抑制总需求膨胀上，最有效的选择是均衡性货币政策。

（五）财政政策与货币政策的比较

财政政策与货币政策是调节宏观经济的两大措施，二者之间不存在优劣强势之分。但是它们之间存在明显的差别，它们所针对的经济问题、所采用的政策工具、所调节的经济环节、所要求的体制背景都是不同的。因此，有必要进行比较研究。

1. 两大政策作用的体制条件比较

（1）财政政策具有广泛的适用性，可以在各种经济形式中发挥作用。财政是与国家一道产生的，财政政策也是与国家一道产生的。在漫长的经济发展史中，财政政策先后调节过自然经济、产品经济和货币经济。中华人民共和国成立以后，实行的是有计划的产品经济体制，财政政策的作用得到最充分的发挥，它对社会经济的各地区、各部门和社会再生产的各环节起全面的调节作用。在产品经济体制中，财政政策的调节特点主要是从财政支出方面调节社会总供求和国民收入水平。在传统体制中，企业创造的利润要全额上缴，不存在调节问题，税收的作用微不足道，只对非国有经济起着有限的调节作用。因此，调节国民经济只能依靠调节财政支出的规模和结构，主要通过对财政拨款、财政补贴、财政投资的调节来达到政策目标。财政政策主要与行政手段相配套，传统体制以行政手段管理为主，财政政策的贯彻执行也是依靠行政系统，通过行政命令的形式实现。在市场经济体制中，财政政策并不会退出历史舞台，仍起着不可或缺、不可替代的作用，但是其作用形式有所变化，主要是运用与财政收入有关的各种政策措施和工具。例如税率，这是最基本的财政政策工具，还有国债等。此外，财政政策的贯彻执行要与经济手段相结合。

（2）货币政策是与商品经济、市场经济和货币经济相联系的一种政策。虽然货币的起源很早，几乎与国家同时产生，并且奴隶制国家和封建制国家也运用过货币工具对经济进行调节，但是，因为货币政策是通过改变货币流量和流向来调节经济的，所以货币政策充分作用的前提条件是发达的货币流通。只有经济的充分发展，才有发达的商品流通；只有存在发达的商品流通，才会有发达的货币流通。在传统的自然经济和产品经济中，货币政策没有施展其作用的舞台，处于次要地位。在市场经济中，货币政策的作用越来越广泛、越来越显著，最终与财政政策并驾齐驱。可见，货币政策对经济体制的要求比较苛刻，起作用的范围也就相对狭窄。

2. 两大政策作用的机制比较

财政政策是从国民收入的分配和再分配领域入手，对国民经济进行调节。货币政策是从货币流通领域入手，对国民经济实施控制，两者的主导环节是不同的；财政政策以税率为核心工具，货币政策以利率为核心工具，两者的政策工具是不同的；财政资金的运动基本上是无偿的，也不存在循环的问题，货币资金的运动处处坚持等价有偿原则，并且形成资金的循环，两者的调节形式也是不同的。由于上述的基本差别，派生出如下的具体差别。

(1) 财政政策的政策变量（税率、补贴、拨款等）都是由立法机关制定和通过的，行政机关和财政部门本身无权擅自变更。因此，面对复杂多变的宏观经济，财政政策难以作出应急变通，不适宜对宏观经济进行短期和瞬间调节。因此，财政政策的调节机制是根据经济运行的中长期趋势进行的，应该事先设计好相应的政策工具，对经济实行“自动控制”。前面我们所讲的“自动稳定器”，就具有这一特点。当然，财政政策变量也不是一成不变的，否则就不称其为变量了，只不过财政政策变量的变动要通过立法机关，其程序复杂、周期漫长、成本较高。

（2）货币政策的灵活性和随机性较高。货币政策变量掌握在中央银行手里，中央银行操作、变动货币政策变量，一般不需要经过立法机关的批准，甚至也可以抵制行政机关的干预。在市场经济中，中央银行是比财政部具有更大权力和更高独立性的机关，货币当局可以根据经济运行的变化和需要，相机决策进行短期和瞬间调节。另外，货币政策工具品种齐全、相互配套，它们对宏观运行影响的深度、广度和速度都是很不相同的，货币当局可以选择搭配优化组合，实现对经济的最优调控。

总之，财政政策具有较强的稳定经济的功能，货币政策具有较强的搞活经济的功能。所以，在经济需要稳定时，财政部门及财政政策的作用比较突出；在经济需要搞活时，货币当局和货币政策的作用更为显著。

（六）财政政策与货币政策的匹配

财政政策有扩张性财政政策和紧缩性财政政策两类，货币政策也有扩张性货币政策和紧缩性货币政策两类，将它们排列组合，就有以下四种不同的匹配形式，以适应宏观经济运行的不同阶段和不同状态。

1. 扩张性财政政策与扩张性货币政策的匹配

扩张性财政政策一般是指通过扩大社会总需求，以刺激经济复苏，提高国民收入水平。在财政方面要增加支出，甚至扩大财政赤字；在货币方面，要增加贷款规模和货币净发行量。实行双扩张政策的经济条件是宏观经济发展进入低谷，并长期未走出低谷，在实行单一的财政扩张或货币政策不见成效时，可以采取“双扩”政策。财政政策和货币政策的同时扩张，会在短时间增大社会需求总额，是一剂“猛药”，应该谨慎使用。实行“双扩”政策的具体条件是：企业大面积开工不足，生产能力闲置；市场销售疲软，商品和物资存在大量积压；劳动力就业不足，新生劳动力难寻就业门路；国家外汇储备充足；大量的自然资源亟待开发；等等。

2. 紧缩性财政政策与紧缩性货币政策的匹配

紧缩性政策与扩张性政策相反，它是通过收缩控制社会总需求，减缓经济的增长速度。如果经济长期持续过热，单一的紧缩政策难以奏效时，可以实行“双紧”政策。“双紧”政策也是一剂“猛药”，使用亦应谨慎。它的使用条件是：社会总需求超过了潜在总供给，经济资源充分利用仍不能满足社会需求；物价持续上涨，通货膨胀有“井喷”趋势；社会短缺资源消耗加速，缺口越来越大；经济秩序混乱，局部调整已不见效；经济增长速度明显地超过可以长期保持的速度；等等。

3. 紧缩性财政政策与扩张性货币政策的匹配

这种“一紧一松”政策搭配适用的条件是：国家财政严重亏空、入不敷出，财政赤字居高不下，财政困难重重；居民储蓄保持在较高水平，存款的增长超过投资的增长，信贷资金出现大量节余；市场销售疲软，商品积压严重，应缴纳税款因商品销售不畅而无法顺利实现上缴；等等。

4. 扩张性财政政策与紧缩性货币政策的匹配

这种“一松一紧”政策搭配适用的条件是：财政收支状况良好，收入大于支出，收入的增长速度大于支出的增长速度，国家财政有盈余或者赤字大幅度下降，现有的财源可以支持财政支出的增长；企业和居民的储蓄率下降，银行信贷资金产生逆差；市场中的商品销售旺盛，物价存在上涨趋势；等等。

上述四种匹配组合，只是从理论分析抽象出的四种模式，实际情况当然要比这复杂很多，具体操作时要审时度势，随机应变。以下两点必须给予特别注意：第一，不论是财政政策还是货币政策，扩张和紧缩主要是针对投资而言的。因为国民收入最终不是用于消费，就是用于投资，与投资相比较，消费变动是比较小的。另外，除了集团消费之外，个人消费是居民个人的私事，政府不能强制居民扩大或收缩消费。投资则不同，它的可调节性很高。在实行扩张性政策时，财政支出和贷款支出大多用于固定资产投资，或者通俗地说就是上项目、铺摊子，扩大基本建设规模；反之，在实行紧缩性政策时，首先压缩的是投资总规模和在建项目数量，对在建项目图纸要“砍”“切”。而对于居民消费，是难以“砍”和“切”的。第二，无论是实行松的政策还是紧的政策，都要保持在适度范围之内。在实行“双紧”政策时，要防止收缩过猛，造成经济“熄火”，再次启动非常困难，需要花上很长的时间。在实行“双松”政策时，要防止经济“暴涨”，那样会使经济迅速达到峰值而再次滑落。在实施此项政策时，要缓慢启动，防止从一个极端走向另一个极端，加剧经济的波动。

第七章　财务会计业务知识

第一节　财务会计

一、会计与财务会计

（一）会计与财务会计的定义

1. 会计的定义

会计是指以货币为主要计量单位，连续、系统、全面、综合地反映和监督会计主体经济活动的一种经济管理工作。会计的特点体现在以下五个方面。

（1）以货币为主要计量单位。会计以货币为主要计量单位，计量和记录各单位的经济活动过程和结果，但货币不是唯一的计量单位，在核算时往往还要结合运用一定的实物量度（如千克、件等）和劳动量度（如劳动日、工时等），以便更全面、更准确地反映经济业务活动内容。

（2）运用专门的程序和方法。会计在不断发展的过程中，形成了一整套科学实用的专门方法。因此，从事会计工作时，必须按照会计所具有的专门核算程序，运用专门核算方法，才能达到其目的。

（3）核算的连续性、系统性、全面性、综合性。会计是按照会计主体经济活动发生的时间先后顺序连续、全面记录，系统综合反映并定期进行归类整理，以便随时提供关于企业经营管理方面的各种信息资料。

（4）它对经济活动具有核算与监督职能。

（5）它是一种经济管理活动。会计的最终目的是提供有关方面所需的会计信息，以便其作出正确的决策。

2. 财务会计的定义

会计分为预算会计和企业会计。

预算会计是以预算管理为中心的宏观管理系统和管理手段，是核算、反映和监督中央与地方政府财政预算以及行政、事业单位收支预算执行情况的专业会计。预算会计可分为政府会计（包括财政预算会计和行政单位会计）和非营利组织（事业单位）会计。

企业会计是对企业的经济活动进行连续、系统、全面、综合反映和监督的专业会计。企业会计可分为财务会计和管理会计。

财务会计（也称“对外会计”），是以会计准则为依据，确认、计量、记录、报告企业资产、负债、所有者权益的增减变动，反映企业收入的取得、费用的发生、利润的形成及分配，并定期报告企业的财务状况、经营成果和现金流量。财务会计的目的，一方面是为投资者、债权人、政府部门、企业客户等企业外部会计信息使用者提供决策有用的信息；另一方面，也可以满足企业内部管理者对会计信息的需求。

财务会计要求企业定期通过财务报告的方式向外部会计信息使用者报告企业的财务状况和经营成果。为了保证会计信息的客观公允，保证会计信息在不同行业、不同企业之间具有可比性，财务会计信息披露的内容、形式等，必须符合企业会计准则的要求。

管理会计（也称“对内会计”），是针对企业内部管理的需要记录和分析经济业务，提供信息，并直接参与决策过程。管理会计的主要目的，是为企业内部管理当局的经营决策提供信息支持。因只供企业内部使用，管理会计不受企业会计准则的限制或约束，其方法、内容、报告形式等根据企业管理者的需要而定。

（二）会计的职能

会计的职能是指会计在经济管理中所具有的功能。会计有核算和监督两个基本职能。

1. 核算职能

会计核算职能是指会计以货币为主要计量单位，对特定主体的经济活动连续、系统、全面地确认、计量记录、计算和报告，客观反映其经济活动过程及其结果，为有关各方提供会计信息的职责和功能。

经济活动的复杂性，决定了企业的经济业务只有按照一定程序和方法进行加工处理，生成以价值指标体现的会计数据，才能连续、系统、全面、综合地反映企业经济活动的全过程及其结果，并通过计算分析，预测企业未来的经济活动。

2. 监督职能

会计监督职能是指会计对特定主体经济业务的合法性、合理性进行审查的职责和功能。会计监督主要通过价值指标对特定主体的经济活动的全过程进行监督，包括事前监督、事中监督、事后监督，以检查经济活动的合法性及合理性。

事前监督是指在经济活动开始前进行的监督。例如，审查未来的经济活动是否合规、合法，在经济上是否可行等。

事中监督是指对正在发生的经济活动过程及取得的核算资料进行审查，及时纠正经济活动进程中的偏差及失误，使其按照预定的目的及规定的要求进行。

事后监督是指对已经发生的经济活动以及相应的核算资料进行的审查、分析。

会计核算职能与会计监督职能相辅相成、辩证统一。会计核算是会计监督的基础，没有会计核算提供的各种资料，就无法进行监督；会计监督是会计核算质量的保证，没有会计监督，就难以保证会计核算所提供的会计信息真实、可靠。

（三）财务会计的目标

财务会计信息的使用者主要包括国家有关部门、企业的投资者和债权人（包括潜在的投资者和债权人）、企业内部管理者等各个方面，因此财务会计提供的信息应当符合国家宏观经济管理的要求，满足有关方面了解企业财务状况和经营成果的需要，满足企业加强内部经营管理的需要。财务会计的目标主要体现在以下几个方面。

1. 符合国家宏观经济管理的要求

作为整个国民经济的细胞、宏观经济的微观个体的企业，其生产经营的好坏、经济效益的高低，直接影响整个国民经济的运行情况。政府通过对企业会计会计信息的汇总、分析，了解和分析国民经济宏观运行情况，进而作出准确的判断，制定正确、合理、有效的管理措施，对国民经济的运行状况进行管理和调控，使国民经济得到协调、有序、健康、稳定的发展。

2. 满足有关方面了解企业财务状况和经营成果的需要

企业外部利益关系的各个方面（政府有关部门投资者、债权人职工和社会公众等）并不直接参与企业的生产经营管理活动，因此只能借助于企业会计所提供的会计信息来满足其需要。

3. 满足企业加强内部经营管理的需要

企业内部经营管理的好坏，直接影响到企业的经济利益和在市场上的竞争力，关乎企业的发展前途和命运。会计提供准确可靠的信息，有助于决策者作出合理的决策，有助于强化内部管理，不断地提高企业的经济效益。

二、财务会计基本假设

财务会计的基本假设也称"财务会计的基本前提"或"会计假设"，是指组织会计核算工作应具备的前提条件，它也是会计准则中规定的各种程序和方法适用的前提条件。

（一）会计核算的基本前提

为了向会计信息使用者提供真实、完整的会计信息，就必须对会计核算所处的错综复杂、千变万化的环境作出合理的判断，对会计核算的空间范围、时间范围以及划分方式、计量方式等作出假设和限定。会计核算对象的确定、会计方法的选择、会计数据的收集等都以会计核算的基本前提为依据。会计核算的基本前提包括会计主体、持续经营、会计分期、货币计量。

1. 会计主体

会计主体是指会计工作所服务的特定单位，它是企业会计确认、计量和报告的空间范围。会计主体前提为会计人员在日常的会计核算中对各项交易或事项、对会计处理方法和会计处理程序作出正确选择提供了依据。会计人员只为特定的会计主体进行会计工作，应独立于其本身的所有者或其他会计主体。也就是说，只有影响所核算的会计主体本身经济利益的各项交易或事项才能加以确认和计量，应将会计主体的经济活动与其所有者或其他会计主体的经济活动区分开。例如，在进行会计核算时，企业所有者所发生的与企业经营活动不相关的个人开支不能作为企业的费用处理。会计主体与法律主体有所不同。一般来说，法律主体必然是会计主体，但会计主体不一定是法律主体。例如，企业集团公司是以合并主体而非法律主体的身份编制合并报表。

2. 持续经营

持续经营是指会计核算应当以企业持续、正常的生产经营活动为前提，即假定在可以预见的将来，企业将会按当前的规模和状态继续经营下去，不会停业，也不会大规模削减业务。会计确认与计量原则的建立、会计核算的一系列方法，都是以会计主体持续经营为前提的。例如，固定资产可以在一个较长的时期发挥作用，只有在持续经营的前提下固定资产才可以按历史成本进行记录，并采用折旧的方法，将历史成本分摊到各个会计期间或相关产品的成本中。如果企业不能持续经营，固定资产就不应采用历史成本进行记录并按期计提折旧。但是，任何企业都存在破产、清算的风险。如果可以判断企业不会持续经营就应当改变会计核算的原则和方法，并在企业财务会计报告中作相应披露。

3. 会计分期

会计分期是指将一个企业持续经营的生产经营活动期间划分为若干连续的、长短相同的期间。对于一个持续经营的企业来说，其结束的时间是无法预见的，而且企业不能等到其经营活动结束时才进行结算和编制财务会计报告，因此企业应当划分会计期间，分期结算账目和编制财务会计报告。会计期间分为年度和中期。中期是指短于一个完整的会计年度的报告期间，如半年度、季度、月度等。年度、半年度、季度和月度均按公历起讫日期确定。

4. 货币计量

货币计量是指会计主体进行会计确认、计量和报告时应当以货币计量。为了综合反映企业的各种经济活动，实现会计的目的，要求有统一的计量尺度。其他的计量单位如重量、长度等都只能从一个侧面反映企业的生产经营成果，无法在量上进行比较，不便于实物管理和会计计量。而货币作为一般等价物，具有价值尺度、流通手段、贮藏手段和支付手段等特点，最适合充当统一的计量尺度。

不过，采用货币计量也有其不足的地方。例如，有些因素对企业经济活动将产生一定的影响，如企业的经营战略、市场竞争力等，却很难以货币计量。又如，货币的价值不是固定不变的，但是为了核算的方便，企业在货币币值变化不大时，一般不考虑其价值的变动。如果通货膨胀对企业经济发展的影响较大时，则需要运用通货膨胀会计。会计主体采用货币计量时，还应确定其记账本位币，即确定以何种货币反映企业的财务状况和经营成果。企业涉及非记账本位币的业务，需要采用某种汇率折算为记账本位币登记入账。

(二) 会计确认、计量和报告的基础

企业会计准则规定，企业应当以权责发生制为基础进行会计确认、计量和报告。权责发生制 (或称“应收应付制”“应计制”) 是指会计上对收入和费用应按其实际发生影响的期间而不是按其发生现金收付的期间来确认。按照权责发生制的要求，凡是当期已经实现的收入和已经发生或应当负担的费用，不论款项是否收付，都应当作为当期的收入和费用；凡是不属于当期的收入和费用，即使款项已在当期收付，也不应当作为当期的收入和费用。当企业发生的货币收支业务与交易或事项本身不一致时，要求以权责发生制为基础确认、计量。例如，款项已经收到，但销售并未实现；或者款项已经支付但并不是为本期生产经营活动而发生的。与权责发生制相对应的一种确认基础是收付实现制 (或称“现收现付制”“现金制”)，它是以收到或支付现金作为确认收入和费用的标准。

三、财务会计信息质量要求

会计信息的质量要求是指财务会计报告所提供的信息应达到的基本标准和要求。会计信息代表一定的经济利益关系，而且会计信息的公开披露还会直接或间接地对不同使用者的经济利益造成一些影响。因此，应对会计信息的质量提出最基本的要求。企业会计准则对会计信息的质量要求提出了八大原则，包括客观性原则、相关性原则、明晰性原则、可比性原则、实质重于形式原则、重要性原则、谨慎性原则和及时性原则。

四、会计计量

会计计量是指企业在将符合确认条件的会计要素登记入账并列报于财务报表时，应当按照规定的会计计量属性进行计量，确定其金额。企业会计准则规定，会计计量属性主要包括如下。

（一）历史成本

在历史成本计量下，资产按照购置时支付的现金或者现金等价物的金额，或者按照购置资产时所付出的对价的公允价值计量。负债按照因承担现时义务而实际收到的款项或者资产的金额，或者承担现时义务的合同金额计量，或者按照日常活动中为偿还负债预期需要支付的现金或者现金等价物的金额计量。

（二）重置成本

在重置成本计量下，资产按照现在购买相同或者相似资产所需支付的现金或者现金等价物的金额计量。负债按照现在偿付该项债务所需支付的现金或者现金等价物的金额计量。

（三）可变现净值

在可变现净值计量下，资产按照其正常对外销售所能收到的现金或者现金等价物的金额扣减该资产至完工时估计将要发生的成本、估计的销售费用以及相关税费后的金额计量。

（四）现值

在现值计量下，资产按照预计从其持续使用和最终处置中所产生的未来净现金流入量的折现金额计量。负债按照预计期限内需要偿还的未来净现金流出量的折现金额计量。

（五）公允价值

在公允价值计量下，资产和负债按照在公平交易中熟悉情况的交易双方自愿进行资产交换或者债务清偿的金额计量。企业在对会计要素进行计量时，一般应当采用历史成本，采用重置成本、可变现净值、现值、公允价值计量的，应当保证所确定的会计要素金额能够取得并可靠的计量。

第二节　资金与存货

一、库存现金

库存现金（以下简称“现金”）通常是指企业为了满足日常零星开支的需要而存放在企业财会部门、由出纳人员经管的各种货币，包括人民币现钞和外币现钞。库存现金是企业流动性最强的资产。企业应严格按照国家现金管理制度的有关规定，正确进行现金收支的核算，加强对库存现金的控制和管理。

（一）现金的管理

根据国务院颁布的《现金管理暂行条例》规定，现金的管理主要包括以下三个方面内容。

1. 现金的使用范围

企业可以用现金支付的款项包括：① 职工的工资、津贴；② 个人的劳务报酬；③ 根据国家规定颁发给个人的科学技术、文化艺术、体育等各种奖金；④ 各种劳保、福利费用以及国家规定的对个人的其他支出；⑤ 向个人收购农副产品和其他物资的价款；⑥ 出差人员必须随身携带的差旅费；⑦ 结算起点（现行规定为 1000 元）以下的零星开支；⑧ 中国人民银行确定需要支付现金的其他支出。

凡不属于现金结算范围的均应通过银行办理转账结算。

2. 库存现金限额

为了保证企业日常零星开支的需要，允许单位留存一定数额的现金。库存现金限额由单位向开户银行提出申请，开户银行根据单位的实际需要审查核定。一般按照企业 3 ~ 5 天的日常零星现金开支的需要确定。边远地区和交通不发达地区的企业，库存现金限额可多于 5 天，但不能超过 15 天的日常零星开支量。企业每日的现金结存数，不得超过核定的限额，超过部分必须及时送存银行；不足限额时，可以签发现金支票向银行提取现金补足。

3. 现金日常收支管理

企业在办理有关现金收支业务时，应遵守以下规定。

（1）现金的收入应于当日送存银行，当日送存银行确有困难的，由开户银行确定送存时间。

（2）企业在现金结算范围内支付现金，可以使用本企业库存现金，或者从开户银行提取，但不得坐支现金。坐支现金是指企业从本单位现金收入中直接支付现金的行为。因特殊情况需要坐支现金的，应事先报经开户银行审查批准，由开户银行核定坐支范围和限额。企业应定期向开户银行报送坐支金额和使用情况。

（3）企业从银行提取现金，应如实写明提取现金的用途，由本单位财会部门负责人签字盖章经开户银行审核后方可支取。

（4）企业因采购地点不固定、交通不便、生产或者市场急需、抢险救灾以及其他特殊情况必须使用现金的，应当向开户银行提出申请，由本单位财会部门负责人签字盖章，经开户银行审核后，方可支付现金。

（5）不准用不符合国家会计制度的凭证顶替库存现金，即不得“白条顶库”；不准谎报用途套取现金；不准用银行账户代其他单位和个人存入或支取现金；不准用单位收入的现金以个人名义存入储蓄；不准保留账外公款（“公款私存”），不得设“小金库”等。

企业的现金收支必须取得或填制合法的原始凭证，经由会计主管或其他指定的专人进行审核后，据以填制现金收付的记账凭证，并经审核后办理现金收付。出纳人员在收付现金后，应在原始凭证上加盖“现金收讫”或“现金付讫”的戳记，以免重收重付。

（二）现金的核算

企业应对库存现金进行总分类核算和明细分类核算。

1. 库存现金的总分类核算

为了总括地反映企业库存现金的收入、支出和结存情况，企业应当设置“库存现金”科目，用来核算企业的库存现金，借方登记库存现金的增加，贷方登记库存现金的减少，期末余额在借方，反映企业期末实际持有的库存现金的金额。

“库存现金”账户既可以根据现金收、付凭证和银行存款、付款凭证直接登记，也可以根据汇总收付凭证或者科目汇总表等定期汇总登记。企业内部各部门周转使用的备用金，不在“库存现金”科目核算，应在“其他应收款”科目，或单独设置“备用金”科目核算。企业收到现金，应借记“库存现金”科目，贷记有关科目；企业支出现金，应借记有关科目，贷记“库存现金”科目。

2. 库存现金的明细分类核算

为了序时、详细地反映库存现金的收入、支出和结余情况，保证库存现金的收支合理、合法、合规及账款相符，企业还应设置库存现金日记账进行现金收支的明细核算。有外币的企业，应当分别以人民币和各种外币设置库存现金日记账，库存现金日记账采用订本式账簿，由出纳人员根据审核无误的收款凭证、付款凭证，按业务发生的先后顺序逐笔序时登记。每日终了，应计算当天的现金收入、现金支出的合计数和现金结余数，并将结余数与实际库存数进行核对，做到日清月结、账款相符，严禁以“白条”抵充库存现金。月份终了，库存现金日记账的余额应与“库存现金”总账的余额核对，做到账账相符。

（三）现金的清查

为了加强对库存现金保管工作的监督，除了出纳人员应对库存现金进行日常清点核对之外，企业还应组织清查小组对库存现金进行定期清查或突击清查。现金的清查一般采用实地盘点法，目的是检查库存现金的盈亏情况，确定账款是否相符；检查库存现金管理制度的执行情况，检查是否存在“白条顶库坐支”、挪用现金、现金库存超过限额等现象。

对于清查结果应当编制库存现金盘点报告单。如果存在“白条顶库”、挪用现金的情况，应及时予以纠正；如果现金超过库存限额，应及时送存银行；如果发现账款不符，应查明原因，并按管理权限报经批准后作出相应的会计处理。企业清查的现金损溢，一般应于期末前查明原因，并在期末结账前处理完毕。如清查的现金损溢在期末前仍未获得批准处理，应在会计报表附注中加以说明。根据库存现金盘点报告单，对发现的有待查明原因的现金短款或长款，应借记或贷记“待处理财产损溢——待处理流动资产损溢”科目，贷记或借记“库存现金”科目。待查明原因再根据不同原因及处理结果，将其转入其他有关科目。

（1）如为现金短缺，属于应由责任人赔偿或保险公司赔偿的部分，借记“其他应收款”科目，贷记“待处理财产损溢——待处理流动资产损溢”科目；属于无法查明的其他原因，借记“管理费用”科目，贷记“待处理财产损溢——待处理流动资产损溢”科目。

（2）如为现金溢余，属于应支付给有关人员或单位的，借记“待处理财产损溢——待处理流动资产损溢”科目，贷记“其他应付款”科目；属于无法查明原因的现金溢余，借记“待处理财产损溢——待处理流动资产损溢”科目，贷记“营业外收入”科目。

二、银行存款

银行存款是指企业存入银行或其他金融机构的各种款项。按照中国人民银行颁布的《支付结算办法》的规定，凡是独立核算的单位，应当根据业务需要，在其所在地银行开设账户，并通过所开设的账户进行存款、取款以及各种收支转账业务的结算。

（一）银行存款开户管理

企业在银行开立的存款账户可分为基本存款账户、一般存款账户、临时存款账户和专用存款账户等。

基本存款账户是企业办理日常转账结算和现金收付的账户。该账户为企业的主办账户，企业日常经营活动的资金收付及其工资、奖金和现金的支取，应通过基本存款账户办理。企业只能在银行开立一个基本存款账户。

一般存款账户是企业因借款或其他结算需要，在银行或金融机构开立的基本存款账户以外的银行结算账户。该账户用于办理借款转存、借款归还和其他结算的资金收付。一般存款户可办理现金缴存，但不能支取现金。

临时存款账户是企业因临时需要并在规定期限内使用而开立的银行结算账户，如为了满足企业临时性采购资金需要等。该账户用于办理临时机构以及企业临时经营活动发生的资金收付。临时存款账户的有效期最长不得超过2年。该账户支取现金应按照国家现金管理的规定办理。

专用存款账户是企业按照法律、行政法规和规章，对其特定用途资金进行专项管理和使用而开立的银行结算账户。专项存款账户不得办理现金收付业务。企业在银行开立的存款账户，只能用于办理本企业经营业务范围内的资金收付业务，不得出租和转让给其他单位或个人使用。

（二）银行结算方式

现金开支范围以外的各项款项的支付，都必须通过银行办理转账结算。按照《支付结算办法》规定，银行存款账户必须有足够的资金保证支付，不准签发空头支票和远期支票套取银行信用；不得签发、取得、转让没有真实交易和债权债务的票据套取银行及他人资金。

在我国，企业发生货币资金的收付业务可采用支票、银行本票、银行汇票、商业汇票、信用卡、汇兑、委托收款、托收承付、信用证九种方式办理结算。

（三）银行存款的日常管理

企业应由出纳人员负责办理银行存款的收、付款业务；票据及各种付款凭证应指定专人保管、专人负责审批；审批和具体签发付款凭证的工作应分别由两个或两个以上的人员办理，不能由一人兼管。企业应严格按照《支付结算办法》的规定办理银行支付结算业务，不得违反规定开立和使用银行账户；不得出租出借银行账户；不得签发空头支票和远期支票；不得弄虚作假，套取银行信用。

（四）银行存款的核算

1. 银行存款的总分类核算

为了总括反映企业银行存款的收入、支出和结存情况，企业应设置“银行存款”科目，用来核算企业存入银行或其他金融机构的各种存款。借方登记存入银行或其他金融机构的款项，贷方登记从银行提取或支付的款项，期末余额在借方，表示企业期末银行存款的实际结存数额。“银行存款”科目可按银行和其他金融机构的名称和存款的种类进行明细核算。

企业将款项存入银行和其他金融机构，根据银行存款送款单回单或银行收账通知及有关原始凭证，借记“银行存款”科目，贷记“库存现金”等科目；企业提取和支出银行存款时，根据支票存根或办理结算的付款通知及有关原始凭证，借记“库存现金”“材料采购”等科目，贷记“银行存款”科目。收款单位销售商品收到购货方的银行本票，应填写进账单，一并送交银行办理转账，并根据银行盖章退回的进账单第一联和有关原始凭证，编制收款凭证，借记“银行存款”科目，贷记有关科目。

企业申请开立临时采购账户，申请签发银行本票、银行汇票信用证等，根据银行退回的汇款委托书回单、申请书存根联等借记有关科目，贷记“银行存款”科目。收款单位收到购货方的银行汇票，应将银行汇票、解讫通知和进账单送交银行，并根据银行退回的加盖了“转讫”章的进账单和有关的原始凭证编制收款凭证，借记“银行存款”科目，贷记有关科目。

采用商业汇票结算方式的收款单位将持有的到期商业汇票，以及填制的邮划或电划委托收款凭证，一并送交银行办理收款。在收到银行的收款通知时，编制收款凭证，借记“银行存款”科目，贷记有关科目；付款单位在收到银行的付款通知时，编制付款凭证借记有关科目，贷记“银行存款”科目。

单位申请使用信用卡，应按发卡银行的规定填写申请表，连同支票和进账单一并送交发卡银行，根据银行盖章退回的进账单第一联，编制付款凭证，借记有关科目，贷记“银行存款”科目。

付款单位委托银行办理信汇（或电汇）时，应填制信汇（或电汇）凭证。根据银行盖章退回的第一联信汇（或电汇）凭证（回单）编制付款凭证，借记有关科目，贷记“银行存款”科目；收款单位在收到银行的收账通知时编制收款凭证，借记“银行存款”科目，贷记有关科目。

采用委托收款结算方式的，收款人办理委托收款时，应填制一式五联的邮划或电划委托收款凭证，收款人在第二联委托收款凭证上签章后，将有关委托收款凭证和债务证明提交开户银行。在收到银行转来的收账通知时，编制收款凭证，借记“银行存款”科目，贷记有关科目；付款单位根据收到的委托收款凭证（第五联付款通知）和有关的债务证明，编制付款凭证，借记有关科目，贷记“银行存款”科目。

采用托收承付结算方式的，收款人办理托收时，应填制邮划或电划的一式五联的托收承付凭证。收款人在第二联托收承付凭证上签章后，将有关托收承付凭证及有关单证提交开户银行。在收到银行转来的收账通知时，编制收款凭证，借记“银行存款”科目，贷记“应收账款”等科目；付款单位根据收到的付款通知和有关交易单证，编制付款凭证，借记“应付账款”等科目，贷记“银行存款”科目。

“银行存款”总分类账户可以根据银行存款收款凭证、银行存款付款凭证、库存现金付款凭证直接登记，也可以根据记账凭证汇总表或科目汇总表定期汇总登记。

2. 银行存款的明细分类核算

为了详细反映银行存款的收入、付出和结存情况，企业除了设置“银行存款”科目进行总分类核算之外，还要设置“银行存款日记账”进行序时核算。银行存款日记账采用订本式账簿，由出纳员根据记账凭证或收、付款凭证，按经济业务发生的先后顺序逐日逐笔连续登记，每日终了及时结出余额，并定期与银行核对，保证账实相符；与“银行存款”总分类账核对，保证账账相符。有外币业务的企业，还应分别按人民币和外币进行明细核算。

（五）银行存款的清查

为了防止银行存款账目发生差错，确保其账目正确无误，准确掌握银行存款的实际余额，企业应对银行存款进行清查。银行存款的清查包括以下三个方面。

1. 银行存款收、付款凭证与银行存款日记账核对，确保账证相符

银行存款日记账根据银行存款收、付款凭证和现金付款凭证登记，账簿记录与凭证应一致。如果在记账过程中发生漏记、重复记账、记错账时，通过核对可以发现差错，并应及时更正，保证账证相符。

2. 银行存款总账与银行存款日记账核对，保证账账相符

银行存款总账登记的依据是银行存款收、付凭证和现金付款凭证，或者是由银行存款收、付凭证和现金付款凭证经过汇总形成的汇总记账凭证，因此银行存款日记账与银行存款总账的余额应当一致。通过核对，如果发现两账簿余额不一致，应及时更正，保证账账相符。

3. 银行存款日记账与银行存款对账单核对，保证账实相符

企业每月至少应将银行存款日记账与银行对账单核对一次。在核对时，如果发现银行存款日记账余额与银行对账单同日余额不符，则可能存在三个方面的原因。一是银行记账错漏；二是企业记账错漏；三是未达账项。如果是第一、二种情况，应及时更正；如属于未达账项，应编制“银行存款余额调节表”进行调节。未达账项是指由于受结算手续和凭证传递时间的影响，银行和企业对同笔款项收付业务的记账时间不同，造成一方已经登记入账，另一方尚未登记入账的款项。未达账项包括以下四种情况。

（1）企业已经收款入账、银行尚未收款入账的款项。如企业于月末将转账支票送存银行，而银行尚未入账。

（2）企业已经付款入账、银行尚未付款入账的款项。如企业已开出转账支票付款，而银行尚未办理转账付款。

（3）银行已经收款入账、企业尚未收款入账的款项。如企业委托银行收取货款，银行已经收妥入账，而企业尚未收到银行的收账通知。

（4）银行已经付款入账、企业尚未付款入账的款项。如银行代企业支付水电费，银行已经付款入账，企业尚未收到银行的付款通知。

银行存款余额调节表的编制方法是：根据双方的余额，各自加上对方已收、本方未收账项，减去对方已付、本方未付账项。计算调节双方应有余额。

三、存货核算

（一）存货的定义及确认

1. 存货的定义

存货是指企业在日常活动中持有以备出售的产成品或商品、处在生产过程中的在产品、在生产过程或提供劳务过程中耗用的材料和物料等。存货属于企业的流动资产。具体来讲，存货包括各类原材料、委托加工物资、在产品、半成品、产成品、商品、包装物、低值易耗品等内容。

在不同行业的企业中，存货的内容有所不同。在工业企业中，存货主要包括各种原材料、包装物、低值易耗品、在产品、半成品和产品等；在商

品流通企业中，存货主要包括各种商品。根据存货的定义，存货的范围主要包括以下三个方面。

(1) 在日常活动中持有以备出售的存货，是指企业在日常生产经营过程中处于待销状态的各种物品，如工业企业的产成品、商品流通企业的库存商品等。

(2) 处在生产过程中的存货，是指目前正处在生产加工过程中的各种物品，如委托加工物资、工业企业的在产品和自制半成品等。

(3) 在生产过程或提供劳务过程中耗用的存货，是指企业为产品生产或提供劳务耗用而储存的各种物品，如工业企业为生产产品而储存的原材料、燃料、包装物、低值易耗品等。

2. 存货的确认

存货同时满足以下两个条件，才能加以确认。

(1) 该存货包含的经济利益很可能流入企业

资产是指过去的交易、事项形成并由企业拥有或者控制的资源，该资源预期会给企业带来经济利益。资产最重要的特征之一是预期会给企业带来经济利益，即可望给企业带来未来经济利益。流入的经济资源，预期不能给企业带来经济利益的，就不能确认为企业的资产。存货是企业的一项重要的流动资产，因此对存货的确认，关键是要判断是否有可能给企业带来经济利益或所包含的经济利益是否有可能流入企业。

存货包含的经济利益能否流入企业，很重要的一点是判断其是否拥有存货的所有权。因此，实务中企业对存货是否具有法定所有权是确定其存货范围的重要依据。对法定所有权属于企业的物品，不论其存储地点，都应确认为企业的存货，即所有在库、在耗、在用、在途的存货均应确认为企业的存货；反之，法定所有权不属于企业的物品，即使存放于企业，也不应确认为企业的存货。如依照销售合同已经售出、其所有权已经转让的物品，不论其是否已离开企业，均不应该包括在企业的存货中。

反之，若物品的所有权尚未转让给对方，即使物品已离开企业，仍属于企业的存货，如委托其他单位或个人代销、零售、代存及外出参展的商品或产品，以及租出、借出的包装物，只要其所有权仍属于企业，都应列入企业的存货之中。

(2) 该存货的成本能够可靠地计量

成本能够可靠地计量是资产确认的一项基本条件。存货作为企业资产的组成部分，要予以确认必须能够对其成本进行可靠的计量。存货的成本能够可靠地计量必须以取得确凿、可靠的证据为依据，并且具有可验证性。如果存货成本不能可靠地计量，则不能确认为存货。

关于存货的确认，有以下五点需要说明。

① 关于代销商品。代销商品(也称为“托销商品”)是指一方委托另一方代其销售商品。从商品所有权的转移来分析，代销商品在售出以前，所有权属于委托方，受托方只是代对方销售商品。因此，代销商品应作为委托方的存货处理。但为了使受托方加强对代销商品的核算和管理，企业会计制度也要求受托方将其受托代销商品纳入账内核算。

② 关于在途商品。对于销售方按销售合同、协议规定已确认销售(如已收到货款等)，而尚未发运给购货方的商品，应作为购货方的存货而不应再作为销货方的存货；对于购货方已收到商品但尚未收到销货方结算发票等的商品，购货方应作为其存货处理；对于购货方已经确认为购进(如已付款等)而尚未到达入库的在途商品，购货方应将其作为存货处理。

③ 关于购货约定。对于约定未来购入的商品，由于企业并没有实际的购货行为发生，因此不作为企业的存货，也不确认有关的负债和费用。企业按照购货合同预付部分货款或预付购货定金，也不应包括在企业的存货内。

④ 关于工程物资。企业为建造固定资产等各项工程而储备的各种材料，虽然也具有存货的某些特征(如流动性)，但它们并不符合存货的定义，因此不能作为企业的存货进行核算，而应作为工程物资处理。

⑤ 关于特种储备物资。企业的特种储备以及按国家指令专项储备的资产不符合存货的定义，因而也不属于企业的存货，而应作为企业特种储备物资处理。

(二) 存货的分类

存货的种类繁多，它们在企业生产经营过程中的用途各异，所起的作用也不尽相同。为了正确组织存货的核算，加强存货的管理，应对存货进行科学分类。根据不同的目的，可采用不同的标准对存货进行分类。

1. 存货按经济内容分类

按经济内容，存货可分为原材料、在产品、半成品、产成品、包装物、低值易耗品、商品等。

2. 存货按存放地点分类

按存放地点，存货可分为库存存货、在途存货、加工中存货、委托代销存货等。

（三）存货的计量

1. 存货的初始计量

企业会计准则规定，存货应当按照成本进行初始计量。存货成本包括采购成本、加工成本和其他成本。

(1) 存货的采购成本

存货的采购成本一般包括购买价款、相关税费、运输费、装卸费、保险费以及其他可直接归属于存货采购成本的费用。对于采购过程中发生的物资毁损短缺等，合理损耗部分应作为存货采购费用计入存货的采购成本，其他损耗不得计入存货成本。购入的存货需要经过挑选整理才能使用的，在挑选整理过程中发生的工资、费用支出以及物资损耗的价值也应计入存货的成本。

(2) 存货的加工成本

存货的加工成本包括直接人工以及按照一定方法分配的制造费用。直接人工是指直接从事生产产品和提供劳务的生产工人工资及福利费。制造费用是指企业为生产产品和提供劳务而发生的各项间接费用。企业应当根据制造费用的性质，合理地选择制造费用的分配方法。在同一生产过程中，同时生产两种或两种以上的产品，并且每种产品的加工成本不能直接区分的，其加工成本应当按照合理的方法在各种产品之间进行分配。

(3) 存货的其他成本

存货的其他成本是指除采购成本、加工成本以外的，使存货达到目前场所和状态所发生的其他支出，如为特定客户设计产品所发生的设计费用等。应注意的是企业发生的下列费用不应当包括在存货成本中，而应当在发生时确认为当期费用。

① 非正常消耗的直接材料、直接人工和制造费用。

② 仓储费用，不包括在生产过程中为达到下一个生产阶段所必需的仓储费用。对于为达到下一生产阶段所必需的仓储费用，可以将其计入存货成本，如酿酒行业灌装的酒必须经过一定的窖藏才能上市销售的，此时发生的仓储费用可以计入酒的成本。

③ 不能归属于使存货达到目前场所和状态的其他支出。

对于需要通过相当长时间的生产活动才能够达到可销售状态的存货，如造船厂的船舶等，其专门借款所发生的符合《企业会计准则第 17 号——借款费用》规定的资本化条件的借款费用，可以计入该存货成本中。企业取得的各项存货，应根据实际情况，正确核算其取得时所发生的采购成本、加工成本和其他成本，确认为该存货的初始成本。但下列几种方式取得的存货成本按以下方法计量。

① 投资者投入的存货，按照投资合同或协议约定的价值确定，但合同或协议约定的价值不公允的除外。此时，应以公允价值作为该项存货的成本，将合同或协议约定的价值与公允价值的差额计入资本公积。

② 企业通过自行栽培、营造、繁殖或养殖而收获的农产品，按以下规定确定成本。

第一，自行栽培的大田作物和蔬菜的成本，包括在收获前耗用的种子、肥料、农药等材料费、人工费用和应分摊的间接费用等必要支出。

第二，自行营造的林木类的成本，包括郁闭前发生的造林费、抚育费、营林设施费、良种试验费、调查设计费和应分摊的间接费用等必要支出。

第三，自行繁殖的育肥畜的成本，包括出售前发生的饲料费、人工费和应分摊的间接费用等必要支出。

第四，水产养殖的动物和植物的成本，包括在出售或入库前耗用的苗种饲料、肥料等材料费、人工费和应分摊的间接费用等必要支出。

③ 非货币性资产交换交易取得的存货，按以下规定确定成本。

第一，当该项交换具有商业实质，且换入或换出资产的公允价值能够可靠地计量时，应当以公允价值加上应支付的相关税费作为换入资产的成本。当换入资产和换出资产的公允价值均能够可靠地计量时，则以换出资产的公允价值加上应支付的相关税费作为换入资产的成本，但当有确凿的证据表明换入资产的公允价值更加可靠时，则以换入资产的公允价值加上应支付的相关税费作为换入资产的成本。公允价值与换出资产账面价值的差额计入当期损益。在交换中涉及补价的，应当分别按下列情况处理：支付补价的，应当以换出资产的公允价值加上支付的补价和应支付的相关税费作为换入资产的成本，换入资产成本与换出资产账面价值加支付的补价、应支付的相关税费之和的差额，应计入当期损益。收到补价的，应当以换出资产的公允价值减去补价加上应支付的相关税费，作为换入资产的成本；换入资产成本加收到的补价之和与换出资产账面价值加应支付的相关税费之和的差额，应计入当期损益。

第二，当该项交换不具有商业实质，或者换入或换出资产的公允价值不能可靠地计量时，应当以换出资产的账面价值，加上应支付的相关税费作为换入资产的成本，不确认损益。

④ 债务重组企业接受的债务人以非现金资产抵偿债务方式取得的存货，应按其公允价值入账，重组债权的账面价值与取得存货公允价值之间的差额，计入当期损益（营业外支出）。债权人已对债权计提减值准备的，应当先将该差额冲减减值准备，减值准备不足以冲减的部分，计入当期损益。

2. 存货领用、发出的计量

(1) 领用、发出数量的计量

企业的存货总是处于不断周转过程中的，既有存货的收入，又有存货的发出。期初存货与本期收入存货之和是一个确定的数额，与本期发出存货和期末存货成本之和相等。如果先确定本期发出存货，则期末存货为期初存货加上本期收入存货减去本期发出存货。如果先确定期末存货，则本期发出存货为期初存货加上本期收入存货减去期末存货。即：

期初存货 + 本期收入存货 − 本期发出存货 = 期末存货

期初存货 + 本期收入存货 − 期末存货 = 本期发出存货

由此，形成了永续盘存制和实地盘存制两种存货盘存制度。

① 永续盘存制。永续盘存制又称“账面盘存制”，是指对财产物资的收入和发出，都应根据各种原始凭证，在有关账簿中逐笔进行登记，并随时在账上结出结存数的一种方法。计算公式为：

期末结存 = 期初结存 + 本期收入 − 本期发出

采用永续盘存制财产物资的明细核算工作量较大，但财产物资的明细账可随时动态反映其增减变化情况，便于对财产物资进行监控和管理，加快资金周转。另外，财产物资的账存数可以对其实存数起监督和控制作用。通过实地盘点可以发现账实差异，更有利于财产物资的安全完整。

因此，各单位的财产物资一般应采用永续盘存制。在永续盘存制下，为了保证账实相符，需定期对财产物资进行清查，清查的目的是检查账实是否相符，若账实不符，则应根据实存数调整账存数，以保证账实相符。此外，要进一步查明账实不符的原因，并采取相应措施，以保证财产物资的安全完整。

② 实地盘存制。实地盘存制是指平时根据会计凭证在账簿中只登记财产物资的增加数，不登记减少数，月末根据实地盘点来确定财产物资的实际结存数量，作为期末账面结存数记入账簿，倒轧出本期减少数的一种方法。计算公式为：

本期减少数 = 期初结存数 + 本期增加数 − 本期结存数

采用实地盘存制，财产物资的明细账平时只登记购进成本，对减少及结存不做记录，明细核算工作较简单。但财产物资的明细账不能随时反映财产物资的增减变化情况，不利于及时提供核算资料，不能随时结转成本。另外，由于根据实际结存来倒轧本期发出成本，凡未包含在期末实际结存中的减少都被视为销售或耗用，从而掩盖了盗窃、浪费等非正常损耗，削弱了账簿记录对实物的控制作用，不利于财产物资的安全有效管理。因此，实地盘存制一般只适用于单位价值较低、自然损耗大、数量不稳定、进出频繁的财产物资，特别是对易腐烂变质的鲜活商品等可以采用。企业可根据存货类别和管理要求选用存货盘存制度，也可以对一些存货实行永续盘存制，而对其他存货实行实地盘存制。但不论采用何种办法，前后各期应保持一致。

(2) 领用、发出成本的计量

由于各种存货是分次购入或分批生产形成的，同一存货往往存在多个不同的成本，要确定领用、发出存货的成本，就需采用一定的发出存货计价方法。根据企业会计准则的规定，企业可以采用的发出存货计价方法包括先进先出法、移动加权平均法、全月一次加权平均法个别计价法。对于性质和用途相似的存货，应当采用相同的成本计算方法计算发出存货的成本。

① 先进先出法。先进先出法，是依照“先入库的存货先发出”的假定确定成本流转顺序，并据以对发出存货进行计价的方法。采用先进先出法，在收入存货时，按照收入存货的先后顺序，逐笔登记每批存货的数量、单价和金额，并逐笔按存货入库顺序登记结存的各批存货的数量、单价、金额；发出存货时按照先进先出的原则计价，依次确定发出存货的实际成本，逐笔登记发出存货的金额并逐笔按存货入库顺序登记结存的各批存货的数量、单价、金额。

先进先出法中，期末存货成本是按最近购货确定的，比较接近现行的市场价值，能较准确地反映存货资金的占用情况，而且能随时结转发出存货的实际成本。但存货明细核算比较烦琐，工作量较大，明细账记录较复杂；在物价持续上涨时，会高估期末存货价值，低估发出存货成本，从而高估企业当期利润，不符合稳健性原则；反之，会低估期末存货价值、高估发出存货成本，从而低估企业当期利润。

② 移动加权平均法。移动加权平均法是指每次收入存货时，即将当时结存存货成本和本次收入存货成本，以当时结存存货数量和本次收入存货数量之和作为权数，计算出新的加权平均单位成本，并对发出存货进行计价的一种方法。其计算公式为：

$$移动加权平均单位成本=\frac{本次存货入库前结存存货成本+本次收入存货成本}{本次存货入库前结存存货数量+本次收入存货数量}$$

采用移动加权平均法，在收入存货时要逐笔登记每批收入存货的数量、单价、金额，并计算移动加权平均单位成本，登记结存存货的数量、单价(移动加权平均单位成本)、金额；发出存货时，按移动加权平均单位成本计算发出存货成本，登记发出存货数量、单价、金额，并登记结存存货的数量、单价、金额。

移动加权平均法可以将不同批次、不同单价的存货成本差异均衡化，有利于存货成本的客观计算，能随时结出发出存货、结存存货的成本，便于对存货的日常管理。但每次收入存货后都要计算加权平均单位成本，工作量较大，对收发存货较频繁的企业不适用。

③ 全月一次加权平均法。全月一次加权平均法是指将期初结存存货成本和本期收入存货成本，以期初存货数量和本期收入存货数量之和作为权

数，于月末一次计算存货单位加权平均成本，并据以确定本期发出存货成本与期末存货成本的一种计价方法。其计算公式为：

$$加权平均单位成本=\frac{期初结存存货成本+本期收入存货成本}{期初结存存货数量+本期收入存货数量}$$

本期发出存货成本＝本期发出存货数量加权平均单位成本

期末结存存货成本＝期初结存存货成本＋本期收入存货成本－本期发出存货成本

采用全月一次加权平均法，在收入存货时逐笔登记每一批存货的数量、单价、金额，并结记结存存货的数量；发出存货时，只登记发出存货数量，并结记结存存货的数量；月末根据计算出的加权平均单位成本确定、登记本月发出存货成本和期末结存存货成本。

采用全月一次加权平均法，只在月末一次计算加权平均单价，比较简单，且在物价波动时，对存货成本的分摊较为折中。但由于要到月末计算出存货的加权平均单位成本后，才能确定发出存货成本与期末存货成本，所以平时无法从账上提供发出和结存存货的单价和金额，不利于对存货的日常管理。

④ 个别计价法。个别计价法也称“个别认定法”“具体辨认法”“分批实际法”，是假设存货的实物流转与成本流转相一致，逐一辨认各批发出存货和期末存货所属的购进批别或生产批别，分别按其购入或生产时所确定的单位成本作为计算各批发出存货和期末存货成本的方法。

采用个别计价法，在存货明细分类账中，逐笔登记每一批次入库存货的数量、单价、金额，按实际辨认的发出存货批次的成本逐笔分批次登记发出存货的数量、单价、金额，随时结记并按存货批次成本登记结存的各批存货的数量、单价、金额。

采用个别计价法，反映发出存货的实际成本最为准确，且可以随时结转发出存货的成本。但这种方法需要对发出和结存的存货批次进行具体认定，以辨别其所属的收入批次，工作量比较大，应用成本高。在材料种类多、存货量大、收发较频繁的企业，很难应用。对于不能替代使用的存货、为特定项目专门购入或制造的存货以及提供劳务的成本，应采用个别计价法。

3. 期末存货的计价

存货在取得时是按照成本入账，由于市场价格的变动、市场供需情况的变化等原因，存货的价值可能发生变动。为了客观地反映企业期末存货的实际价值，企业在会计期末编制资产负债表时，要确定期末存货的价值。

(1) 成本与可变现净值孰低法的含义

成本与可变现净值孰低法是指对期末存货按照成本与可变现净值两者中较低者计价的方法。即当成本低于可变现净值时，存货按成本计价；当可变现净值低于成本时，存货按可变现净值计价。

成本是指存货的历史成本，即按以历史成本为基础的存货计价方法计算得出的期末存货价值。若企业在存货成本的核算中采用的是简化核算办法，成本为经调整后的实际成本。

可变现净值是指企业在日常活动中，存货的估计售价减去至完工时估计将要发生的成本、估计的销售费用以及相关税费后的金额。

(2) 成本与可变现净值孰低法的运用

企业会计准则规定，资产负债表日存货应当按照成本与可变现净值孰低计量。存货成本高于可变现净值的，应当计提存货跌价准备，计入当期损益。企业通常应当按照单个存货项目计提存货跌价准备。对于数量繁多、单价较低的存货，可以按照存货类别计提。存货跌价准备：与在同一地区生产和销售的产品系列相关、具有相同或类似最终用途和目的，且难以与其他项目分开计量的存货，可以合并计提存货跌价准备。

第八章 财务管理信息的系统分析

第一节 财务管理系统

一、财务管理信息系统概述

(一) 管理信息系统

管理信息系统是一个利用计算机硬件和软件，手工作业，分析、计划、控制和决策模型以及数据库的用户——机器系统。它能提供信息、支持企业或组织的运行、管理和决策功能。随着信息技术的不断发展，管理信息系统的定义也产生了一定的变化，人们对管理信息系统的理解也更加深入。

管理信息系统是由人、信息处理设备以及运行规程组成的，以信息基础设施为基本运行环境，通过采集、传输、存储、加工处理各种信息为企业提供最优战略决策，支持企业集成化运作的人机系统。在这个定义中，指出了构成管理信息系统的三个要素，其中，“人”作为第一个也是最重要的一个要素。人不仅是管理信息系统的使用者，同时也是系统的规划者、控制者和运行管理者，系统面向的层级越高，人的参与程度就越深。信息基础设施为管理信息系统创建了一个运行的物理环境，并始终服从管理信息系统的目标。运行规则包含了应用规则、控制措施和知识智能，是管理信息系统运行规则的体现，确保了数据提供、指令控制、动作执行等程序能够科学、合理地运行。

(二) 财务管理信息系统

1. 财务管理信息系统的定义

财务管理信息系统可分为 TPS（Transaction Processing Systems，事务处理系统）、MIS（Management Infomation System，管理信息系统）、DSS（Decision

Support System，决策支持系统）和 AI/ES（人工智能 / 专家系统）四个层次。

底层的 TPS 系统用于记录和保存企业活动的基本信息；MIS 系统用于整理并简单分析各项信息；DSS 系统用于向企业高层提供支持决策的相关信息；AI/ES 系统用于对信息作出反馈、管理和控制。完整的财务管理信息化实际上是 DSS 系统与 AI/ES 系统的有机结合，根据 MIS 系统提供的数据得出支持决策的信息，通过系统控制实现财务管理与控制。

目前，学界对财务管理信息系统的定义仍然没有形成一致的认识。以系统论的观点来看，财务管理信息系统的定义应包含财务管理信息系统的目标、构成要素以及财务管理信息系统的功能等几部分内容。

（1）财务管理信息系统的目标要以企业财务管理的目标为最终标准，换言之，财务管理信息系统的最终目标即实现企业价值最大化，这个目标通过决策支持得以体现。相比于传统信息系统，财务管理信息系统工作的中心是支持决策活动和控制过程。

（2）信息技术、数据、模型、方法、决策者和决策环境等是构成财务管理信息系统的主要部分。

（3）财务管理信息系统的功能主要体现在财务决策和财务控制两个方面。财务决策和财务控制是现代财务管理基本职能，其他工作职能都可以视为财务决策和财务控制派生出的职能。

综上所述，财务管理信息系统可定义为：在信息技术与管理控制的环境下，由决策者主导和获取支持决策的数据并构建决策模型用于财务决策，并将决策转化为财务控制，以实现企业价值最大化为目标对业务活动进行控制的管理信息系统。

在很长的一段时间，人们对财务管理信息系统都没有形成一个明确的认识，曾提出过“理财电算化”的概念，其实质就是通过工具软件构建财务管理分析模型。“理财电算化”的提出很容易让人对财务管理信息化产生错误的认识，认为财务管理信息化就是单纯地在财务管理工作上运用计算机技术。

财务管理系统的提出帮助人们纠正了对财务管理信息化的错误认识，以系统论思想为指导建立财务管理信息系统，而且随着现代信息技术的飞速发展，构建财务管理信息系统的各项条件均已实现。

2. 财务管理信息系统的特点

财务管理信息系统的特点从其定义中就可看出，主要概括为动态性、决策者主导、与其他管理信息系统联系紧密、高度的开放性与灵活性四大特点。

(1) 财务管理信息系统的动态性特征

财务管理环境决定了财务管理活动，而企业的财务管理环境是在不断变化的。企业财务决策与控制策略取决于企业战略，所以财务管理信息系统没有统一的标准，不同企业间也很难互相参照，这也决定了企业管理系统具有动态性特征，会随着企业战略与财务管理环境的变化而变化。

(2) 财务管理信息系统由决策者主导

低端的信息系统能够实现高度的自动化处理，但财务管理信息系统不同，它面向的是企业的高层，为企业高层的决策活动服务，所以财务管理信息系统会涉及大量的分析和比较，需要进行智能化的处理过程，这就决定了财务管理信息系统由企业决策者主导。

(3) 财务管理系统与其他管理信息系统的联系密切

财务管理信息系统包含在整个企业信息化系统之中，是组成企业信息化系统的重要部分。支持决策的数据来自不同的信息系统，财务管理信息系统需要实现与其他信息系统的数据共享或系统的集成。财务控制的执行依赖各业务系统的子系统，需要具备确保财务计划、财务指标等各项控制措施“嵌入”信息系统的能力，充分发挥财务管理信息系统的控制能力。

(4) 财务管理信息系统具有高度的开放性与灵活性

财务管理信息系统高度的开放性与灵活性是为了适应复杂多变的决策环境和不同财务管理模式的结果。首先，财务管理信息系统应允许管理者制定个性化决策过程和控制流程，能够根据不同需求重组和构建企业财务管理的流程；其次，财务管理信息系统应具备支持不同数据库管理系统和异构网络的功能；最后，财务管理信息系统应具有一定的可扩展性和良好的可维护性，能实现动态的财务管理。

3. 财务管理信息系统的基本运行模式

财务管理信息系统运行分为财务决策环境的分析、制定、执行以及控制评价四个阶段过程。这四个阶段都要在一定的企业环境和信息技术环境下实现，彼此联系，共同构成财务管理信息系统的基本运行模式。

财务决策环境分析阶段需要对财务决策进行风险评估，明确决策目标以及决策的各项约束条件和达成目标的关键步骤。这是财务管理信息系统运行的第一个阶段，也是财务决策的准备阶段。通过信息技术平台能够获取相应的信息，并引入财务决策过程中。

财务决策制定阶段是构建财务决策模型的阶段，通过决策模型获取支持决策的所有数据，并通过大量的比较与分析从众多方案中选出最优方案，并生成相应的计划、指标和控制标准。

财务决策执行阶段需要根据决策方案进行预算并进行资源配置，控制财务决策的执行过程，包括执行进度、预算执行、资源消耗情况等。

财务决策控制评价阶段将评价结果与预期控制指标进行比较，看是否存在偏差。若存在偏差则需分析产生原因，并进行修正。若判断为决策失误，则需重新制定决策；若决策执行过程中存在偏差，则需重新评估决策环境。

财务决策的执行阶段和控制评价阶段在实际的财务管理信息系统中通常会集成于具体业务处理系统中。财务管理信息系统是具备和业务处理系统的数据接口共享的集成化控制平台，从而保证了财务管理信息系统职能的发挥。

4. 财务管理信息系统的功能结构

决策与控制是信息化环境下财务管理的两大基本职能，财务管理信息系统也是围绕这两个职能展开功能结构的。

财务决策子系统主要包括企业筹资决策信息化、投资决策信息化、股利分配信息化三部分内容。具体地，财务决策子系统包括用户决策需求分析、决策环境分析、决策模型构建、决策参数获取、决策结果生成等模块，并包含模型库、方法库和数据库等基本数据库管理系统。

预测是综合历史数据和现在获得的信息、数据进行科学分析，推测事物发展可能性与必然性的过程。信息技术为预测创造了更好的条件，数据库能够提供海量数据，计算工具能够计算出更为科学、准确的预测方法。财务预测信息化包括利润预测、市场预测、销售预测、资金需求量预测、企业价值预测、财务风险预测等。

以往的财务评价通常为单纯的财务指标评价，而在信息化环境下，财务评价是对企业财务状况进行多层面、多维度的综合性评价。相较于传统财务评价多发生在事后，通过财务管理信息化可以实现事中评价，能够有效地预警可能出现的财务风险。

预算控制子系统根据企业决策及决策方案中提出的计划和指标等进行预算，并且对预算进行执行、管理与监控。

在财务管理信息化中，现金管理是非常重要的内容。随着线上交易的逐渐成熟，现金管理不再局限于纸质货币的管理与对账，电子货币及其转化形式的结算、核对与网上管理都是现金管理的重要内容。此外，现金管理还有一个重要的工作内容就是合理控制现金支出，并判断企业现金流的变动，根据现金需求及时作出合理安排。对规模较大的企业而言，还可以通过核算中心实现企业内部现金的统一配置与管理。

成本控制子系统与成本核算子系统共同完成成本计算、成本分析等工作，并通过各种手段合理降低生产成本。

二、信息时代的财务管理平台

（一）财务管理信息化中的主要信息技术

财务管理信息化除了构建信息平台的基本技术外，还需要应用其他信息技术以更好地完成财务管理目标。

1. 因特网、企业内部网和企业外部网技术

（1）因特网技术

因特网是一种全球计算机网络系统，按照一定的通信协议，通过各种通信线路将分布于不同地理位置上、具有不同功能的计算机或计算机网络在物理上连接起来。因特网技术是以通信协议为基础组建的全球最大的国际性计算机网络。通过因特网可以收发电子邮件，远程登录访问系统资源，进行文件传输，通过万维网访问各种链接文件，等等。企业中的部门与部门以及企业与企业之间都可以通过因特网及时、便捷地分享各种信息，实现低成本的集成、协调管理的目的。

（2）企业内部网技术

企业内部网是按照因特网的连接技术将企业内部的计算机或计算机网络连接起来的企业内部专用网络系统。企业内部网只在企业内部进行信息和数据的传输与交换，涉及企业内部经营管理的各个方面。企业内部网是实现电子商务的基础，企业内部网的用户都使用同样的网络浏览器，企业的决策执行、生产分工、销售等一系列商务应用都可以在企业内部网上一目了然，使企业内各部门之间的联系和协作更加流畅、快捷。同时，在企业内部网上，信息的存放位置都是单一的，使企业内部信息更加便捷，实现了企业内部信息的高度共享以及动态、交互式地存取信息。

（3）企业外部网技术

企业外部网是利用因特网技术将企业内部网与企业外部的销售代理、供应商、合作伙伴等连接起来形成的信息交换网络。价值链中的几家企业共享一个封闭网络，能够更加方便、快捷地实现企业间的信息共享与线上交易，还能避免因特网安全问题带来的风险。

2. 电子商务技术

随着信息技术的不断进步与发展，经济全球化不断深入，电子商务的概念和内涵也在不断扩充和发展。直到今天，人们仍然没有对电子商务下一个统一的定义，我们可以认为电子商务是以现代信息网络为载体的新型商务活动形式，是通过信息网络实现商品与服务的所有交易活动。

从企业的角度来看，电子商务既是面向外部市场的商务活动，也是面向内部的经营管理活动。通过进行因特网电子数据交换，企业的一切商务活动如广告宣传、网络营销、产品发送、业务协作、售后服务等都可以实现。而在企业内部，可以通过信息化、网络化管理实现企业内部活动与外部活动的协调一致。与传统贸易活动相比，电子商务具有以下优势和特点：首先，开放性的电子商务平台使商务活动打破了空间的限制，为企业搭建了进入更大范围市场的桥梁。因特网的覆盖面为企业提供了无限大的市场，电子商务应用使许多服务能够通过信息技术完成，从而更好地满足了人们的需求。其次，电子商务为全球商务活动的统一打下了基础。电子商务实现了全球范围内的信息共享，这也要求企业在相应的技术条件下遵守相同的商务规则，促进了全球商务活动的统一。再次，安全性是电子商务必须考虑的重点问题，交易信息的保护以及交易的安全性成为电子商务发展的重要环节。建立健全电子商务相关法律法规，规范电子商务交易环境也是新环境下的重大课题。最后，电子商务在打破空间壁垒的同时也对企业协调能力提出了新的要求。商务活动是一个与供应商、客户、合作伙伴相互协调的过程。比如，在世界范围内采用开放的、统一的技术标准，建立统一的商务平台、电子税收分配机制等。

3. 数据仓库、数据挖掘与商务智能技术

(1) 数据仓库

数据仓库是一种面向决策的多数据源集成的数据集合。数据仓库不是数据库，它面向的是决策，用于管理层管理决策信息并进行分析，可以通过数据挖掘技术在数据仓库中获取决策分析所需的各项信息。

(2) 数据挖掘

数据挖掘是从大量数据中提取有用信息并对未来进行预测的过程。数据挖掘以挖掘对决策有价值的、有用的信息为根本目的。

(3) 商务智能技术

商务智能技术目前仍然没有一个统一的定义，广泛的说法是通过信息技术收集、管理、分析信息和数据的过程或工具。商务智能技术的目标是改善决策水平，提高决策的及时性、正确性和可行性。

4. 信息系统集成技术

集成是将系统或系统的核心部分、核心要素连在一起使其成为一个整体的过程。在企业信息化中，集成用于构建复杂系统以及解决复杂系统的效率问题。笼统地说，信息系统集成能够优化企业业务流程，实施绩效的动态监控，有效地改善“信息孤岛”化的问题。

根据信息层次的不同可将信息系统集成划分为物理集成、数据和信息集成以及功能集成三种。物理集成是构建一个包含硬件基础设施和软件系统的集成平台，实现系统运行与开发环境的集成；数据和信息集成是将数据与信息进行统一规划、存储和管理，实现不同部门、不同层级间高效的信息共享；功能集成是将各部门的各项功能进行统一规划和分配，在应用上实现各部门功能的协同处理。

根据集成内容的不同可将信息系统集成分为过程集成和企业集成两种。

过程集成的实现是建立在信息集成上的，通过过程之间的协调为财务管理清除各项冗余和非增值的子过程以及由人为或资源等造成的影响过程效率的各种障碍。企业集成包含两层含义：一是在过程集成基础上形成的由人、管理与技术集成的企业内集成；二是基于外部网络的企业与企业间信息交换与业务处理的企业间集成。

（二）财务管理信息系统的技术平台

财务管理信息系统的技术平台由各种网络化基础设施和软件系统组成。包括网络化硬件基础设施、支撑软件系统、应用软件系统、企业应用模型、企业个性化配置系统和安全保证体系六个部分。

1. 网络化硬件基础设施

网络化硬件基础设施是指构成财务管理信息系统的硬件设备，为财务管理信息化的正常运行提供了必备的硬件环境。网络化硬件基础设施是财务管理信息化技术平台的物质基础，是实现财务管理信息化的前提条件。

2. 支撑软件系统

支撑软件系统是支撑财务管理信息平台的基础软件系统，包括网络操作系统、数据仓库、各种工具软件等。支撑软件系统的安全影响着应用系统和系统业务内容的安全。

3. 应用软件系统

应用软件系统是企业结合自身需求选择并实施的财务管理信息系统。通常，单个企业会选择资产管理系统、筹资管理系统、投资管理系统、预算管理系统、成本管理系统等几个部门，集团企业还需增加战略规划系统、风险管理系统和集团资金管理系统等集团财务管理信息化方面的应用软件系统。

4. 企业应用模型

企业应用模型是指企业信息化所采用的模型。企业可以根据自身情况与需求自定义企业应用模型，如业务模型、功能模型、组织结构模型等，并通过相应的支撑软件平台定义各模型的功能系统、组织结构、配置系统参数等。

5. 企业个性化配置系统

企业个性化配置系统能够根据企业的应用模型在系统中选择满足企业管理需求的功能需求，并能根据应用模型的需求配置各项参数，构建一个既符合企业特点又能满足企业需求的个性化系统。

6. 安全保证体系

安全保证体系是为财务管理信息化技术平台以及信息处理内容提供安全保障的所有要素构成的系统总称。安全保证体系包括安全风险分析与评价、安全保障技术、安全控制措施以及法律法规体系、安全机制的构建、信息安全机构的设置、安全产品的选择等。

三、财务管理信息系统的开发利用

财务管理信息系统与其他信息系统都是一个复杂的系统工程，涉及面广、联系的部门多，与企业的管理、业务、组织等都息息相关。

（一）财务管理信息系统的开发方法

财务管理信息系统的开发方法是软件开发具体工作方式的具体描述，详细给出了软件开发工作中各阶段的工作办法、文档格式、评价标准等。在确定了信息系统的开发模式后，就要按照一定的开发方法进行系统的开发。常见的系统开发方法有结构化系统开发方法和面向对象的开发方法。

1. 结构化系统开发方法

结构化系统开发方法是目前普遍使用的较为成熟的系统开发方法，它采用系统工程开发的基本思想，将系统结构化和模块化，然后对系统进行自上而下的分析与设计。具体地，将整个信息系统进行规划，划分为若干个相对独立的阶段，对阶段进行自上而下的结构化划分。在划分过程中，应从最顶层着手，逐渐深入最底层。在进行系统分析和设计时，先从整体入手再考虑局部。而在系统实施阶段就要实行由下至上的实施方法，从最底层模块入手。最后，按照系统由下至上地将模块拼接起来并进行调试，组成一个完整的系统。

在划分系统时，通常将系统分为系统规划阶段、系统分析阶段、系统设计阶段、系统实施阶段以及系统运行与维护阶段五个首尾相连的阶段，也叫系统开发的“生命周期”。

其一，系统规划阶段。根据系统开发的需求作初步调查，确定系统开发的目标和总体结构，明确开发过程中各个阶段的实施方法与可行性分析，生成可行性分析报告。

其二，系统分析阶段。这是系统开发的第一个阶段，围绕系统开发的目标深入调查线性系统与目标系统，通过系统化分析建立系统的逻辑模型。在系统分析阶段，主要是对管理业务流程和数据流程进行调查并形成系统分析报告。

其三，系统设计阶段。该阶段是根据上阶段构建的系统模型设计物理模型，主要为总体结构设计和详细设计形成详细的系统设计说明书。

其四，系统实施阶段。系统实施阶段是根据上阶段的设计进行程序设计与调试、系统转换、数据准备、系统试运行等。同时，还要形成相关技术文本，如程序说明书、使用说明书等。

其五，系统运行与维护阶段。这一阶段也是系统正式开始运行的阶段，主要任务是负责系统的日常管理、维护与系统评价。

2. 面向对象的开发方法

面向对象的开发方法是以人对客观世界的习惯认识与思维研究、模拟现实世界的方法。在这个方法中，客观事物都可视为一个对象，客观世界就是由一个个不同的对象构成的，每种对象都有自己的运行规律和独特的内部状态，不同对象之间相互作用、相互联系共同构成了完整的客观世界。

面向对象的开发方法强调以系统的数据和信息为主线进行系统分析，通常有需求分析、面向对象分析、面向对象设计以及面向对象程序设计四个阶段。

其一，需求分析。调查研究系统开发的需求和系统的具体管理问题，明确系统的功用。

其二，面向对象分析。在问题域中识别出对象以及对象的行为、结构、数据和操作等。

其三，面向对象设计。进一步抽象、整理上述分析结果并形成确定的范式。

其四，面向对象程序设计。将上一阶段整理出的范式用面向对象的程序设计语言直接映射为应用程序。

运用面向对象的开发方法时，系统分析和系统设计需要反复进行，充分体现了原型开发的思想。

（二）财务管理信息系统的需求分析

财务管理信息系统的需求分析是十分必要的。无论信息系统采用哪种开发方式和开发方法，只有通过需求分析才能明确系统的功能和性能，为后续的开发奠定基础。需求分析实质上是一个逐渐加深认识和细化的过程，通过需求分析，能够将系统的总体规划从软件工作域逐步细化为能够详细定义的程度。

系统的使用者对需求分析也具有重要作用。使用者规定了基本的系统功能和性能，开发人员在使用者的基本需求基础上进行调查分析，将使用者的需求转换为系统逻辑模型，最终以系统说明书的方式准确地表达出来。下面以结构化系统开发方法为例，介绍需求分析阶段的目的以及财务人员的工作内容。

1. 需求分析的目的

需求分析即细化系统的要求，全面、详细、系统地描述系统的功能和性能，明确系统设计的限制以及与其他系统的接口细节，对系统其他有效性需求进行定义。通过需求分析，将系统的需求细化，为系统开发提供必备的数据与功能表示。在完成系统开发后，系统需求说明书还将成为评价软件质量的重要依据。

信息系统开发的最终目的是实现目标系统的物理模型，即解决怎么做的问题。物理模型是由逻辑模型实例化得到的。与物理模型不同的是，逻辑模型不考虑实现机制与细节，只描述系统要处理的数据。需求分析的任务就是借助于现行系统的逻辑模型导出目标系统的逻辑模型，解决目标系统“做什么”的问题。创建目标系统的物理模型是信息系统开发的最终目的，而物理模型是通过逻辑模型实例化而来的，需求分析的作用就是通过线性系统的逻辑模型导出目标系统的逻辑模型。

其一，获得现行系统的物理模型。现行系统的类型多种多样，所以在获得线性系统的物理模型这一步中，要对线性系统进行全面、详细的了解，最终通过一个具体的物理模型客观地反映出现行系统的实际情况。

其二，抽象出现行系统的逻辑模型。这一步骤的实质就是区分决定现行物理模型的本质因素和非本质因素，去掉其中的非本质因素，获得反映系统本质逻辑模型的过程。

其三，建立目标系统的逻辑模型。将目标系统与现行系统进行比较，确定目标系统与现行系统在逻辑上的差别，将与现行系统有差别的部分视为新的处理步骤进行相应的调整，由外至内地分析变化部分的结构，推导出目标系统的逻辑模型，最后进行补充和完善，获得目标系统完整、全面、详细的描述。

2. 需求分析的过程和内容

需求分析的工作过程可以概括为问题识别和分析与综合。

(1) 问题识别

通过分析研究系统分析阶段产生的可行性分析报告和系统开发项目实施计划，明确目标系统的需求、需求应达到的标准以及实现这些需求所需的条件。系统需求主要包括功能需求、性能需求、环境需求、可靠性需求、安全保密需求、用户界面需求和资源使用需求等。

(2) 分析与综合

细化各系统功能，明确系统不同元素之间的联系和设计上的限制，分析其能够切实满足系统功能的要求，明确系统功能的每一项需求。在明确系统功能需求的基础上分析其他功能需求，进行合理的改进、补充和删改，形成最终的逻辑模型并详细地描述出来。

第二节 如何实现财务管理信息系统

一、系统设计原则

企业财务管理信息系统要始终以“低成本、易操作、易接受、高效率”为总体设计方针，以及遵循根据企业的实际情况并结合绩效考核的原则。用户对系统的业务需求已经在系统需求分析环节进行了详细说明，需求分析是进行系统功能设计的依据，只有满足用户使用要求，系统的设计才是成功的。进行系统设计应对系统的目标功能和系统结构进行详细描述。在进行企业财务管理信息系统设计时，应首先建立安全的网络环境，并充分利用已有信息系统作为开发条件，主要应遵循以下设计原则。

（一）系统的开放性原则

为确保系统易于与上级单位之间进行网络互联并扩充服务功能，应遵循行业标准、国家标准以及国际标准的规定，选择恰当的网络协议和通信协议，以确保系统的网络系统结构具有开放性。

（二）系统的兼容性原则

本系统的实现必须具备良好的系统运行平台，与已有的信息化系统能够有效结合，系统的兼容性问题十分重要，如果不能解决兼容性问题，将会导致系统使用受到很大局限。

（三）系统的可扩展性原则

系统的扩展性决定了其对未来发展的适应能力，只有在系统可伸缩性灵活多变的情况下，才能满足未来系统业务的增长变化，并在实际需求发生改变时，能够进行及时有效的功能扩充，使系统产品升级过程比较容易实现。系统应在多方面具备扩充能力，如并行处理、通信能力、系统吞吐量、产品系列、网络结构等。只有进行有效扩充，系统才能不断进行优化以追求更高的性能价格比。另外，为了提高系统建设的速度，减少成本投入，应对已有硬件资源和软件资源进行有效利用。

（四）系统的实用性与先进性原则

在保证系统实用性好、可靠性高的情况下，应把握对当前先进科学技术和先进设备的应用，对国内外先进的网络通信技术、信息技术、计算机硬件与软件技术进行充分利用，选择性能更好的先进技术产品和软件结构系统以不断优化系统性能。

（五）系统的安全性原则

系统的安全性能直接关系到重要资料的保存，通常财务信息系统包含大量重要的客户信息或者企业机密，一旦这些信息泄露，可能造成难以挽回的严重后果。因此，数据的传输与存储必须具有很高的安全保密性。为确保数据传输处理安全可靠，可对系统采取以下设计：设置用户访问权限、采用更加严密的安全体系、进行即时安全跟踪和对使用者实行全面确认。

（六）系统的可靠性原则

企业内部可通过企业财务管理信息系统实现网上交易操作，便于企业的经营运作。一旦系统出现瘫痪，将会给企业造成重大损失，因此必须确保系统正常运行的可靠性。在企业可承受的经济条件下，从多方面着手进行系统可靠性建设，如供应商的维修响应和技术服务能力、设备方案选择、设计方案选择、系统功能结构、备用品供应能力等，尽可能减少系统的故障发生率以及故障发生后的影响程度。

（七）系统可维护性原则

计算机系统运行成败直接与系统可维护性息息相关。没有系统可以保证不会在运行中出现问题，故障存在并出现的可能性是不可避免的，只有可维护性好的系统才能尽可能减少由于故障导致的损失。

（八）系统的资源共享原则

用户的使用需求是进行计算机应用系统设计应考虑的主要因素，要保证计算机系统的功能强大，就必须以业务增长的需求作为出发点。资源共享是人们高效工作的本质要求，在进行系统建设时，应充分利用现有的网络、设备、数据和软件等实现更为方便的资源共享途径。

（九）系统可移植性原则

该系统可在大多数主流硬件平台上进行运用，不局限于操作系统，具有良好的可移植性。软件系统具有层次化、参数化、模块化，维护简单，扩展能力强的性能。应用软件的修改和扩充功能很强，结构功能灵活多变，适应性强。

（十）系统功能一体化与多样性原则

本系统是由功能多样但彼此联系不大的多个业务系统组成，采用一体化方式对系统整体性进行了设计，合理调配了各个业务包含的资源。

为吸引用户对系统的兴趣，应确保应用系统功能全面、动态性好、富含趣味、便于使用。财务系统工作人员每天都需要处理大量业务，这要求企业财务管理信息系统具有较强的实际应用性，对于人员与业务数量的庞大都能很好适应。

二、企业财务管理信息系统的具体设计与实现

在企业财务管理信息系统的具体运行过程中，要根据客户的具体需求进行相应的调整，对企业财务管理模式进行优化升级，从而促进企业快速发展。因此，企业要在多个模块的基础上进行优化改进，从而适应财务管理信息系统发展的需要。

（一）系统管理模块设置

首先，要注册信息，将用户名、密码等基本信息进行上传；其次，依照各个部门间不同的职能，从而进行差异化区分，根据自身状况进行设置；再次，对银行账户进行设置，注册新用户或清除原用户的信息，进行重新设置，对银行账户中的各项信息真实完整地填写，并且对余额存款进行设置；最后，对相关数据的定时清理进行设置。

（二）财务核算模块设置

首先，应该对财政信息进行数据化处理，将相关信息输入系统之中，进一步对本年度的现金流量数据进行分析处理；其次，对收入与开支资金进行数据化处理，有利于明确资金的来源与流向，促进资金的合理运用，并且对每个月财政状况进行会计审核，建立当月序时表，能够对当月的资金进行合理调控，以月结方式明确资金的动向；再次，完善财政审核机制，对记录的资金通过信息系统实现审核，有利于实现资金审核数据化；最后，把当月序时账通过书面形式表现出来，专家技术人员对信息系统定期更新检查，对财务清单通过人力的方式进行检查，以会计审核的方式防止财政漏洞出现。

（三）综合查询模块设置

综合查询模块能够为相关部门提供财政资料，为相关人员对财务信息进行分析审核提供了便利。相关人员可以对资金的流入、流出状况进行查询，从而清楚资金总体流动情况，并且能够对总体资金和各类部门资金进行查询。这类模块的设立具有十分重要的意义，在日常工作中也被各类人员频繁使用，可以花费极少的时间对数据库进行查询，从而获得想要的资料，是一种十分高效便捷的方法。企业在这类模块设立时，可以从以下几种信息进行查询业务：第一，可以用凭证号进行查询，客户输入相关数据的凭证号，就能够得到相关信息数据。第二，可以通过对项目的专项编码进行查询。企业各类项目都会有自身独特的编码，通过这类编码可以对相关项目信息进行查询，获得想要的资料。第三，能够通过项目发生时间，查到这一时间范围内各类项目的资料，但范围较大比较难以寻找。各个单位有自身不同的代码，在明确了资料属于哪个单位后，可以通过单位代码来寻找相关数据，也能够依照自身需求，通过自定义方式选择符合自身的查询方法。

（四）年末财务决算模块设置

在年末时，各个企业都会对本年度的财务信息进行整合处理，作出财务报告与下年度预算，可以对这类信息进行数据化处理，交给信息系统进行分析报告，得出本年度的财务状况。这个模块的设立还能提供查询与打印业务，有利于年末报告得到核实，保证财政的稳定。

（五）财务指标分析模块

通过设立财务指标分析模块，可以使更多主体了解到财务信息，得到相关的数据资料，使财务信息公开透明化，有利于更多人监管，提出相关的意见。这类模块可以通过把相关的数据公式输入系统当中，对财务各个环节的指标进行分析，操作简单、过程简洁，能够得到想要的财政分析，从而服务更多用户。

三、系统应用与运维

加强财务管理相关的信息软件工程，是进行企业财务管理信息系统的首要前提，若相关软件较为落后，则该类系统就无法正常地运行发展。企业财务管理信息系统主要以数据为分析对象，对数据开展一系列的处理，从而获得符合实际状况的结论，因此在软件的选择上存在很多的要求，对功能也有很高的限制。在这类系统的运行过程中，相关人员应该对企业的各项数据指标作出调整，把财政分析报告的结果融合在其中，使报告数据更加真实合理。同时通过相关软件，形成财务数据的动态图表，更加直观具体地显示企业各要素的变动，可以让信息呈现更加明显，有利于决策层作出相应的调整，同时还能够有效规避风险，预防财政危机发生。企业在财政预算方面很大程度上需要依靠信息系统中的预算部分，有利于与会计部门作出的预算进行对比，在预算编制时不断改进，从而为企业各项活动的开展提供充足资金。相关部门应该培养相关技术人才，不断完善信息系统，通过收集相关的信息决策资料，对系统编制进行优化改进，进一步拓展功能，为企业提供更多财政数据资料。

企业财务管理信息系统的运用必须以安全为前提，做好相应的风险预防措施和事后补救措施，对系统内部构造进行优化升级，使系统更加科学化、智能化。企业应该依据自身发展状况，对系统进行相应的调整，依照各部门分工职能的不同进行改进，使系统能够有效协调各部门之间的工作，促进信息的有效利用。同时还要做好相应的保险工作，做好信息相关部门的保密工作，防止信息的泄露。各部门加大监管力度，通过科技投入、技术引进等方式，保证信息的安全有效性。也要对其他企业进行比较，及时对自身系统改进优化，防止落后，从而提高企业财务的利用效率，增强企业的市场竞争力。

四、基于 ERP 的财务管理信息系统

（一）ERP 系统概述

1. ERP 系统

ERP 为 Enterprise Resource Planning（企业资源计划）的缩写，指的是企

业应用信息管理技术对公司各方面资源进行管理，并以资源管理整合化、系统化为核心，简化企业传统管理过程中的相关操作，使企业各环节的运营联系更加紧密。通过对企业资源的整合化管理，一方面能够强化对各个层面的监管；另一方面，通过系统对信息的收集与统计，分析各个资源的利用情况，为企业管理者提供决策。

现阶段企业实施的 ERP 系统主要包含硬件和软件两部分，硬件部分包括了必能够实现的硬件基础；软件部分主要指的就是 ERP 系统本身，强调的是系统与企业关键性业务流程的整合，并以产业链管理为核心，打破了传统企业的界限，从产品生产整合链条的各个环节入手配置资源，最大限度地提升企业资源的整合程度，提升企业资源管理的效率。对于企业降低管理成本、提高竞争力等方面都具有重要意义。

2. ERP 系统的发展

ERP 系统的发展并非一蹴而就，其发展主要经历了四个阶段。

第一阶段：MIS（Management Information System，管理信息系统）阶段。企业的信息管理系统主要是记录大量原始数据、支持查询、汇总等方面的工作。

第二阶段：MRP（Manufacture Resource Planning，制造资源计划）阶段。企业的信息管理系统对产品构成进行管理，借助计算机的运算能力及系统对客户订单、在库物料、产品构成的管理能力，实现依据客户订单，按照产品结构清单展开并计算物料需求计划，实现减少库存、优化库存的管理目标。

第三阶段：MRP Ⅱ阶段。在 MRP 管理系统的基础上，系统增加了对企业生产中心、加工工时、生产能力等方面的管理，以实现计算机进行生产排程的功能，同时也将财务的功能囊括进来，在企业中形成以计算机为核心的闭环管理系统，这种管理系统已能动态监察到产、供、销的全部生产过程。

第四阶段：ERP 阶段。进入 ERP 阶段后，以计算机为核心的企业级的管理系统更为成熟，系统增加了包括财务预测、生产能力、调整资源调度等方面的功能，配合企业实现 JIT（Just In Time，适时）管理、全面质量管理和生产资源调度管理及辅助决策的功能，成为企业进行生产管理及决策的平台工具。

在进入 21 世纪之后，随着国家层面逐渐重视起企业信息化问题，也提出了以信息化带动工业化的发展战略。当前ERP系统在我国企业的实施已经十分普遍，ERP市场已经十分成熟，不仅有国外老牌大厂进驻，国内也产生了一批优秀的厂商。不仅企业建构ERP系统对于管理水平的提升已经得到了公认，企业管理者在信息化意识方面也有所提升，未来企业无论在管理信息化方面还是在ERP市场发展方面都有较好的前景。

3. ERP系统的主要功能

ERP系统是一个整合、灵活而开放的系统，之所以能够实现多种功能，主要是由于各个功能模块的应用，不同企业在模块的选择上也有所差异，大体上来看，企业上线ERP系统主要实现以下几个方面的功能。

其一，财务管理功能。ERP系统财务管理主要是实现会计核算功能，以实现对财务数据分析、预测、管理和控制。ERP选型介于对财务管理需求，侧重于财务计划中对进销存的控制、分析和预测。

其二，生产管理功能。生产控制管理模块是收银软件系统的核心所在，它将企业的整个生产过程有机结合，使企业有效地降低库存，提高效率。

其三，物流管理功能。物流管理模块利用物流要素之间的效益关系，科学、合理组织物流活动，通过有效的ERP系统模块，可控制物流活动费用支出，降低物流总成本，提高企业和社会经济效益。

其四，采购管理功能。ERP系统中采购管理模块可确定定货量、甄别供应商和产品的安全，可随时提供定购、验收信息、跟踪、催促外购或委外加工物料，保证货物及时到达。

其五，分销管理功能。ERP系统中分销管理模块主要对产品、地区、客户等信息管理、统计，并分析销售数量、金额、利润、绩效、客户服务等方面。

其六，库存管理功能。ERP系统中库存控制模块是用来控制管理存储物资，它是动态、真实的库存控制系统。库存控制模块能结合部门需求、随时调整库存，并精确地反映库存现状。

其七，人力资源管理功能。当前人力资源管理已经成为独立的系统模块，和财务、生产系统组成了高效、高度集成的企业资源系统。ERP系统人力资源管理模块包含人力资源规划的辅助决策体系、招聘管理、工资核算、工时管理等。

4. ERP 系统环境构成要素

一直以来，我国有很多企业的 ERP 系统实施效果不好，甚至是失败，其中大部分并非系统本身存在问题，而是缺乏有效的运行环境支撑。这就要求企业在 ERP 系统上线的过程中，提供与之相配套的环境。因此也有学者认为，ERP 系统实施的成败关键在实施环境。具体来看，ERP 系统实施的环境构成要素主要包括以下几方面。

其一，人员素质环境。企业 ERP 系统上线之后并不能自行运作，其在系统运行过程中的原始数据都是各个岗位人员手工输入，这就需要操作人员具有一定的技术素养，懂得数据管理与收集的基本知识，并且需要人员对岗位有责任心，能够对收集的数据及时输入，保证信息流能够及时、有效地向下传递。人员素质环境的形成一方面需要依靠自身的素质；另一方面也需要通过培训提升人员的业务素质，尽可能避免操作风险。

其二，技术环境。ERP 系统作为一个信息系统、数据库系统，包括了服务器、终端计算机以及 ERP 系统软件的部分，也需要依赖良好的网络传输环境。这就要求企业不仅需要提供良好的技术支持，还需要提供相应的设备，保证技术人员能够有效地对整体软硬件系统进行管控。总体来看，ERP 系统实施的技术环境一方面依赖企业提供的硬件系统；另一方面依赖专业的系统维护人员，保证系统正常运作的同时也能够维护公司数据的安全，不至于被窃取或是破坏。

其三，战略环境。ERP 系统实施的战略环境要求公司需要将信息化作为企业战略的重要组成部分。对于 ERP 系统的谋划、实施的各个环节需要提供资源、人力以及制度上的支持，保证 ERP 系统能够受到重视。

其四，人文环境。ERP 系统是企业资源管理软件，强调资源在运作过程中无缝对接，强调资源在信息系统中的对照，强调信息时效性。这客观上也需要企业员工在工作中能够形成资源合理利用的意识，注重公司运营成本的降低，并从每一位员工做起。

（二）ERP 财务管理系统

ERP 系统以信息与网络技术为依托，使企业的财务管理进入新的发展阶段。在 ERP 系统环境下，企业财务管理能够突破传统的模式，帮助企业在信息化环境下及时掌握自身的“命脉”。

1. ERP 系统环境下财务管理系统的特点

ERP 系统环境下企业财务信息系统主要具有以下几方面的特点。

其一，财务管理敏捷化。ERP 系统环境下，企业各个部门活动产生的信息都会流向财务系统，对相关活动进行记账与财务核算，并体现在相应的报表和表单中，其中涉及一切费用、成本与营收都会流入系统中整合运算。一方面能够实现财务信息的实时更新，另一方面也能够实现对各部门运行成本进行控制。相关财务信息在及时反馈之后，管理层便于及时进行财务分析与决策，使整体闭合的财务链运行周期缩短，各节点的运行趋于快速和流畅，实现敏捷化。

其二，财务管理便捷化。在传统的财务管理中，财会人员无论是记账、核算还是制作报表都需要花费较大的精力，并且容易出现人为失误。但在 ERP 系统环境下，以上传统的、机械式的操作都交由系统完成，依托 ERP 系统本身的数据处理与计算功能，极大地解放了财务人员的双手，缩减了人工操作的份额，在一定程度上避免财务管理环节的操作风险。财务人员一系列机械式的计算被信息系统取代之后，使财务操作与管理更为便捷、高效。

其三，财务管理系统化与多元化。首先，相对于传统财务管理，ERP 系统环境下的财务管理更为系统、全面，它站在企业管理全局的高度，系统梳理和设计企业管理环节，为财务管理注重整体协调的全面、细致化提供了切实可行的手段与方法。其次，在企业的财务管理中，采用不同的会计算法往往有不同的结果。在 ERP 系统环境下，公司在对特定财务信息处理中可以灵活采用不同的算法，而不同算法的结果从不同层面反映出企业的财务运行情况，管理者可以根据不同算法产生出的差异化结果灵活使用。进而在多元化的计算方法下，通过进一步的比较分析能够对公司的科学决策与未来战略提供参考。

2. ERP 系统环境下的财务管理系统的架构

在 ERP 系统环境之下，公司依托信息系统构建集中式财务管理体系，公司各个部门的运行体现在 ERP 系统的各个模块、板块中，各个板块中的信息又与财务信息系统实现交互，形成集中式的一体化管理，这成为 ERP 系统财务信息系统的整体架构。对于企业来说，核心业务是企业生存的关键，但财务系统作为企业的命脉也同样处于核心地位。尤其是在 ERP 系统环境下，财务信息系统与其他管理模块紧密交互，库存数据、生产计划数据以及项目运行数据等在人员操作、签发之后及时传递。财务信息系统本身作为数据链的下游主要负责企业各部门运行过程中的财务量化与统计分析，其他管理模块则主要负责数据的录入。传统生产型企业是 ERP 系统使用的大户，其利用各方面资源优化的空间比较大，也最为典型。

生产管理数据与计划数据是生产环节的核心，通过操作人员对生产环节的管理和控制向财务信息系统传递物料使用信息、产出信息、加工工时、生产记录等信息，财务信息系统进而能够根据信息反馈出生产环节的成本、用料情况以及与财务预算之间的差异。质量管理环节能够向财务信息系统传递废品率、质检数据等，便于核算人工成本与质量分析。

项目与销售模块在 ERP 系统中属于信息链前端，其中合同信息、销售出库、订单信息等流向生产环节，而销售发票、销售费用等信息则直接流向财务信息系统，形成应收账款、销售收入以及销售成本账目；库存与采购环节在操作中能够实现产品、半成品以及采购物料的入库单据，形成采购发票、采购费用等信息，在财务信息系统处理之后形成材料采购账目、应付账款等，并在此基础上能够计算原物料成本。

3. ERP 系统环境下的财务管理系统与传统财务管理的差异性

具体来看，ERP 系统环境下财务管理信息系统为传统财务管理带来以下几方面的变革。

其一，转变财务人员的工作性质。信息与网络技术为各个领域的发展和变革提供了新的思路，在企业财务管理方面，ERP 系统的运用在信息与数据处理、传递方面打破传统财务管理的弊端，让财务管理的模式趋向于整合化、高速化，在一定程度上推动企业财务管理模式的转型，从以往财务人员机械式的核算和操作中转为宏观对财务数据进行管理，引导企业管理者能够根据财务信息系统反映出的信息灵活决策，提升企业财务人员对财务宏观运行的掌控能力以及监督能力，也客观上加强财务人员相互协作的能力，提升整体财务管理水平。

其二，ERP 财务信息系统实现了财务信息的实时控制与处理。在 ERP 系统环境下，财务信息更多由系统进行核算处理，具有信息的及时性与准确性。对于财务信息来说，其本身也存在着生命周期。当财务信息产生之初，其发挥的效能是信息失效阶段难以相比的。而ERP系统环境下，系统尽可能迅速地将新的信息及时反馈，决策层能够根据财务进行短时间内反映，最大限度地发挥财务信息的效用；而如果是传统财务管理模式，信息在产生之后经过层层关卡，很多财务信息已经失去其时效性。因此，在财务信息实时控制与管理方面，ERP系统相较于传统财务管理具有较大差异性。

其三，ERP系统财务管理模块能够实现企业内部控制的效率提高。在传统财务管理体系中，由于体制的缺陷导致财务管理环节并不透明，相应对于人员操作以及过程控制缺乏监督平台，并且在很多情况下由于财务人员操作的不规范以及标准的不统一也会造成会计信息不全面，难以真实反映各方面业务的开展情况。尤其是传统的财务管理软件中，无论是核算型还是管理型，都倾向于从微观角度提升效率，并不能实现财务信息的宏观整合处理。在ERP系统环境下，系统不仅能够实现操作透明化，在各个财务节点也有存在操作的限额与流程，引导财务人员能够按照公司的流程进行操作。

第九章　财务管理信息化的应用与制度实施

第一节　财务管理基本内容信息化

一、成本管理的信息化

(一) 成本管理的目的及内容

1. 成本管理的目的

传统的成本管理以节约为目的，强调成本的节约和节省。节约成本是企业成本管理的主要依据，从降低生产经营成本到尽量避免某些费用的发生都是成本管理的内容。

随着市场经济与企业管理理念的创新和发展，企业成本管理的目的是提高成本的投入产出效率。在成本效益观念的思想指导下，从投入与产出的对比判断投入成本的必要性与合理性。换句话说，就是如何投入最小的成本获取最大的经济效益。成本管理的主要内容是研究成本增减与企业收益的关系，制订出能够实现收益最大化的成本预测方案和决策方案。

2. 成本管理的内容

传统成本管理的重点是产品物料成本的管理，同时加强对生产过程中的成本分析与成本控制。现代成本管理是传统成本管理的重大突破，管理范畴不局限于生产过程，还包括市场、销售和研发，甚至延伸到售后服务。成本除了产品物料成本外，还包括研发成本、营销成本、物流成本、售后成本等。同时，更加关注非物质成本的管理，如人力资源成本、产权成本等。

总的来看，现代成本管理涉及的对象多，不仅包含了生产成本、采购成本等物质成本，还包括人力资源成本、产权成本等非物质成本；延伸的范围广，从生产到研发、销售以及售后等多个环节。企业管理层通过成本信息分析产品盈利情况、销售情况等，从而制定出产品组合决策、定价决策等一系列决策。

成本管理的过程可分为成本核算与成本控制两个部分。成本核算是成本控制的前提，有了准确的成本核算信息，成本控制才能有的放矢，有效提高成本投入的产出效率，获得更高的收益。

3. 成本管理的方法

第一，价值链分析法。将价值链分解为与企业战略有关联的各种经营活动，了解成本的特性，分析产生成本差异的根源。

第二，目标成本法。该方法在设计、开发新产品或新服务时经常被采用，使新产品或新服务具有较强的成本竞争力，在生命周期内就能达到预期利润。目标成本法有时也用于降低现有产品和服务的成本。

第三，产品周期成本法。该方法用于计算产品、服务或品牌从研发到退出市场期间内的总成本与盈利能力。

第四，成本动因分析法。即分析影响作业成本的因素并为因素排序的方法。成本动因分析法在不同层面的成本管理中都可应用。

第五，对象成本法。即根据作业清单或流程清单计算产品、服务、品牌的技术。

第六，作业成本管理法。作业成本管理法是一种新的成本管理方法，对企业内部改进与价值评估等方面有重要意义。根据通过作业成本法获取的成本信息实现对整个生产流程的成本控制。作业成本管理法的中心在作业的管理、分析和改造上，能够实现系统化、动态化，是具有前瞻性的成本控制。

（二）成本核算信息化

1. 成本核算信息化的必要性

由于易受多种因素的影响，传统手工管理模式下的成本控制很难实现对各个环节的最佳控制。随着生产自动化的发展，产品的种类细化、产品分类复杂化，传统的以人力劳动为主的粗放型成本方法已无法适应现代企业管理的发展和需要。现代企业需要一个既能对成本实施全面监控、管理、协调与计划，又能实现企业各项业务活动都面向市场的一个集成化系统。ERP 系统不仅能够提供全套的物流方案，还能对企业生产流程的全过程进行监控与优化，也为企业的成本管理提供了强大的控制功能和丰富的分析功能。成本管理信息化是经济全球化、知识信息化的必然要求，建立成本管理系统是顺应时代发展潮流的必然选择，也是企业提高市场竞争力与经营能力的必然要求。

2. 成本核算信息化的主要内容

成本核算信息化主要包括成本中心核算、订单成本与项目成本的归集与核算、产品成本的核算、成本收益分析、利润中心会计、附有管理决策的执行信息系统以及估计标准成本。

(1) 成本中心核算

成本核算信息化应具备成本预算、标准成本与实际成本之间的差异对比，制作成本报告、成本分析等。凡涉及成本的信息都会在对应的成本中心记录下来，再进行分别核算。核算的数据会同时或定期以批次的形式发送到产品成本模块和获利分析模块中。

财务会计会将基本数据与总分类科目记账发送到管理会计模块中，并且记账凭证中的科目指定条款被扩大到不同的辅助科目指定条款。在成本核算系统中，不仅能够记录初级成本，还能记录该成本相关的条目性质，如时间、单位、数量等。如果企业使用的是外部会计系统，可通过数据接口向管理会计模块中传送所有记账业务流程和初级成本要素。

在一个核算结果数据组中包含了项目层次上与管理会计相关的所有信息，可实现数据的独立保存，而不与总分类账和明细分类账的归档期间产生关联。在数据保存期间，管理会计模块中的信息系统能够直接从财务模块中抽取原始凭证。

(2) 订单成本与项目成本的归集与核算

项目成本与订单成本的归集与核算需要供应链的上游厂商与下游厂商的协作配合才能实现。成本系统会收集并过滤成本信息，通过对比计划与实际结果实施对项目与订单的监控。同时，成本系统还提供了备选成本核算方案和成本分析方案，促进企业其他业务活动的展开。生产成本管理面向的是企业的生产流程和作业流程，成本核算方法由模块中的基础数据和基础程序决定。

(3) 产品成本的核算

产品成本核算功能除了可进行成本核算与分摊成本外，还能针对单个产品或服务进行成本分析，收集物流、技术方面的数据信息。除此之外，产品成本核算模块还可监控成本结构、成本要素和生产运营的过程，预测单个对象或某个整段时期的成本。产品既能是有形的物质产品，也可以是服务、技术等无形的产品。核算产品生产成本的目的在于确定产品的制造成本与销售成本，通过对比优化产品的制造成本。成本核算得出的数据是产品定价的重要依据。产品制造成本的核算为存货评估提供了依据。

(4) 成本收益分析

成本收益分析是估算、衡量投入与产出的一种方法，帮助企业解决如哪种产品会获得最高收益、订单的成本与利润的构成分配等问题。成本收益分析会向销售模块、市场模块、战略经营计划模块等提供第一手的面向市场的信息，企业管理层通过这些信息判断企业在现存市场中所处的位置，评估新产品的市场潜力。

(5) 利润中心会计

利润中心会计模块为需要定期进行获利能力分析的企业提供信息和方案。利润中心会计通过收集业务活动成本、运用费用、活动结果分析等信息，评估各业务领域的获利能力与效率。

(6) 附有管理决策的执行信息系统

系统收集数据、准备数据的能力决定了决策过程所需的信息质量。执行信息系统拥有一个可从不同部门收集包括成本发生在内的各种数据，并将其汇总、加工为支持企业决策的信息。

(7) 估计标准成本

估计留置库存中产品的标准成本，通常用于估计指定计划期间如一个会计年度内的产品标准成本。估计产品标准成本能够明确生产产品和销售产品的计划成本，无须考虑客户的购买时间和订购频率。

在估计产品的标准成本时，可由投料量核算直接物料成本，通过计划价格评估和计划数量获取直接物料成本。物料的间接成本以附加费的方式应用。生产成本的核算通过成本计划期间内确定的作业类型及其价格进行。因此，所有操作都应明确产品的计划数量。通常情况下，需在一个工作流程中完成确定产品计划数量的操作。如果证明了生产的间接成本不包含在作业价格中，可以附加费用的方式确定。此外，管理费用、运输保险费用都与生产产品的计划成本有关，通过计划手续费率实现。

（三）成本控制信息化

1. 流程化的成本控制

在缺少信息支撑的环境下，流程化的成本控制标准与控制流程之间无法形成有效联系，控制流程无法及时获取控制标准和成本控制执行情况的差异数据。目前，我国企业在成本控制方面仍存在一些较大的问题。现代成本控制在我国发展较晚，多数企业仍没有形成统一的成本管理平台，实施统一管理和数据共享。在成本控制软件开发上仍有不足，缺乏有效的流程管理工具和分析监控工具。成本控制信息化建设不完善，某些流程的执行仍依靠人工操作，影响工作效率。

2. 成本控制协同工作平台

成本控制协同工作平台是一个以网络为基础构建的系统，可以提供成本控制与费用控制方案，且能落实到员工层面的费用控制。基于网络构建的成本控制协同平台不需要对客户端进行维护，无须考虑客户端，可随意升级应用软件。财务人员可随时随地登录成本控制协同工作平台，操作简便，容易学习。

3. 成本费用控制的具体需求

成本费用控制是一种多维度的费用控制，根据不同的维度要素如部门、科目、费用标准等实施成本控制，也可以根据费用类别进行控制，如规定某种类别为严格按照标准执行的一类，某种类别为可不受硬性约束的一类，如果超出预算则需说明超出原因。使用者可自定义预算控制层级和审批流程。成本费用控制的目的是实现费用支出与资金支出的事前控制与实时控制。

4. 成本费用控制思路

在成本费用控制系统中，预算控制与日常审核流程形成了有机结合，审批过程可在业务活动发生前完成，实现了事前控制。在审批过程中，审批人与业务活动发起人都能从成本费用控制系统中获取该业务活动的预算数、预算执行数等预算信息，根据这些信息对业务活动进行分析和判断。

5. 预算控制方案

在成本管理系统中，可根据企业的要求及财务工作的特点自定义单据、模块的功能和业务流程等。审批机构的设置支持成本管理系统科目的多级设置，还提供设置审批上报的限额、计划期间的超支比例、超支后的控制方式等功能。使用者可根据自身需求调节，使预算控制力度与执行力度更加灵活可控。针对任何费用的申请，系统都可提供个性化的控制逻辑和控制流程。

可根据企业的不同业务设置审批流程，也可根据企业组织架构、科目类别等其他角度定义审批流程。此外，还可根据需要设置多人审批模式。

通过预算控制可实现企业内部不同层级的预算控制，实施不同的预算控制规则，采用不同的控制流程、审批级次和审批额度，满足企业在资金支付与预算控制方面的层次化管理需求。

二、预算和控制管理的信息化

(一) 全面预算管理概述

预算是以企业战略目标为根本，对企业资源进行分配的一种系统的方法。企业通过预算对战略目标的执行进行监控，加强对企业开支的控制，预测未来的现金流量与企业盈利情况。全面预算反映的是企业未来某一时期的全部生产经营活动的计划，以实现企业利益最大化为目的，将销售作为预测起点，预测企业生产、成本、现金收支等情况，并根据预测编制预计损益表、预算现金流量表等，反映企业未来的财务状况与经营状况。

(二) 全面预算管理的技术难点及解决方案

1. 全面预算管理的技术难题

企业全面预算要从每年的10月便开始准备，直到来年的3月结束，其中，各部门预算的收集就要花费2个月的时间。在收集预算的过程中，会出现各种问题：初次汇总的结果通常是开支超出预算，无论是企业基本开支还是运营开支，都会高于公司预算指标；针对不同的业务需求分配多少资源没有准确的判断标准；财务部门在预算调整的时间过长，且调整效果不甚理想；由于缺乏信息系统的支持，预算编制和差异分析等工作需手工完成，不仅费时费力，还无法及时发现业务运行过程中存在的问题；各部门都极力为自己争取资源，财务部门又与业务部门是平级关系，因此横向协调也耗费了财务部门大量精力。

市场瞬息万变，通过静态的预算流程无法保证能够准确地预测来年的预算，预算编制的工作量庞大、工作效率不高，预算很难适应内外部条件的变化。同时，大多数企业中不具备一个统一的数据共享平台，全面预算的数据只能从各个部门调取，缺乏一定的协调工具使数据协调极为不易。更为关键的是，对预算的控制能力不强，预算执行的事前控制与实际数据的集中缺乏有效的手段，造成企业预算分析与预算调整的能力较差，预算分析耗费时间较长，无法根据实际情况变化及时调整预算。

2. 通过 Excel 解决问题的可能性分析

Excel 拥有强大的数据管理与处理功能，但缺乏协调与管理能力，且无法自动获取预算编制的数据，不能灵活地反映预算数据，因此 Excel 无法真正解决企业全面预算的问题。

全面预算管理需要各部门协调配合，构建一个统一的数据共享平台。由于缺乏有效的协调和管理能力，使用 Excel 难以有效组织企业各部门共同参与预算，控制下属单位的预算模式，也无法形成一个统一的数据共享平台使各部门共同参与预算。

此外，编制预算的工作量庞大，需要设置大量的计算公式、定义表格，Excel 的公式设置与表格定义都需手工录入，工作负担重。并且 Excel 无法与企业财务系统实现有效整合，不能自动从系统中获取数据，为预算分析造成困难。预算报表模式的控制不强，报表格式混乱，也无法灵活地反映出预算数据，从而满足管理层的不同需求，只能通过编制多种预算表格的方式实现，并且缺乏信息系统的支持，使 Excel 无法进行预算及时调整以及滚动预测。

(三) 全面预算管理的信息化

多维数据的支持、广泛的信息接口以及有效的监控是实施全面预算管理信息化的三个基本要求。

1. 多维数据的支持

全面预算需要多角度、灵活、全面地反映企业的预算数据，以满足企业管理层不同的需求。预算分析与预算编制的本质就是从多个维度描述、分析业务数据与财务数据的过程，只有多维数据分析才能在市场瞬息万变的条件下实现快速分析预算的需求。此外，数据的存储与管理应当以多维度模型实现。

2. 广泛的信息接口

预算编制的实际数据需从财务系统、ERP 系统、人力资源系统等多个系统中抽取，因此，全面预算管理系统必须具备多个信息接口才能有效整合不同系统中的数据。

3. 有效的监控

有效的预算执行需要加强对预算的事前监控与实施监控，以工作流为基础的电子审批能够与预算子系统、核算子系统紧密连接。有效的监控手段能够使企业及时地连接预算的实际执行情况，获取明细的、动态的业务数据与财务数据。

4. 全面预算管理信息化体系

(1) 全面预算管理模型

全面预算管理模型要以企业自身实际情况为基础，并能与企业现有系统以及与预算管理系统关系密切的子系统相匹配，以业务流程充足等先进理论和方法作为指导，设计全面预算管理模型。

(2) 全面预算编制系统

全面预算编制系统是在全面预算管理模型基础上设置的相对静态的系统，主要负责编制企业来年的预算。预算编制系统的三个主要功能模块是经营预算模块、投资预算模块以及财务预算模块。

(3) 全面预算管理控制系统

全面预算管理控制系统的主要功能是预算的控制与管理。预算管理控制系统具有强大的信息处理功能，处理信息的速度快，数据集中程度强，使预算管理工作的重点转移到预测、监控、分析、管理等方面，实现企业信息流、资金流与业务流的统一。

(4) 全面预算管理体系负责的专职部门

要充分发挥全面预算管理体系的功能与作用，除了重组企业相关职能部门外，还应建立一个专职部门负责全面预算管理体系的实施与维护，并具有实施全面预算管理制度的权利。

5. 全面预算管理信息化的条件

第一，全面预算管理要符合企业战略的要求，为企业战略的实施提供服务，这是构建全面预算管理体系的基本前提和主要依据。

第二，健全、完善的企业信息化建设是实现全面预算管理信息化的重要前提、技术保障和物质基础。

第三,一定的数据共享平台，能够提供准确的、全面的基础数据和历史资料。

第四，建立预算管理组织机构，并具备一套科学的、行之有效的、具有可操作性的预算管理体系，确保全面预算的贯彻落实与有效实施。

第五，企业管理层从观念上理解、接受全面预算管理信息化的理念，是推动企业实施全面预算管理信息化的重要条件。

第二节　财务管理信息化的应用分析

一、企业级财务管理信息化应用

企业级财务管理信息化应用是指在企业范围内构建财务管理信息化系统，决策信息面向企业管理层。根据财务管理信息化在企业应用阶段的不同，还可划分为局部财务管理信息化应用与整体财务管理信息化应用两种。

(一) 局部财务管理信息化应用

1. 局部财务管理信息化应用的主要内容

企业在应用财务管理信息化初期，财务管理信息化活动只在财务部门内部，主要是通过计算机或搭建的网络平台完成财务分析、财务决策、财务预算等活动，为企业管理层提供相关的决策信息。局部财务管理信息化应用的主要内容包括财务分析、投资决策、筹资决策、股利分配和经营决策五个方面。

(1) 财务分析

在局部财务管理信息化应用中，财务分析主要以财务报表及其他资料作为主要依据和分析起点，主要通过比较分析法或因素分析法，分析、评价企业过去及当下的经营成果和财务状况，以了解企业过去的经营状况和财务状况，对当前企业经营情况进行评价，以便对企业未来经营状况进行预测，帮助企业改善经营决策。

(2) 投资决策

为使企业经济资源得到增值，企业会进行一系列的投资活动。根据投资的形式不同，投资可分为实物投资与金融投资两种。经济资源是企业的稀缺性资源，因此企业投资会首先考虑投资的有效性和投资效率。在财务管理信息化环境下，企业会利用计算机网络系统，采用更加先进的方法和手段分析投资项目的财务可行性，为企业制定投资决策提供科学、准确的信息支持。

(3) 筹资决策

为了满足企业的资金需求，需要进行筹资活动、集中资金。在财务管理信息化环境下，筹资决策的核心内容是确定企业的资本结构，选择恰当的筹资方式，此外还负责明确企业资金需求量、长期负债比例规划等。

(4) 股利分配

股利分配实质上是筹资活动的延伸。企业在获取利润后，会根据股利分配原则将一定股利发放给股东，其余利润会继续使用在企业投资活动中。

(5) 经营决策

经营决策囊括了企业日常生产、经营活动中的各种决策。传统手工操作中，财务部门与其他部门之间的信息联系较少，缺乏有效沟通，财务部门也很少会参与企业的生产、经营决策。而在财务管理信息化环境下，企业财务部门能够与其他部门取得有效的信息交流，使财务决策与生产、经营决策实现有效协作，共同完成企业战略决策。如在制订采购计划时，会根据企业成本规划控制现金支出。

2. 局部财务管理信息化的实现策略

局部财务管理信息化主要面对临时性、偶然性的财务管理需求或独立的财务需求，多采用灵活的方法和手段，但缺乏系统性。因此，在局部财务管理信息化应用中，财务管理信息化主要通过计算机网络平台，面向决策需求制作决策模型，快速生成决策所需的辅助决策结果。

(1) 通过工具软件构建财务管理模型

在局部财务管理信息化应用阶段，通过工具软件构建财务管理模型的流程如下。

1) 数据获取

在这一模式下，由于缺乏覆盖企业范围的网络平台和数据仓库技术的支持，财务决策与控制所需的基础数据并没有独立地存在，而需要依赖其他信息系统提供。在局部应用阶段，数据获取的主要方式如下。

在局部财务管理信息化应用中，由于财务管理信息化仅局限于财务部门，没有构建覆盖整个企业范围的数据仓库和网络平台，因此财务决策与财务控制所需的各项基础数据都要从其他信息系统中获取，获取方式主要通过手工录入、查询导出、数据库导出和通过工具软件获取外部数据等四种方式。其中，手工录入、查询导出以及数据库导出都是一次性获取数据的方式，而通过工具软件获取外部数据的方式是一种动态获取数据的方式，但应用难度比较大，使用者需要熟练掌握 SQL（数据库语言）语句，并且能够识别会计信息系统的数据库结构。

2) 工具软件的选择

在局部财务管理信息化应用中，财务管理活动主要通过 Excel 等工具软件实现。这些工具软件能够提供大量的计算方法和分析方法，既能完成简单的计算工作，又能够完成数据统计、分析、预测等任务，同时具备线性规划、单变量求解、数据透视等功能。除了具备强大的数据处理功能外，这些工具软件还能为决策模型提供构建平台。在财务管理中，大多数决策模型以图标的形式构建，因此，应用于局部财务管理信息化中的工具软件都具有强大的图形制作功能与制表功能，能够支持决策模型的构建。除上述功能之外，一定的数据获取能力也是工具软件需要具备的，可以在一定程度上获取支持决策信息的基础数据。实际上，在财务管理信息化的初期阶段，获取有效的支持决策数据是影响决策效果的主要因素。尽管工具软件具备一定的数据获取能力，在一定程度上能够获取不同层面的相关数据，但软件本身的数据存储能力与数据管理能力较差。由于决策过程的特征，管理信息化系统相比于会计信息系统具有更加强大的交互能力，能够确定用户的决策需求，动态地获取支持决策的各项数据，最终生成科学的决策结果。因此，在局部财务管理信息化应用中，以 Excel 为代表的工具软件是实现简单财务决策和财务分析的良好工具。

3）构建模型

上面我们提到，Excel 具有强大的数据处理功能和简单、方便的操作界面，是局部财务管理信息化应用中构建财务决策模型的常用工具软件之一。通过 Excel 构建财务管理决策模型主要有五个步骤。下面作简单概括介绍。

步骤一，根据财务管理理论构建决策所需的数学模型，数学模型是构建财务决策模型的关键环节。

步骤二，确定数学模型中的参数、参数的来源及获取参数的途径。通过 Excel 获取参数的途径有三种：手工录入、外部数据导入和外部数据。对于少量零散的数据可以直接通过手工录入的方式获取；批量数据可以通过财务软件将数据转化为中间数据状态，再通过 Excel 软件的“外部数据导入”功能将数据导入软件，或者通过 Excel 的“建立查询”功能，构造 SQL 语句直接获取外部数据。

步骤三，设计决策模型表格。在 Excel 中，决策过程与决策结果通常以表格的形式表现，设计的表格要能清晰、直观地反映数据计算的经过，既便于理解又能反复多次利用。在常用的决策模型中，通常会用两个或多个表格分开表达决策参数和决策结果，并且设置一定保护措施保护公式单元和计算结果单元，避免数学模型被破坏，同时设计良好的展示界面方便使用者更好地理解决策过程和决策结果。

步骤四，定义公式。Excel 具有强大的计算功能，提供了丰富的运算函数。在定义公式时可以充分、灵活地使用这些函数，使公式更加容易理解。

步骤五，计算并以直观的形式表达。使用 Excel 建立的决策模型通常以图表的形式分析数据、表达计算结果，因此使用图表（如直方图、饼图、折线图、散点图等）展示复杂决策模型的分析结果或计算结果是必需的环境。

4）模型调用

执行制作好的模型并生成计算结果，或者为模型编制目录和调用界面，方便反复使用和执行。

(2) 通过二次开发技术实现部分财务管理功能

随着用户需求的多元化、复杂化发展，软件的功能可能无法完全满足用户的需求，因此需要对原软件进行补充、开发、改进或取消某些功能，使其能够满足用户的需求，这个过程就是二次开发。合理利用企业已有的财务软件，通过二次开发可以增加满足企业需求的功能。

1）二次开发的条件

进行二次开发，首先要考虑是否具备二次开发的条件及二次开发的技术可行性。一般来讲，对软件进行二次开发需要具备一定的开发条件或具备二次开发的技术可行性。通常可以进行二次开发的软件需要具备五个条件。第一，拥有标准的数据接口，标准数据接口可以与其他系统连接共享各种数据；第二，具备能够提供中间层部件的较为先进的开发工具；第三，具有较强的可执行性，能够支持多种数据库，可以在多种操作环境下使用多种数据库的数据；第四，具有较强的灵活性，可以进行多种自定义操作；第五，具有开放的基本数据结构，用户可以从数据库中直接读取数据。

2）二次开发的实现策略

通过报表软件也可以进行二次开发。通过财务软件提供的报表系统进行二次开发目前是一种较为简单的二次开发手段。一款良好的报表软件既能提供强大的财务报表定义能力，也具备二次开次开发的数据接口，可以通过这个接口编辑简单的命令和程序代码。通过报表软件实现的二次开发能够与会计信息系统实现更为良好的连接，能够直接获取所需的基础数据。但报表软件的二次开发能力有限，无法满足企业多样化的财务管理需求。

通过工具软件实现二次开发。微软公司为其 Officc 软件开发了 ·种编程工具 VBA，在使用 Excel 处理比较复杂的财务管理工作中被广泛应用。VBA 的软件风格和方法类似 Visual Basic，是面向对象的编程技术，能够提供可视化编程环境，可以帮助用户实现简单的程序开发。

通过会计信息系统提供的二次开发平台实现二次开发。随着科技的发展，会计软件的功能更加强大和完善，能够满足企业更多的个性化需求，有越来越多的信息系统提供了二次开发的平台，如金蝶 K/3B0S 商业操作系统。这款操作系统是金蝶 ERP 解决方案的技术基础，能够快速完成业务单据、报表、业务逻辑的制作，并能通过一系列一体化设计满足企业多样化、个性化需求。

3）二次开发的实现步骤

步骤一，了解企业在数据综合利用方面的各种需求，明确二次开发的功能。步骤二，原软件的技术分析，充分了解原软件的工作原理、数据结构、技术参数等。步骤三，结构设计，包括数据接口设计、功能设计、数据处理流程设计、数据存储设计、显示设计、输出设计等。步骤四，编制程序，满足企业的个性化需求。步骤五，系统测试，对开发程序的稳定性和正确性等进行验证，及时发现系统漏洞及与原软件的连接问题。步骤六，系统的运行与日常维护，保障系统安全、稳定的运行。

3. 局部财务管理信息化应用模式评价

在企业实现财务管理信息化的初级阶段，局部财务管理信息化的应用具有较高的推广价值和应用价值，具有应用灵活、易于移植的优势。

局部财务管理信息化应用可以通过工具软件或二次开发等途径实现，具有较强的灵活性，也符合财务管理、财务决策、财务分析等活动的特点，容易实现，涉及的技术也比较简单。尤其是在缺乏信息系统统一规划的环境下，能够克服财务管理信息系统的功能缺陷，能够满足企业的个性化需求，具有较强的实用价值。在企业应用财务管理信息化的初级阶段，财务决策与财务分析几乎不需要有投入，决策模型较为容易移植。

但从长远来看，局部财务管理信息化应用存在一定缺陷。首先，缺乏统一的数据平台，决策缺乏系统性。财务决策的制定需要大量的数据支持，在现行的会计系统中，由于没有统一的数据平台，缺乏前期的统一规划，因而增加了数据获取的步骤和难度，采集的数据对决策的支持也不强。在调用决策模型时，数据的获取通常以手工或半手工的方式实现，大大降低了数据的可靠性。此外，决策模型的运行是孤立的，限制了决策行为的系统性。其次，缺乏财务控制功能。决策与控制是财务管理的核心内容，局部财务管理信息化应用缺乏有效的财务控制，因此无法形成完整的财务管理体系。财务控制职能的实现在客观上需要系统化、程序化的财务管理信息系统，而通过工具软件或二次开发等途径实现的局部财务管理信息化应用是无法满足财务控制职能的客观需求的。

综上，局部财务管理信息化应用适用于企业财务管理信息化的初级阶段，面对临时性、偶然性的财务决策，是在缺少完整财务管理信息系统的时候采取的权宜之计。

（二）整体财务管理信息化应用

1. 整体财务管理信息化应用的主要内容

整体财务管理信息化是面向全企业的，通过计算机和网络平台实现企业财务决策、财务控制、业务处理等活动的信息化处理过程。整体财务管理信息化阶段的财务管理已经突破了财务部门的局限，并深入企业生产、经营的各环节中，实现财务分析与风险的预警，现金、预算、成本的控制与管理，企业财务绩效的评价。

（1）财务分析与风险预警

在整体财务管理信息化阶段，财务分析由单纯的财务报表分析转化为综合财务信息、业务信息等多元化信息的综合性财务分析与评价。风险预警是信息化环境下财务管理的重要内容。根据企业生产、经营指标分析企业财务风险、经营风险、管理风险等，实现提前预警、有效规避。

（2）现金控制与管理

企业的现金不仅包括现款，还包括银行存款、银行本票与汇票、电子货币等，是企业拥有的现款和流通票据总和。现金的流动性较强，可以立即实现购买、偿还债务等活动。同时，现金在企业资产中也是受益性最低的资产，存有过量现金会降低企业收益。因此，现金管理的核心内容就是使企业存有最佳现金量，在资产流动性与盈利中寻找最佳平衡点。

在整体财务管理阶段，可以通过企业资源计划来规划企业生产、经营活动，从而能够比较精确地预测出未来一段时间的现金流量，并与企业预算、生产支持等业务活动联系起来。除此之外，随着网上银行、电子货币的出现，通过财务管理信息化加强对企业现金的管理将成为企业必然的选择。

编制现金预算、控制现金收支、现金持有量决策、网上结算管理等都是企业的现金管理的主要内容。其中，合理编制现金预算是企业现金管理的核心内容。

（3）预算控制及管理

预算不仅是企业决策的具体化，也是财务管理信息系统控制企业生产、经营活动的依据，是企业计划工作的成果。预算在财务管理活动中是联系财务决策与财务控制的桥梁。在传统财务管理中，预算常常仅被用于控制成本支持，而在财务管理信息化中，预算是调控企业资源使其取得最佳生产效率和获利率的有效方法之一，预算管理也因此受到更多关注。

科学的预算是财务管理信息化的一个重要内容，科学合理的预算是决策结果的反映。决策要落实为高效执行过程必须通过一定的计划落实，而计划则通过预算得以体现，并且预算是财务控制的参照体系，预算能够及时纠正决策执行中产生的偏差，确保决策目标的准确实现。

根据预算期的长短，预算可分为长期预算和短期预算；根据预算内容又可分为销售预算、现金预算、费用预算、生产预算、采购预算等。

(4) 成本控制与管理

在现代企业管理中，成本控制是提升企业利润与竞争力的重要途径。成本控制是以成本为控制手段实现对企业生产、经营活动有效控制的过程。信息化环境为企业成本控制提供了更多的实现途径和新的内涵。企业与上下游企业之间通过信息网签能够及时地交换信息和数据，网上交易和网上结算极大地提高了物流效率和存货周转率，从而降低了企业的采购成本和存货水平。同时，通过 JIT 生产管理和车间管理能够有效地控制企业生产环境，降低企业的生产成本。此外，网上营销和线上客户管理等也大大地降低了销售支出，降低了销售成本。信息化环境使成本控制与管理不再局限于单一的制造成本的管理和成本核算，形成了基于信息化平台的深入企业生产、经营活动各环境的成本控制与管理。

(5) 企业财务绩效评价

信息化环境下，企业绩效的合理评价如果仍依靠单纯的财务度量方式显然无法取得良好效果。现代企业财务绩效评价既包括员工、过程、供应商、技术、创新能力的评价，也包括企业未来价值的预测。在财务管理信息系统中，通过平衡记分卡等工具可将组织的目标、目标值、指标等与行动方案进行有机整合，确保企业战略的有效执行。

2. 整体财务管理信息化的运行框架

整体财务管理信息化应用阶段，为了能够更好地支持企业的综合性决策与控制，支持企业系统化，需要切实地实现财务管理信息化，建立完整的财务管理信息化系统势在必行。

（1）业务处理

采购—支付、生产—转换、销售—收款等是企业典型的业务过程。业务活动产生的基础数据会储存在业务处理系统中的业务数据库中。在传统的业务处理系统中，业务处理仅包含业务数据的采集和记录两个内容，更侧重于系统的时效性和可靠性。而在完整的财务管理信息化框架内，采用了更加智能化的设备，业务处理系统中也增加了更多业务控制功能，除了能采集和记录业务数据，还能及时矫正和控制业务信息以实现实时控制。

（2）存储数据和信息

数据仓库是一种用于决策管理的关系型数据库管理系统，以数据库和网络技术发展为基础设计而成。数据仓库的存储量非常庞大，并具备自动更新、删除数据等功能，能够满足决策制定和事务处理系统的各项需求。数据仓库技术是财务管理信息化的技术基础，是财务管理信息系统不可缺少的重要部分。在完整的财务管理信息系统中，数据是支持企业财务管理和决策制定的重要依据，并不是像在局部财务管理信息化应用中的数据那样，以一种孤立的、原始数据的形态呈现，而是在经过高度抽象后转化为元数据，是企业管理层制定决策、实现财务管理的重要依据。

数据的高度抽象是实现财务管理系统信息化的基础，这也是整体财务管理信息化应用与局部应用的最大区别，整体财务管理信息化应用必须建立支持财务管理决策的数据库管理系统。

（3）财务管理信息系统

在整体财务管理信息化应用中，财务管理信息系统应具备较强的数据获取能力、构建决策模型的能力、强大的会话能力、提供决策信息的能力以及控制能力。

企业各项财务决策都需要准确、科学的数据支持，而这些数据都需要从海量的数据中挑选、整理、归纳、计算、处理，才能为决策提供可靠的数据支持。因此，强大的数据获取能力是这一阶段财务管理系统必须具备的能力之一。财务管理信息系统应当支持各种统计方法和调用方法，具备较强的决策模型构建能力，并允许用户自定义计算方法，使系统能够快速、及时生成用户所需数据。财务管理系统无法代替企业管理层制定决策，但通过财务管理信息系统强大的功能可以为企业管理层提供科学、可靠的决策依据，同时接受决策者的反馈信息。控制能力也是财务管理信息系统的主要能力，通过各种指标和预算实现对业务处理过程的全程控制。此外，强大的会话能力及良好的用户界面也是财务管理信息系统必须具备的，以便用户能够方便、快捷地操作系统构建或调用决策模型。

3. 整体财务管理信息化的实现策略

相比于局部财务管理信息化应用阶段，在整体财务管理信息化应用中，财务管理信息系统的构架发生了明显变化。首先，完善的信息化平台成为财务管理信息系统运行的核心，而不是在局部应用中的通过工具软件孤立于其他系统之外。信息化平台主要包括财务管理信息系统、数据库管理系统以及业务处理系统，为企业财务管理活动提供系统性支持。其次，实现了决策与控制的统一。在整体财务管理信息化应用阶段，财务决策已不再是偶然性决策，而是已经体现到执行层面，是要落到实处并确保执行过程中不偏离既定目标。因此，整体财务管理信息化应用的实现与信息系统的实施过程较为相似，主要包括以下10个关键环节。

(1) 确定系统目标和系统规模

财务管理信息化的实现是一个复杂的过程，在构建财务管理系统前需要明确实施系统的目的，即通过系统想要解决的主要问题。系统规模的确定要根据企业想要实现的管理目标确定。最后根据确定的系统规模估算管理目标的可行性、成本效益等。

(2) 实施策略与方案的编制

实施方案的制订要基于确定的管理目标和系统规模，列出具体的规划、实施方案与步骤、实施进度、实施机构、阶段性任务、经费预算等。实施方案应充分与用户进行交流，了解用户需求，考虑企业的实际情况作为实施方案的编制基础。切忌盲目追求不切实际的目标，应以保障实时策略和方案的成功率为前提。

(3) 调查与需求分析

系统的实施需要在充分了解用户业务流程与需求的基础上进行，因此调查用户业务流程，确定用户需求，掌握旧系统中存在的问题和不足也是系统实施的重要环节。用户调查可以采用实地考察、问卷调查、直接走访等方式。

(4) 选择实现方案

对用户而言，在财务管理整体化运行阶段，可供选择的实现方案主要有两种：开发和外购。自行开发或委托第三方开发虽然都能够满足企业的需求，但由于开发成本过高而很少采用。随着商品化软件向模块化、多样化发展，软件灵活性得到进一步提高，一些软件已允许用户自定义流程、单据、信息处理模式等。因此，选择良好的商品化软件平台，并在此基础上进行改造，成为实现财务管理信息化的较好选择。

(5) 业务流程的优化与重组

根据软件具备的功能和用户的需求优化、调整企业现有的业务流程，规划不同处理环节的功能、数据处理的特点、权限及职责。并针对一些特殊的环节，可以根据用户的需求改造软件功能。

(6) 不同层次的用户培训

培训是用户理念与计算机管理模型相融合的过程，可以在时间上贯穿实施的整个过程。这样的做法既可以降低培训的成本，提高系统实施的效率，同时也能促进用户的学习兴趣，激发用户的主动性。按照培训对象的不同，可以分为初级培训、中层培训和高层培训三种。

初级培训主要针对软件操作人员，培训内容为软件操作和各项功能的实现，以及与软件相关的计算机常识，能够应对简单的故障。

中层培训主要针对系统维护人员和各部门骨干，培训内容为软件的工作原理、结构以及系统的工作流程。中层培训倾向于系统维护、安全管理、数据库管理系统、规划控制等方面。

高层培训主要针对部门经理和管理层，培训内容为软件的功能及管理方案。高层培训是初级培训和中层培训的引申，侧重于软件管理思想的深入体会，使人工与计算机系统实现最优结合。

(7) 初始数据的整理

初始数据的整理主要包括各项初始数据与初始参数的确定，如编码规则、参数设置、原始数据的来源、提供者及提供方式、核算方法、数据处理过程、初始数据准确性与完整性的验证等，通过整理初始数据，可以避免在实施系统的过程中出现数据错误或遗漏的情况发生，控制系统实施的风险。

(8) 系统试运行

系统试运行的主要目的是发现系统中存在的问题和不足，并非正确性验证。试运行需要在模拟企业实际运行环境下进行，用户输入实际数据考察系统的处理流程，考察系统能否满足企业需求和系统处理业务的效率，及时对方案进行修改和验证。

(9) 软件的安装、调试与初始化

该阶段的作业难度相对比较低，但是工作量比较大，需要实施人员严格按照处理流程操作，避免产生意外，一旦发现系统中存在任何隐患，应及时进行弥补和调整。

(10) 系统运行与信息反馈

系统日常运行的管理与维护。在实际工作环境下验证系统的性能，记录系统运行的效果并及时反馈，制订系统改进方案。

4. 整体财务管理信息化应用模式评价

从系统实施的角度来看，在企业信息化初期，整体财务管理信息化应用是很难实现的，需要花费较高的成本以及合理的规划。而从技术层面来看，财务管理信息化需要数据仓库的技术支持。但相对于局部财务管理信息化应用而言，整体的应用具有系统性支持企业决策的巨大优势，决策结果能够转化为可控的预算信息和指标，并能落实到实际的业务处理过程中，极大地提高了会计信息的相关性和可靠性。

二、集团企业财务管理信息化应用

随着全球经济一体化的程度不断加深，集团企业的作用日益凸显。可以说，集团企业的竞争已经成为各国经济实力竞争的表现。从我国集团企业目前发展来看，仍存在管理水平滞后、财务管理水平不高的情况。集团企业的发展离不开高水平的财务管理，实施财务管理信息化是推动企业财务管理发展的重要途径，也是集团企业财务管理的必然选择。

集团企业是现代企业的一种高级组织形式，通过资产、技术、产品等将多个企业联合在一个或几个大型企业的周围，形成的一个稳定的多层次经济组织。按照内部联结纽带的不同，可将集团企业大致划分为股权型、财团型、契约型等；按照内部机构设置的不同，可将集团企业划分为依附型和独立型。

(一) 集团企业财务管理

集团企业财务活动主要有四个层次，分别是母公司层、子公司层、关联公司层和协作公司层。其中，母公司层和子公司层的财务活动是集团企业财务管理活动的主要内容。相比于独立企业，集团企业的财务管理内容更加复杂，难度更高。

1. 集团企业产权管理

(1) 产权关系

集团企业财务管理的核心内容就是母子公司投资管理关系。从内部产权关系看，母公司具有控制、监督子公司经营活动的权力，以此确保母公司投入资本的安全性，并能根据股东权益获取相应收益，保证子公司的经营目标与母公司总体战略目标的一致性。

(2) 产权结构

产权结构是形成企业母子公司关系的纽带，在设置产权结构时要充分考虑母公司与子公司的关系。母公司以集团企业的战略目标与发展规划为出发点，将持有的有形资产、无形资产、债权资产等向子公司投资，形成产权关系，并依法对子公司的经营活动进行约束和控制，进行间接管理。子公司获得母公司的投资资产的实际占有后，仍然独立经营，实现母公司的资产经营目标。在设置产权结构时，母公司应积极引导子公司寻求多元化的投资，形成多元化的产权结构。

2. 集团企业融资管理

资本融通和资本管理是集团企业融资管理的主要内容。其中，资本融通是十分必要的，能够实现资本的互助互济和互惠互利。资本融通包括三种基本方式：外部资本融通、内部资本融通和产融结合化。选择恰当的资本融通方式，做好集团企业资金的全过程管理、统一管理和重点管理。

3. 集团企业投资管理

母公司将有形资产、无形资产、债权资产等投入子公司，成为子公司的股东并根据股权大小行使所有权职能。子公司是这些投入资产的实际占有者，享有资产占有权和使用权并对公司债务承担有限责任。从资产管理关系上看，母公司对资产具有约束力，可以实施间接管理。子公司尽管是资产的实际占有者，但不能脱离母公司的产权约束，实现绝对的独立经营。母公司与子公司之间资产关系的协调是实现母子公司双方利益的重要前提。

在确定了母子公司投资管理关系明确的前提下，集团企业可对子公司的资产进行管理。

集团企业会从投资机会、投资方向、投资规模、定投资项目四个方面进行投资决策。

4. 集团企业内部转移价格管理

成员企业在集团企业内部转让中间产品的价格就是内部转移价格。制定转移价格是内部转移价格管理的关键。在制定转移价格时要在确保集团企业利益的前提下做到公平、公正、合理。

5. 集团企业收益分配管理

集团企业收益分配要注意两个主要方面：一是集团企业与国家利益间的利益分配；二是集团企业核心层与紧密层的利益分配。集团企业与国家利益间的分配体现了国家与集团企业的财政分配关系，集团企业核心层与紧密层的利益分配才是集团企业利益分配的核心内容。

6. 集团企业财务监控

第一，人员监控。集团企业可以通过对子公司财务人员的管理实现对子公司财务活动的监控，通过集中管理或双重管理制度实现集团企业内部财务人员的垂直管理。

第二，制度监控。根据集团企业的经营管理需求和自主理财的需要，可以补充制定内部财务管理制度和会计管理制度，进一步规范集团企业内部不同层次企业的财务管理工作。

第三，审计监控。通过内部审计的方式可以增强对集团企业内部财务监督的力度。审计监督工作要有完整健全的审计机构，明确审计监督的重点和要点。

(二) 集团企业财务管理信息化

1. 集团企业财务管理信息化的概念

集团企业财务管理信息化即现代信息技术在集团企业财务管理中的应用。在集团企业中，财务管理部门运用现代信息技术将集团企业的各项管理流程进行整合，并快速、准确地将充分的信息提供给集团企业的各层管理者，同时，还能通过对财务管理信息的分析与加工对集团企业财务活动进行有效的控制、分析和评价，在整体上提高集团企业的财务管理水平。

2. 集团企业财务管理信息化的作用

在集团企业实行财务管理信息化的作用主要体现在以下四个方面。

首先，财务管理信息化能够极大地提高集团企业管理数据处理的速度和效率，有效提高管理数据的准确性。

其次，财务管理信息化能够提高集团企业财务管理的质量和水平。现代信息技术的应用使繁杂的财务管理工作简化、快捷，减轻了财务管理工作人员的工作负担和劳动强度。

再次，财务与管理信息化能够增强集团企业管理能力、控制能力以及应对风险的能力。财务管理信息化能够转变传统财务管理事后分析、事后管理的情况，做到实时监控，提高了集团企业的决策水平。

最后，与时俱进的财务管理理念能够促进集团企业管理层理念和观念的更新，推动集团企业在财务管理方式、财务管理理论上的创新和发展，从而推动集团企业财务管理水平的不断提高。

3. 集团企业财务管理信息化的内容

集团企业财务管理信息化涉及的范围广，工作内容多。从横向上看，集团企业财务管理工作有资金管理、全面预算、合并报表等方面。从纵向上看，集团企业财务管理主要有财务总部、子公司财务总部、子公司核算部门等多个层次。集团企业财务管理信息化的内容可以归纳为四个主要方面：第一，通过现代信息技术建立、健全、管理和维护集团企业财务管理信息系统；第二，加强对集团企业财务管理信息资源的综合开发，优化资源配置与利用；第三，转换集团企业财务管理模式和业务流程，对集团企业财务管理工作的各流程进行整合与集成；第四，加强财务管理信息化人才的培养。

4. 集团企业财务管理信息化的方法

(1) 树立集团企业绩效管理的核心思想

集团企业财务管理信息化可以建立一个以企业绩效为核心的财务管理体系，并提供一套切实可行的衡量企业绩效的方法和工具，建立一个快速的、可持续的、健康成长的集团企业财务管理体系。

（2）建立符合集团企业财务管理信息化的应用架构

一个良好的集团企业财务管理信息化应用架构要面向集团企业所有财务管理人员并对集团企业的财务进行全面管理。通过该应用架构实现集团企业由会计核算型财务管理转变为经营决策型财务管理，实现集团层面的账务管理、预算管理、资金管理的统一。

（3）建立统一、规范、严格的财务核算体系

统一、规范、严格的财务核算体系是集团企业财务管理的基础。集团企业的成员企业大多数为跨地区或跨国经营，统一的财务核算体系能够在业务处理现场及时地提供系统响应，同时集团内部也可以获取业务处理现场的实时信息。

（4）建立账务集中管理平台

建立一个财务集中管理平台是集团企业财务管理信息化的必然要求。账务集中管理平台的建立要充分考虑到集团企业管理的复杂程度，能够良好地把握财务管理的集权与分权的“度”，对子公司企业的账务制度进行统一管理，并实现集团企业账务数据的合并。

（5）实施全面预算管理

实施全面预算管理是实现集团企业内部资源优化配置、优化财务管理工作流程的重要手段。建立一套标准的全面预算指标体系和控制体系，通过实施新会计准则完善集团企业的内部控制和业务流程，实现集团企业内部资源的优化配置，从而达到全面提升集团企业管理绩效的目的。

（6）建立资金管理解决方案，支持多种资金管理模式

建立集团企业资金集中管理平台和资金管理方案，支持资金管理账户分散、收支两条线、账户集中等多种资金管理模式，对集团企业资金进行统筹调控，提高资金利用效益，从而达到提高集团企业总体效益的目标。

（7）建立集中报表平台

在集团企业中，不同层级对信息数据的需求也不同。及时、准确地为不同层级提供相应的信息数据是集团企业财务管理的基本要求。其中，集团总部需要总揽全局，对集团企业的经营管理进行实时监控，这就需要一个能够获取各部门数据的集中报表平台，并能根据各部门提供的数据编制符合会计准则的报告以供集团企业总部决策使用。

(8) 制订、实施决策支持方案

随着集团企业的壮大、业务的发展，使集团企业的财务业务数据几何级增长。如何充分利用现有数据发挥集团企业的竞争力，制定科学的决策是当前大多数集团企业正在面临的问题。这就需要制订能够充分挖掘、利用财务、供应链等提供系统数据的决策支持方案，帮助管理层从海量的数据中提取有价值的数据信息。

第三节　财务管理信息化制度建设

一、企业财务管理信息化制度概述

(一) 财务管理信息化制度概述

财务管理信息化制度是构成企业财务管理制度的重要组成部分，是确保财务管理信息化工作有序开展的制度保障，严格执行财务管理信息化制度是顺利完成财务管理信息化工作的前提，是强化企业财务基础工作的重要手段。良好的财务管理信息化制度体现在拥有完善的财务规范体系、建立完善的财务组织机构、完善的财务控制制度、高效的财务工作效率以及良好的财务工作质量。

1. 完善的财务规范体系

财务规范体系是指通过国家相关法律法规及企业内部各项规章制度组成的对企业财务行为进行指导和约束的有机整体。在企业财务规范中，既要有能够反映和揭示财务活动的普遍性内容，又要有反映和揭示国民经济某个部门或某个单位财务活动的特殊性内容；既要有针对各部门、各单位财务工作的法律法规，又要有针对某个部门或单位财务工作的规章制度。财务制度是构成财务规范体系的重要内容之一，良好的财务制度是进一步完善财务规范体系的基础。

财务制度的建立要以国家财务法律法规作为依据，并能将法律法规中的普遍指导作用与企业具体的财务活动相结合，使法律法规的普遍性指导意义更加具体化、形象化，以便能够在企业中顺利地实施。换言之，财务制度的建立需在企业内确保国家财务法律法规的贯彻和执行。

2. 建立完善的财务组织机构，规范企业财务行为

财务机构由企业内部直接从事财务工作的职能部门及相关组织构成。财务人员与财务机构在很大程度上决定了企业行为是否规范与合理。财务组织机构是建立财务信息化制度的基础，完善、严密的财务组织机构也为财务制度的制定与执行提供了组织上的保障，能够更好地规范企业财务行为。财务信息化制度详细地规定了企业财务工作的行为规范，财务信息化制度的建设也为财务组织机构的优化起到了促进作用。

3. 完善的财务控制制度，加强财务控制

财务控制制度是指企业中涉及资产、物资、货币等财务工作均由多人分工掌管的工作制度。实行财务控制制度使财务人员之间形成一种相互制约、相互监督、相互补充的关系，既能防范财务人员徇私舞弊，又能防范工作失误，相互纠正工作差错，保障了财务工作的质量。财务控制制度是构成财务管理信息化制度的重要内容。建立科学的财务管理信息化制度能够有效避免财务工作中的漏洞，减少或避免工作中的不法行为，强化了内部控制，能够充分发挥财务管理在企业管理中的作用。

4. 高效的财务工作效率

在信息化环境下，财务组织形式、财务人员的素质以及操作软件等都是决定财务工作效率的因素。此外，良好的财务工作指导规范与健全、完善的财务管理信息化制度也是影响财务工作效率的重要因素。财务管理信息化制度明确规定了财务机构的设置、财务人员的分工、各项财务事务的处理办法等，都为提高财务工作的效率创造了良好的客观条件。

5. 提高财务信息的实用价值，提高财务工作的质量

财务管理信息化制度明确规定了财务人员在工作中应遵守的原则、工作流程、工作方法及工作要求，为财务人员提供了明确的工作依据和工作标准，指导财务人员规范地完成各项财务工作，提高财务工作的质量，也为财务信息的使用者提供了完整、准确的财务信息。

在市场经济条件下，财务信息的使用者有两种：内部使用者和外部使用者。内部使用者通常较为熟悉企业财务工作，能够充分地利用财务信息；外部使用者通常不熟悉企业财务工作，无法判断财务信息的质量，在不同程度

上会影响财务信息的使用质量。随着市场经济的发展，财务信息外部使用者的范围进一步扩大，国家财税部门、银行、个人及外商投资者、供应商、客户等都是财务信息的外部使用者。只有科学性强、透明度高的财务管理信息化制度才能满足财务信息外部使用者的需求，方便他们更好地理解企业财务信息，充分发挥财务信息的价值。

总而言之，在市场经济环境下，财务管理信息化制度对信息化企业而言是必须具备的。建立科学的财务管理信息化制度，不仅为企业财务工作与财务行为提供了明确的标准与规范，也为提高企业内部审计和外部审计工作的效率提供了制度保障。

(二) 财务管理信息化制度的建立原则

1. 保证财务信息的可靠性

要保证财务信息的可靠性就要建立严格的内部控制以及财务操作管理制度，确保系统内的数据有明确的来源和依据，同时能排查错误数据，并及时纠正错误。此外，针对可能发生的其他事项，有规定相应的解决措施，确保财务信息的安全性。

2. 既满足使用需求又简便易行

各单位、各部门对财务管理信息化系统的使用需求各不相同，财务管理信息化制度也应从不同的使用需求出发，制定能够满足各方需求的具有普适性的财务管理信息化制度。

3. 具有一定的前瞻性

作为规范财务管理信息化系统操作的财务管理信息化制度，应具有前瞻性，不能经常变动，否则不利于形成规范性操作。然而财务管理信息化制度也应随着企业和市场经济的发展不断改进和完善，所以在制定财务管理信息化制度时应尽量留有必要的升级空间，如此在必须对财务管理信息化制度进行改进时就不必重新建立了，如此便能确保财务管理信息化制度在较长时期内保持稳定，最大限度地发挥财务制度的作用。

(三) 财务管理信息化制度的建立方式

财务管理信息化制度的建立要结合财务人员的业务素质、知识水平采用相应的建立方式。建立方式主要有自行建立、委托建立、联合建立三种。

1. 自行建立

自行建立是财务管理信息化制度建立的主要方式，由企业财务人员独立建立。本企业财务人员了解企业情况，对企业财务管理信息化系统十分熟悉，容易与企业各部门与相关人员形成良好的配合，同时能够大大节约时间成本，建立后的制度也更容易贯彻落实下去。自行建立也存在一些弊端，如财务人员的知识与能力不足会严重影响财务管理信息化制度的质量，并且本企业财务人员易受惯性思维束缚阻碍制度的创新。

2. 委托建立

委托建立是指委托中介机构建立财务管理信息化制度的方式。委托建立的中介机构对国家相关法律法规的理解深刻，业务水平普遍较高，知识面广，具有较强的革新意识，建立的财务管理信息化制度能够很好地促进企业财务管理的发展。委托建立的缺点是外部人员对企业及企业财务管理信息化系统没有充分的了解，在建立工作中很难与企业相关部门及工作人员建立良好的配合，建立的财务管理信息化制度在某些方面可能不符合企业的实际情况，对制度的适用性造成影响。

3. 联合建立

联合建立是企业财务人员在聘请的专家指导下建立财务管理信息化制度的方式。联合建立是将自行建立与委托建立进行有机结合，充分发挥两种方式的优点，同时克服了两种方式的缺点，形成优势互补。联合建立的方式使建立的财务管理信息化制度更加科学，最大限度地发挥制度的作用。

（四）财务管理信息化制度的建立程序

确定财务管理信息化建设的具体过程与步骤，有利于保障制度的建设平稳、有序地开展。下面以自行建立为例，介绍财务管理信息化制度的建立程序。

1. 确定建立方式

财务管理信息化的建设应结合企业实际情况选择适当的建立方式，明确制度的具体内容与建立的目的，使财务管理信息化制度建立工作有的放矢地开展。

2. 调查研究阶段

根据制度内容对相关业务活动展开调查研究，获取项目的各种详细资料。建立人员要充分了解各方信息才能确保财务管理信息化制度的质量与适用性。调查研究的主要内容有企业的性质与规模、经营方式与经营范围、财务管理信息化系统的基本情况、内部组织机构及各机构职责权限、筹资与利益分配方式、财务组织机构及各岗位职责、资本金的构成、产品生产组织方式与技术工艺特点、材料采购与商品销售的方式、内部经济核算形式、财务制度及其实施的基本情况、财务人员的知识水平及个人能力等。建立人员需对获取的信息进行整理与分析，进行适当的简化或改进，确立财务管理信息化制度的结构。

3. 编写阶段

编写阶段分为两个步骤：总体设计与具体建立。总体设计是对财务管理信息化制度总体框架的设计，如某一财务事务的组织程序、财务机构的设置及各岗位职责分工等。在完成总体设计后，根据拟定的内容以文字和图表的形式作详细补充，进行具体建立。具体建立也是编写阶段的中心环节，对总体设计进行细化与补充，使制度内容更加具体化、协调化。

在编写财务管理信息化制度时，一要严格遵守国家法律法规，符合行业规范；二要全面、具体、准确，既要满足企业的需要，又不能脱离实际；三要注意处理好与其他管理制度的关系，不能与其他管理制度相矛盾。

二、企业财务管理信息化制度的实施

（一）财务管理信息化制度的学习与培训

在完成财务管理信息化制度的建立后，制度公布的日期与制度实施日期应留出一定的时间间隔，制度建立部门应在发布制度前向相关部门提交参与制度学习与培训的人员名单，学习与培训的人员主要为财务人员与相关维护人员。建立的制度向学习与培训的人员公布，并进行适当学习与培训，将意见反馈到制度建立部门，根据学员的意见作适当调整与修改。最后面向企业正式发布制度，同时对需重点学习制度的部门和人员提出具体要求。

(二)财务管理信息化制度的执行监督

财务管理信息化制度的执行情况需设置相应部门作定期检查与抽查。由于财务管理信息化制度的使用范围较广，执行监督的工作量巨大，为避免由于人员缺少或人员素质造成监督不力的情况发生，可考虑在企业内部设立监督投诉专栏，任何员工都可对监督管理部门执行制度考核的情况提出意见和异议。监督管理部门需及时对投诉栏中提出的意见进行调查与跟踪核实。

(三)财务管理信息化制度执行监督的监控

财务管理信息化制度执行监督的监控可通过设立考核执行监控组实现。

监控组的工作内容主要有两个：一是对监控组的执行情况进行监督，如对投诉栏中提出的意见的跟踪、调查情况，是否还存在应考核而未考核的情况等；二是对考核过程中的弹性问题作考核结果的监督，以增强考核执行的准确性和到位率。监控组可以是一个虚拟的团队，由员工中敢于大胆揭露不良行为、敢于提出异议的人员组成。

(四)财务管理信息化制度的定期完善

经过一段时间执行后，通过对财务管理信息化制度的监督和监控，很可能会发现现有制度方面存在的不足，此时要及时进行反馈，由制度建立部门对现有制度进行修订和完善，以适应现阶段财务管理信息化系统操作的要求。所以，财务管理信息化制度的定期完善是十分必要的。

财务管理信息化制度在执行一段时间后，通过监督与监控会发现制度中存在的不足，相关部门要及时向制度建立部门反馈，对不足进行修订与完善。对财务管理信息化制度执行进行监督与监控，有利于加强企业对制度的管理，提升制度的执行力度，增强工作人员对制度的认同感。

参考文献

[1] 鲍秀芝，王进，杜磊 . 财务管理与审计统计分析研究 [M]. 长春：吉林科学技术出版社，2022.

[2] 陈鹰，周静 . 财务管理思想史 [M]. 北京：企业管理出版社，2022.

[3] 柴慈蕊，赵娴静 . 财务共享服务下管理会计信息化研究 [M]. 长春：吉林人民出版社，2022.

[4] 常青，王坤，檀江云 . 智能化财务管理与内部控制 [M]. 长春：吉林人民出版社，2021.

[5] 崔晶 .EXCEL 在财务管理中的应用 [M]. 天津：天津大学出版社，2021.

[6] 高菲 . 信息化财务管理实务 [M]. 上海：立信会计出版社，2022

[7] 高云进，董牧，施欣美 . 大数据时代下财务管理研究 [M]. 长春：吉林人民出版社，2021.

[8] 胡庆江，牛朝辉 . 国际经济学 [M]. 北京：北京航空航天大学出版社，2022.

[9] 黄虹，洪兰 . 财务管理 [M]. 北京：清华大学出版社，2022.

[10] 韩军喜，吴复晓，赫丛喜 . 智能化财务管理与经济发展 [M]. 长春：吉林人民出版社，2021.

[11] 胡椰青，田亚会，马悦 . 企业财务管理能力培养与集团财务管控研究 [M]. 长春：吉林文史出版社，2021.

[12] 寇改红，于新茹 . 现代企业财务管理与创新发展研究 [M]. 长春：吉林人民出版社，2022.

[13] 李悦，钟云华 . 产业经济学：第 5 版 [M]. 沈阳：东北财经大学出版社，2022.

[14] 李婉丽，雷永欣，闫莉 . 企业管理会计与财务管理现代化发展 [M].

北京：中国商务出版社，2022.
[15] 刘仲芸，刘星原 . 现代流通经济学：第 2 版 [M].2 版 . 北京：北京首都经济贸易大学出版社，2022.
[16] 刘娜，宋艳华 . 财务管理 [M]. 北京：北京理工大学出版社，2021.
[17] 刘阳 . 高级财务管理 [M]. 北京：北京理工大学出版社，2021.
[18] 刘建华，安海峰，王雪艳 . 财务管理与成本控制研究 [M]. 长春：吉林大学出版社，2020.
[19] 刘志勇，刘宝成 . 微观经济学 [M]. 北京：经济管理出版社，2022.
[20] 吕守军，魏陆 . 公共经济学 [M]. 上海：上海交通大学出版社，2021.
[21] 厉以宁 . 宏观经济学的产生和发展 [M]. 北京：商务印书馆，2021.
[22] 马勇，肖超栏 . 财务管理 [M]. 北京：北京理工大学出版社，2021.
[23] 孙毅 . 数字经济学 [M]. 北京：机械工业出版社，2021.
[24] 孙春香 . 西方经济学基础教程 [M]. 长春：吉林大学出版社，2022.
[25] 司倩蔚，蔡回辽，孙美玲 . 财务管理与经济发展研究 [M]. 长春：吉林科学技术出版社，2021.
[26] 唐莉，臧黎霞，孙雪梅 . 财务共享构建与管理实践 [M]. 长春：吉林人民出版社，2022.
[27] 王素玲，欧阳宏虹，熊升银 . 经济学原理 [M]. 重庆：重庆大学出版社，2022.
[28] 王攀娜，熊磊 . 企业财务管理 [M]. 重庆：重庆大学出版社，2022.
[29] 魏静 . 财务管理案例 [M]. 昆明：云南大学出版社，2022.
[30] 王燕会，狄雅婵 . 互联网环境下的企业财务管理研究 [M]. 长春：吉林人民出版社，2022.
[31] 王利萍，吉国梁，陈宁 . 数字化财务管理与企业运营 [M]. 长春：吉林人民出版社，2022.
[32] 王莹，李蕊，温毓敏 . 企业财务管理与现代人力资源服务 [M]. 长春：吉林出版集团股份有限公司，2022.
[33] 王雁滨，苏巧，陈晓丽 . 财务管理智能化与内部审计 [M]. 汕头：汕头大学出版社，2021.
[34] 王盛 . 财务管理信息化研究 [M]. 长春：吉林大学出版社，2020.

[35] 解勤华，王春峰，李璇 . 财务管理与会计实践研究 [M]. 长春：吉林出版集团股份有限公司，2021.

[36] 席燕玲 . “互联网 +” 时代的财务管理与财务行为 [M]. 湘潭：湘潭大学出版社，2020.

[37] 袁健，陈俊松，李群 . 财务会计精细化管理工作与实践 [M]. 长春：吉林人民出版社，2022.

[38] 阮晓菲，王宏刚，秦娇 . 财务管理模式与会计实务 [M]. 长春：吉林人民出版社，2021.

[39] 叶怡雄 . 企业财务管理创新实践 [M]. 北京：九州出版社，2021.

[40] 杨启浩，张菊，李彩静 . 现代企业财务管理与管理会计的融合发展 [M]. 长春：吉林科学技术出版社，2021.

[41] 严新锋，陈李红 . 经济学入门 [M]. 上海：东华大学出版社，2022.

[42] 曾召庆，刘伟，韩建鹏 . 当代企业管理与财务经济研究 [M]. 北京：文化发展出版社，2022.

[43] 张慧娟，卢有秀，穆婵 . 财务管理 [M]. 北京：中国经济出版社，2022.

[44] 邹娅玲，肖梅崚 . 财务管理 [M]. 重庆：重庆大学出版社，2021.

[45] 赵颖，郑望，白云霞 . 现代会计与财务管理的多维探索 [M]. 长春：吉林人民出版社，2022.

[46] 揭志锋 . 财务管理 [M]. 沈阳：东北财经大学出版社，2022.

[47] 张红智，严方 . 经济学基础：第 4 版 [M]. 北京：对外经济贸易大学出版社，2022.